U0136933

甲骨文

朱歧祥 著

臺灣 學生書局 印行

自 序

　　本書稿是我在 2023 年 10-11 月北京師範大學民俗典籍文字研究中心開授「甲骨學專題」的講義。

　　一般言甲骨文，就出土地域而言，主要包括有：山東濟南大辛莊、河南安陽小屯村殷墟、陝西岐山周原。

　　本書討論的是殷墟出土的甲骨文和由甲骨文衍生出的殷商文明。

　　殷墟的甲骨坑，重要的集中在小屯村北的 YH127 坑、村南的南地甲骨坑群和村東南的花園莊東地 H3 坑。三坑甲骨各自獨立儲存，但可供相互的比較異同。三者之間的字詞句和歷史文化關係，無論是作為學術專題研究抑或是導讀入門，都是應該密切注意的。今後研究甲骨文，宜需合聚三坑而為一，反覆對比相關議題，才能較全面的掌握客觀真相。

　　細審上述諸出土地甲骨時間的早晚，明顯發現殷甲骨的遷播是自東而西，始自山東半島，歷經河南中土而最後拓散至陝西。因此，未來在東土一帶很有可能會再出現早商的甲骨。而濟南大辛莊 T2302 龜腹甲有見用野豬、去勢的豬、家豬祭祖，這習慣和殷墟花園莊東地甲骨的內容是同一系統、一線相生的，反而和村北的 YH127 坑代表著殷武丁時期王卜辭多用牛、羊祭祖的隆重儀式不同。由此可以判斷，甲骨的流傳，是由大辛莊甲骨先直接過渡至小屯村東南花東子的非王卜辭，再進入村北代表主流的王卜辭時，卻已經稍脫離遠祖的舊有傳統而有所革新。另外，在村南的屯南甲骨坑群因儲藏時間較長，其內容既有上接大辛莊，和武丁早期的花東子非王甲骨有密切關連，亦與 YH127 坑的武丁時帝王甲骨可相類相銜接。

　　本書嘗試開創一新的探討殷商文明的方向，注意殷商人的「抽象思維」和「人文精神」的確立。

　　本書提出兩個主張和三個不贊成。主張甲骨卜辭是詢問的問句性質，主張應維持董作賓先生的五期斷代和十個斷代標準；不贊成將字形細分組類是斷代分類的絕對標準，不贊成將字形和貞人混用的甲骨「兩系說」，不贊成歷卜辭只限定於早期甲骨。

　　甲骨文是上古漢字的源頭，與民族發生和文化開展有密切的關連。近百年國族面對西學東來的種種壓力，甲骨文適時能在亂世中出土，成為近代中國重燃「民族自信」的泉源之一，甲骨學提供「民族凝聚」一無價的向心力，它具有其他學科無法比擬或取代的獨特學術位置。因此，要了解中國文化的過去和未來，宜由甲骨文開始。

　　本書稿企圖以貼近殷商人的心態，吞吐殷商人平日的生活經驗和各種焦慮，以殷人之口，還原三千年前殷人的各種甲骨知識實況。盼望書中的論述文字，能讓久遭消散的民族溫度得以重生。

甲 骨 文

目　次

甲編　殷商文明

　　三千三百多年前，「盤庚遷殷」，殷人歷經自東而西的一再遷移後，最終在河南安陽洹水之濱建立了王朝都城，再不遷都。由盤庚一直至帝辛商紂的滅亡，合計長達二百七十三年歷史，整個國族就在洹水以南的平原上度過。

　　殷人「遷殷」後進入穩定而成熟的農耕社會，專注於日出日入、春耕夏播、秋收冬藏的固定日子，卜辭中見到大量詢問「我受年」的例子。殷人北靠洹水，成立「邑」的單位，向西方和南方拓張，在殷地外圍修築城牆自固，核心為「大邑商」，又稱「中商」，四鄰有大小不一的附庸和聯盟部族，彼此有主從合作關係，以共同抵禦外來遊牧民族入侵。殷人在邑的圍城四邊城頭上修建高樓為「郭」，城池內集中興建房舍、半穴居住地，並有防範洹水泛濫和負責防衛的挑高建築「京」。殷王居住在洹水河套南岸不遠連排建築的「宮」殿中，「宮」內有「廳」有「室」有「寢」。「宮」的附近有祭祀祖先和召集群眾的「宗」廟地。

　　殷人以「王」為中心，有王室、貴族、民眾、奴役的階級之分。殷王的繼位，有承襲兄終弟及和嫡長子兩途徑，在早期並不固定，一直至殷王武乙以後才以傳嫡為常態。貴族包括王世系的庶出、國內姻親氏族和聯邦的首領。上位者治人，殷王室和貴族有祭祀和控管民眾、指揮作戰的統馭權力。整體言，殷民族主要是源自東方鳳鳥圖騰崇拜的子姓民族，內部復由不同圖騰（家族記號）的大小氏族組成，其重要的可參與王朝核心的統治、官職階層。圖騰之間有血親、結盟的關係，殷金文有複合族徽可證。一般平民作為眾氏族的基層，平時需負擔勞動力義務，內部進行守衛、祭拜、耕作、建築、漁獵、伐木、鑄銅、做陶作范等集體工作，戰時是國族對外戰鬥戍衛的主要成員。

　　殷商王朝基本是一中央集權，集體分層營運管理勞動力，生活能自給自足的經濟實體。日常工作以農耕採摘、燒田漁獵飼養、手工業製造和少數私有物物交易的商業行為營生，間有外邦附庸的進貢。洹水南岸，長期屬殷人在國境內活動的生活區，包括平日的宗廟祭祀、冶煉、飼養生畜、基礎建設、群眾勞動休止的地方。洹水北岸則為埋葬、殉葬的區域。一帶洹水南北中分殷人的生與死。殷人有四方和中

央對應的觀念，亦似有天上人間相區隔的想法。關於上天，已有階級的差異，最高的是上帝，其次是帝使、自然神、祖先神。人間世亦相對有階級差別，最上是王，其次是貴族、官員，其次是眾，最低層是奴役、外族淪為人牲的。

殷人迷信，幾乎每天都需要占卜問神，特別是早期的武丁時代，殷王事無大小輕重，都進行連串系統的問神求安。這發展出密度高、樣式多的集體祭祀活動，反映當日安定繁榮而富足的生活，才能滿足大量牛、羊、豕、人牲、貢物等祭品消耗，和占卜用龜用骨的需求。殷王祭祀常態是在宗廟，也有在行旅。對於重要的先王有專祭的宗祊和用祭的專日。殷人祭拜先世有親疏遠近輕重之分，祭祀對象有大宗、小宗之別。大宗中又有遠祖、近祖之分。上位者祭拜的重心，一是開國的遠祖，一是近親先人，再次是歷代的祖先，再次是先公配祭的妣母。殷人明顯已有重男輕女的觀念。

殷人發明許多供生存及生活需要的物質用品，也約定出相對成熟的文字和文法，同時又已發生抽象理念的應用，如數字、干支時間、宗教神話、生死觀等，證明當日至少有部分統治階層或巫師集團具備較寬裕的時間，逐漸建構出豐富想像思維的天人世界。

目前在殷墟挖掘出超過十萬片的有字甲骨卜辭，整理出超過四千多個不同的字形。甲骨文中保留大量殷商文明的記載，如「象」字，配合殷墟出土的小象化石和用象肩胛骨刻的卜辭，見河南中原一帶在上古時期仍有「象」的活動痕跡。「田」字，見字形創造於平原區域，反映當日界畫方正的耕田面貌和《孟子》所言「井田」的可能性。「朝」「暮」字，同樣呈現在平地草原所見日出、日落的實況。「京」字，屬於挑高的建築物形，是洹水之濱殷人居住的實錄。「上帝」一詞，已見於甲骨，用為祭拜的神中之神。卜辭中有大量祭儀，如「禦」、「侑」、「燎」、「酒」、「沈」、「奉」、「埋」等，足見文獻記載的殷人尚鬼，確屬信史。「伐」字，配合殷墟的殉葬坑，可見殷商殺戮砍首的方式。「奴」、「羌」、「執」、「妾」等大量人牲，和「王」、「侯」、「臣」、「小子」等不同職官，呈現殷人階級社會的落差現象。「焚」、「擒」、「阱」、「漁」字，又見殷人狩獵燒田和不同捕獵技巧的實況。「亡禍」、「亡尤」、「亡艱」、「亡祟」等習用語和「疾首」、「疾齒」、「疾止」等用詞，可反映殷人書面語在古漢語中的特色。

因此，要了解殷商王朝，要解讀上古三代以至整個中華民族的起源，都需要由甲骨文開始說起。我多年研契，對於由甲骨文反映殷商物質文明和精神文明的相關知識，略述如下。

一、由甲骨文反映的殷商社會

透過甲骨文用例，分別由宗教、上層結構、軍隊、征伐、生活、物質發明、健康、氣象、時間、地理等方面敘述殷商時期的社會實況。

（一）商宗教崇拜

殷王室階層和普羅民眾的祭拜基本是一致的，王卜辭和非王卜辭的祭祀形式也多有雷同。殷民族祭拜的多神世界，有：

1.上帝、帝

上帝的功能：（1）主宰氣象。如：令雨〈合集 900〉、令雷〈合集 14127〉、令風〈合集 672〉；（2）主宰吉凶。如：降艱〈合集 10167〉、降摧〈合集 14171〉、降禍〈合集 14176〉、帝終茲邑〈合集 14209〉、帝若〈合集 14201〉、帝降若〈合集 6497〉、帝受我佑〈合集 6473〉、帝壱我年〈合集 10124〉。

上帝號令的下屬神祇，有：帝臣〈合集 30298〉、帝五丰臣〈合集 30391〉，主司降雨。

2.自然神

A.日

文例：「王賓日」〈合集 22539〉、「侑出入日」〈屯 1116〉、「酙出入日」〈屯 890〉、「禦各日」〈合集 29802〉。

B.云

文例：「燎于云」〈合集 1051〉、「燎于四云」〈合集 13401〉、「燎于六云」〈合集 33373〉、「酙五云」〈屯 651〉。

C.方

文例：「燎于方」〈合集 4058〉。殷人有祭東西南北「四方」之習：「侑四方」〈屯 3661〉，並見「禘」于四方風〈合集 14295〉。

D.河

文例：「河壱王」〈合集 776〉、「奉年于河」〈合集 10082〉、「沈九牛于河」〈英 2475〉、「告秋于河」〈合集 9627〉、「舞河」〈合集 14603〉。

E.岳

文例：「岳壱王」〈合集 14488〉、「奉年于岳」〈合集 385〉、「燎于岳」〈合集 1824〉、「舞岳」〈合集 9177〉、「祀岳」〈合集 9658〉、「告岳」〈合集 14423〉、「禘岳」〈合集 8330〉、「侑于岳」〈合集 377〉。

F.土

文例：「禦于土」〈合集 32012〉、「燎于土」〈合集 14399〉。

3.祖先神

卜辭中祭祀的祖先神，有：高祖、高妣、祖、妣、父、母、兄、子。殷人對祖先專名的稱呼，一般是以「稱謂語─天干」為名。

殷人言「高祖」，是指遠祖的泛稱，殷卜辭多向「高祖」祈求農作豐收〈合集 32028〉。「高祖」和「高妣」對稱〈屯 1089〉，又簡稱「高」，有和自然神「河」連用〈屯 916〉。能冠上「高祖」的祖先專名，如：高祖夒〈合集 30398〉、高祖王亥〈合集 30447〉、高祖上甲〈屯 2384〉，都是過去極具貢獻和開創意義的先人。遠祖的「高祖」和近祖的「毓祖」〈合集 27358〉對稱。「毓」，讀如后、後。大宗直系帝王的近祖泛稱，也有作「多毓」〈合集 14852〉，亦簡稱「毓」，如〈合集 32517〉：「甲寅貞：自祖乙至毓？」，所謂「近祖」意，可能是以「祖乙」為界，指的是「中宗祖乙」以後的先人。「毓祖」，有特定數量的稱「若干毓」，如「五毓」〈合集 24951〉。「毓祖」對應的配偶稱「毓妣」〈英 2269〉。另有用作專稱，下接祖妣專名的，如「毓祖乙」〈合集 22574〉、「毓父丁」〈屯 647〉、「毓妣癸」〈合集 1249〉，增「毓（後）」字有區隔上下同名的功能。

殷人泛指過去的祖先另有用「先」字帶出。有泛稱「先高祖」〈合集 32307〉，亦有泛稱「多先祖」〈合集 38731〉，也有用「先」尊稱某祖妣名，如「先祖辛」〈合集 22992〉、「先祖丁」〈合集 27298〉、「先妣庚」〈合集 23359〉是。〈英 2674〉倪家譜有單稱「先祖」，但亦僅此一例，此版甲骨的真偽仍有討論的空間。

父，殷卜辭習慣直接求佑於「父」，如「告父」〈合集 2330〉、「祝父」〈合集 27037〉、「禦父」〈合集 930〉、「侑父」〈合集 893〉、「酚父」〈合集 27416〉、「司父」〈合集 21691〉等，也有「夢父」〈合集 17375〉。殷人對過去的父親輩都泛稱「多父」〈合集 2338〉，如果是庶出的父輩，則合稱「多介父」

〈合集 6002〉，也有前冠數目稱「若干父」的，如「二父」〈合集 27417〉、「三父」〈合集 930〉、「四父」〈合集 2331〉是。祭祀對象是親父，則可直稱「父」，如〈合集 32733〉：「其告于父：一牛？」。卜辭祭祀求雨於殷祖的「𥉨」，有尊稱為「𥉨父」〈合集 34275〉，王國維認為是文獻的「契」，可備一說。殷人祭拜「父」之後，有接著依序祭獻母、兄、子等，參〈合集 32719〉、〈屯附 1〉。

殷人對逝去的母親輩，都用「母」接「天干」為名。有泛稱多數的「多母」〈合集 11438〉，或用數目帶出的眾母，如「二母」〈合集 32753〉、「三母」〈合集 27601〉。卜辭有見「妣母」〈合集 22235〉連用。非王的貴族卜辭中，主祭者有稱親生母單作「母」，如〈合集 21805〉：「壬寅子卜：禦母：小牢？」是。非王卜辭另有稱「中母」〈合集 21805〉、「小母」〈合集 27602〉的特別用法。

兄，殷人稱呼逝去的兄長輩，一般用稱謂語接天干作「兄某」，也有泛稱「多兄」〈合集 2924〉和用數目帶出的「三兄」〈合集 27636〉、「四兄」〈合集 23526〉等。如屬主祭者的親兄，有單稱「兄」的，如〈合集 2929〉：「侑于兄：牛出𡆪一？」。

子，一般用為活人子輩的稱呼。殷商為子姓民族，卜辭中的私稱和姓氏用法容易混淆。〈合集 20347〉見「亞子」和「父乙」並稱，則應為已死的子。非王的花東甲骨亦有禦祭逝去的「子癸」〈花 29〉。

殷卜辭有平日固定的祭祀順序和單一獨立因某事而進行的祭祀。祀典見大、小宗之別。王者大宗，指直系繼承王位先祖，祖與妣依廟主忌日祭祀。小宗，指旁系先祖，先妣不祭。

殷王對先公先妣的祭祀：

（1）單祭。有祭先王先妣以專日。〈合集 1248〉：「甲午卜，爭貞：王賓咸日？」

（2）合祭。〈合集 2366〉：「貞：于來己亥高妣己罘妣庚？」、〈合集 22159〉：「酻自上甲一牛至示癸一牛」、〈合集 27168〉：「酻大庚、大戊、中丁，其告祭」。

（3）周祭。殷王祖甲以後，有：翌（工典）、祭、壹、叠、彡五種固定祀典。

卜辭見先公先王世系的祀號，由「高祖夋」（帝嚳）開始，其後見「季」（冥）和「高祖王亥」（振）、「王恆」二代，相當於《楚辭‧天問》的「該秉季

德，厥父是臧」的一段文獻。而《史記・殷本紀》中的「契」、「昭明」、「相土」、「昌若」、「曹圉」五代，均不見於卜辭，或是後人附會的殷祖名。「王亥」之後的「上甲微」、「報乙」、「報丙」、「報丁」、「示壬」、「示癸」屬先公後期一段，前以甲乙丙丁為次，後以壬癸作終，滿足了十天干的一首一尾，應是晚殷時習以天干為名，但殷王室對祖先祀號已不復記憶追溯，權以天干十日的一前一後追補。晚殷時先王名號可確知者，由先王前期的太乙（成湯）始。

4.人牲

殷商遭勞役的階層，有：奴（一般讀作服）〈合集 702〉、羌〈合集 424〉、執〈合集 796〉、妾〈合集 629〉，皆用為祭牲。其中「羌」長期且大量為殷商祭祖的人牲，我曾推測羌人或屬夏民族的遺民；參拙稿《甲骨文研究》一書。

5.數字卦

殷人兼用甲骨和蓍草占卜問神。卜辭中偶保有三數、四數和六數字的縱豎排列，應是最早數字卦殘留的記錄。甲骨文的「學」、「教」字均從爻，可見上古是以「爻」為知識授受的開始。而「爻」〈合集 13705〉、「學」（字有從双手從爻〈屯4035〉；有從双手從五和六〈合集3511〉、有從双手從六〈合集20100〉、有從五從六〈合集 952〉）字形是和具體的蓍草交疊形過渡至抽象的數目字有關。由「五」、「六」數之變帶出不同卦爻的組合，此二數字成為後來陽爻、陰爻之始源。

6.神話

中國古文獻的神話傳說，早在殷商卜辭的記錄可供參證。如：上帝使者的「帝使鳳」，參〈合集 14226〉：「燎帝使鳳：一牛」、〈合集 672〉：「帝其令鳳」。傳說中雙頭蛇的「虹」，見〈合集 10405〉：「侑出虹自北，飲于河」。「四方風」，已出現於〈合集 14284〉：「東方曰析，風曰劦。南方曰炎，風曰微。西方曰彝，風曰彝。北方曰伏，風曰役」；「龍」字，卜辭只用為地名〈合集9552〉、附庸族名〈合集 4653〉和方國名〈合集 6592〉等，但字例仍和古文獻的神話傳說有一定的互參價值。另，「虹」字本義可理解為不吉的兩頭蛇形，但在甲骨中的用法是否和傳說有關，仍待驗證。

（二）商上層社會結構

1.王室貴族

殷時王稱「朕」〈合集 525〉，又自稱「余」〈合集 376〉。另有「余一人」的用法，如〈合集 36514〉、〈英 1923〉，見於第五期卜辭。

家族的關係稱呼，有：高祖、高妣、祖、妣、父、母、兄、子。復有：多婦〈合集 2825〉、多子〈合集 787〉。殷為父系社會，重男輕女。武丁曾三立嫡后：辛、癸、戊，分別為祖己（早逝）、祖庚、祖甲之母。

2.職官

A.文官

（1）尹〈合集 5551〉。高級官員，總稱「多尹」〈合集 5611〉，受王令驅策附庸〈合集 23560〉、墾田〈合集 33209〉和祭祀〈合集 27894〉，另見「三尹」〈合集 32895〉、「右尹」〈合集 23683〉、「小尹」〈屯 601〉、「族尹」〈合集 5622〉；又有尊稱「伊尹」〈合集 27654〉、「寅尹」〈合集 32895〉。

（2）小臣〈合集 12〉。有統稱「多臣」〈合集 613〉，主管征戰〈合集 615〉、墾田〈合集 21532〉、聯合附庸〈合集 619〉。有「小耤臣」〈合集 5603〉，主管率眾農耕。有「小多馬羌臣」〈合集 5717〉、「馬小臣」〈合集 27881〉，主管奴隸人力，是小臣兼武職。有「小丘臣」〈合集 5602〉，主管地區庶務。見殷的職官已有兼官之稱。

（3）牧〈合集 376〉。主管畜牧〈合集 148〉、田狩〈合集 28351〉、進貢〈合集 281〉，另有稱「右牧」〈合集 35345〉。

B.武官

（1）師〈合集 178〉。有帶出私名，如「師般」〈合集 4213〉、「師虎」〈合集 21386〉；有帶出地名，如「在師寮卜」〈合集 24272〉。

（2）馬〈合集 32995〉。有「多馬」〈合集 5716〉、「多馬亞」〈合集 5710〉、「馬亞」〈合集 564〉、「多馬衛」〈合集 5711〉、「三族馬」〈合集 34136〉。

（3）簸〈合集 301〉。有統稱「多簸」〈合集 5802〉。

（4）射〈合集 5763〉。有稱「多射」〈合集 46〉、「新射」〈合集 32996〉。

（5）戌〈合集6〉。有稱「五族戌」〈合集26880〉。

以上的（2）至（5），應是不同的兵種。

C.宗教類官員

（1）貞人集團。不同殷王時期有不同貞人的組合，負責貞問神祇的活動。

（2）卜官。如「伊卜」〈合集23818〉、「光卜」〈合集94〉。

（3）巫〈合集946〉。

（4）作冊〈合集1724〉。

（5）亞〈合集 27931〉。有「多亞」〈合集 5677〉、「多田亞」〈合集
32992〉。卜辭見「侑亞妣己」〈合集 2448〉、「亞多鬼夢」〈合集
17448〉、「作亞宗」〈合集 30295〉，見「亞」屬鬼神崇拜類字。又見
「亞田」〈屯 888〉、「亞受年」〈合集 9788〉、「馬亞」〈合集
26899〉、「多馬亞」〈合集 564〉，知亞官兼管田地、武官之職。

D.外服官員（或爵稱）

（1）侯〈合集 401〉。如「多侯」〈屯 3396〉、「杞侯」〈合集 13890〉、
「侯豹」〈合集3286〉。

（2）伯〈合集 28086〉。有稱「多伯」〈合集 36510〉、「方伯」〈合集
38758〉、「易伯」〈合集 3382〉。

（3）田。有稱「多田」〈合集27893〉、「多田亞」〈合集32992〉。

（三）商軍隊結構

1.國家軍隊

A.師。卜辭有「王作三師：右中左」〈合集33006〉，每師共百人。

B.旅。有稱「左旅」〈屯 2328〉、「右旅」〈屯 2328〉、「王旅」〈合集
5823〉。

2.貴族軍隊

有：族〈合集 6343〉。族由「族尹」〈合集 5622〉統領。有稱「王族」〈合
集 34133〉、王室近支的「子族」〈合集 21288〉、「多子族」〈合集 1491〉、
「左族」〈懷 1901〉、「三族」〈合集 6438〉、「五族」〈合集 26879〉。

（四）商征伐活動

殷商對外征伐的行動，有：1 登。如「登人」〈合集 6173〉、「登眾人」〈合集 22〉。2 征。如「呼征方」〈合集 6312〉。3 伐〈合集 6242〉。4 射〈合集 5770〉。5 敦〈合集 6180〉。6 圍〈合集 6681〉。7 侵〈合集 6057〉。8 俘〈合集 137〉。9 獲〈合集 1021〉。

殷對外族有泛稱「方」〈合集 614〉。有專稱如：舌方〈合集 6259〉、土方〈合集 6057〉、井方〈合集 1339〉、鬼方〈合集 8591〉、龍方〈合集 6476〉、馬方〈合集 6〉、虎方〈合集 6667〉、周方〈合集 6657〉、召方〈合集 33017〉、亘方〈合集 33180〉、林方〈合集 36968〉、盂方〈合集 36487〉、人方〈合集 36487〉等。殷和外邦衝突，早期多集中在西方、西北方，晚期的外患則有在東面和東南。

（五）商人生活

1.農耕

A.農作物種類。如：禾〈合集 28243〉、黍〈合集 235〉〈合集 9992〉、來（麥）〈合集94〉〈合集9620〉、稻〈合集10040〉、桑〈合集28341〉（字借用為地名）。

B.農作生產工具。如：力〈合集 20686〉、耒（耤）〈合集 8〉、辰（蓐）〈合集 9497〉〈合集 583〉〈合集 9492〉。

2.畜牧

A.家畜種類。如：馬〈合集 500〉、牛〈合集 102〉（幽牛、黃牛、白牛）、羊〈合集 331〉、豕〈合集 160〉（白豕、黑豕）、豚〈合集 29537〉、（合集 31993〉、犬〈合集 14323〉。

B.圈養動物。如：牢〈合集 25〉、宰〈合集 721〉、寫〈合集 29415〉、家〈合集 22050〉。

C.牲畜閹割。如：〈合集 378〉。

D.牲畜懷孕。如：〈合集 11267〉。

E.牲畜公母。如：牡〈合集 1142〉、牝〈合集 721〉、公母合書的〈合集 19987〉、羝〈合集 529〉、羭〈合集 19869〉、狜〈合集 11245〉、犯〈合

集 117〉、（字）〈合集 900〉、（字）〈花 215〉。

3.漁獵

A.漁獵種類。如〈合集 10197〉：「王狩光，擒？允獲兕二、兒一、鹿二十
一、豕二、麑一百二十七、虎二、兔二十三、雉二十七。十一月。」另有
「擒麋」〈屯 2626〉、「獲魚」〈合集 10471〉、「獲象」〈合集 37364〉、
「獲猱」〈合集 10468〉、「獲狐」〈合集 37363〉等例。

B.漁獵技術。有：焚〈合集 10198〉、射〈合集 10276〉（射鹿、射麋、射
兒、射豕、射狐）、逐〈合集 10227〉（逐豕、逐兒、逐鹿、逐麋、逐兔、
逐雉）、网〈合集 10514〉（网鳥、网雉、网雞、网魚、网鹿、网兔）、牧
〈屯 4033〉〈合集 376〉（牧雉、牧鹿、牧麋）、陷〈合集 6480〉、擒〈合
集 10344〉（擒狐、擒鹿、擒麋、擒虎、擒兒、擒犬）、獲〈合集 10471〉
〈合集 10501〉（獲魚、獲狐、獲鹿、獲麋、獲虎、獲豕、獲兔、獲象、獲
猱、獲雉、獲雞）、鰻〈合集 52〉、漁〈合集 10475〉、敍〈合集 8105〉
等。卜辭有：「射鹿」合成一字作（字）〈屯 2539〉，另有動詞「罿」〈合集
880〉、「羇」〈合集4671〉、「冪」〈合集 110〉、「麗」〈合集 20710〉
字，其中「麗虎」連用，對比「网鳥」〈合集 10514〉、「网魚」〈合
集 16203〉、「网雉」〈合集 10514〉、「网鹿」〈合集 28329〉、「网兔」
〈合集 110〉的成詞用法，無疑是一種過渡的專用字。

4.手工業

參下項的製成品。勞動人口一般稱「眾」〈合集 34〉。

（六）商的物質發明

1.建築

居住地：寢〈合集 9815〉（有：王寢、東寢、西寢、新寢）、宮〈合集
29155〉（有用為田狩地）、宀〈合集 30284〉（即廳。有：宀門、宀西戶）、宅
〈合集 13569〉（用為動詞）。

祭祀地：示〈合集 10111〉、匚〈合集 557〉、祊〈合集 1594〉、宗〈合集
30376〉（有：大宗、小宗、中宗、丁宗、右宗、北宗、新宗、某祖宗、亞宗、宗
門、宗戶、宗示）。

室〈合隼 557〉（有：大宰、中室、東室、西室、南室、新室、后室、某祖室、血室、奠室）、家〈合集 21224〉（有：王家、某祖家、亞家）。

京〈合集 6〉（有：在某地京、京師）、亩〈合集 583〉（有：南亩、亩土）、啚（有：東啚、商啚）、郭〈合集 13514〉。

門〈合集 13607〉（有：南門、甲門、乙門、丁門、三門）、戶〈合集 32833〉（有：西戶、南戶、宗戶、三戶）、窗。

井〈合集 130〉。圍〈合集 5973〉。亞〈合集 30295〉（有：亞宗）。

行〈合集 27979〉（有：在某地行）。邑〈合集 94〉（有：大邑、西邑、右邑、二邑、三邑、四邑、廿邑、卅邑）。

田〈合集 22〉。

2.製成品

A.紡織。如：衣〈合集 24886〉、裘〈合集 4537〉、乍（半衣形）〈合集 6506〉。糸〈合集 335〉、絲〈合集 3336〉。束〈合集 9429〉、東（囊，兩邊作結）〈合集 7084〉、更（囊，單邊作結）〈合集 5110〉。

B.交通工具。如：車〈合集 584〉、舟〈合集 64〉。

C.禮器。如：鼎〈合集 11350〉、簋〈合集 1096〉、鬲〈合集 1306〉、甗〈合集 629〉、豆〈合集 29364〉、斝〈合集 19791〉、爵〈合集 2673〉、皿〈合集 5742〉、凡（盤）〈合集 13831〉、酉〈合集 1777〉、邑〈合集 13868〉、卣〈合集 14128〉、庚〈合集 1115〉、庶〈合集 12839〉。

D.兵器。如：弓〈合集 151〉、矢〈合集 4787〉、余〈合集 585〉、斤〈合集 7204〉、王〈合集 924〉、戈〈合集 775〉〈懷 1461〉、刀〈合集 33032〉、我〈合集 6917〉、戊〈合集 2728〉。

E.捕獸器。如：网〈合集 10514〉、罕〈合集 28839〉。

F.刑器。如：卒〈合集 5843〉。

G.玉器。如：玉〈合集 4720〉、璧〈合集花 37〉、畀（字從二璧一琮形）〈合集 300〉。

H.骨器。如：囷〈屯 457〉。

H.錢幣。如：貝〈合集 5648〉。

I. 其他。如：宁〈合集 4818〉、其（箕）〈合集 4975〉、冊〈合集 7384〉、㠯〈合集 6948〉、帚〈合集 2824〉、爿〈合集 94〉。

（七）商人的健康

　　殷人生育的字例，有：「有子」〈合集 10935〉、「孕」〈合集 21071〉、「毓」〈合集 34087〉〈合集 14021〉。生男稱「妿（嘉）」〈合集 454〉，生女稱「不妿」〈合集 14002〉。死亡相關的字例，有：「囚」〈合集 526〉、「囝」〈合集 32829〉、「𤕦」〈合集 20578〉。

　　殷人患疾部位，習慣書於「疾」字之後，有：「疾首」〈合集 24956〉（又作「疾天」〈合集 20975〉）、「疾目」〈合集 456〉、「疾耳」〈合集 13630〉、「疾自（鼻）」〈合集 11506〉、「疾口」〈合集 11460〉、「疾齒」〈合集 13643〉、「疾舌」〈合集 13634〉、「疾身（腹）」〈合集 13713〉、「疾𩒺」〈合集 13675〉、「疾手」〈合集 13676〉、「疾肘」〈合集 13679〉、「疾脛」〈合集 13693〉、「疾止（趾）」〈合集 13682〉、「疾骨」〈合集 709〉、「心疾」〈花 181〉。

（八）商時的氣象

　　氣象種類，有：雨〈合集 21022〉、雹〈合集 12628〉、雷〈合集 1086〉、電〈合集 27164〉、雪〈合集 20914〉、云〈合集 13384〉、風〈合集 3372〉、霾〈合集 13467〉、霧〈英 1100〉、虹〈合集 10405〉、月有蝕〈合集 11482〉、星〈合集 11488〉。

　　「雨」有「大雨」〈合集 12704〉、「小雨」〈合集 28547〉、「雨小」〈合集 12973〉、「多雨」〈合集 12702〉、「雨疾」〈合集 12671〉、「烈雨」〈合集 6589〉、「足雨」〈合集 13001〉、「从雨」〈合集 12675〉、「征雨」〈合集 12776〉、「各雨」〈合集 24756〉、「來雨」〈合集 12807〉、「茲云其雨」〈合集 13647〉、「茲云征雨」〈合集 13392〉等用法。「云」有「各云」〈合集 10405〉、「三𤔼云」、「四云」〈合集 13401〉、「五云」〈屯 651〉、「六云」〈合集 33273〉的差異。「風」有「大風」〈合集 21019〉、「大驟風」〈合集 13360〉、「小風」〈合集 28972〉、「亡風」〈合集 7371〉的分別。「星」有「新大星」〈合集 11503〉、「大星」〈合集 11506〉、「鳥星」〈合集 11497〉的出現。

（九）商的時間

　　商對比相聯相承的時間觀念，有：年、月、日（干支）；昔、今、翌、來、生；今日（今干支）、之日（茲日）、來日。既、即；先、後；先、廼。殷人已有明確的過去、當下和未來三分的想法。

　　甲骨有言「入日」〈合集 6572〉、「出日」〈合集 6572〉、「出入日」〈合集 32119〉，見殷人已懂觀察日出、日入以掌握時間。〈屯 2232〉有「王其觀日出」一辭。「中日」〈合集 28548〉、「日中」〈合集 29788〉，即中午十二時。卜辭有「日有食」〈合集 11480〉的用法，一般理解為「日蝕」，但亦可能和時段「食日」的倒文有關。卜辭又有「至日」〈合集 27454〉一辭，一般又理解為「日至」，從而判斷是用土圭日影測量冬至或夏至的結果，恐也不見得是事實。卜辭復有「月有食」〈合集 11483〉，一般也理解為月蝕，亦僅供參考。

　　商一天的時段，區分：〔天明〕旦（約早上 6 時）、朝—大采（約早上 7 時）—〔早餐〕食日、大食（約早上 8-9 時）—〔中午〕日中、中日（約中午 12 時）—〔午後〕昃（約下午 2 時）—小采（約下午 3 時）—〔日斜〕郭兮（約下午 4 時）—〔晚餐〕小食（約下午 5-6 時）—〔日入〕昏、莫（暮）（約下午 6 時）—〔月出〕夕（約下午 8 時後）、夙（約凌晨 4、5 時）。

（十）商的地理

1.政治地理

　　殷人以商地為核心，稱：商〈合集 1666〉、中商〈合集 7837〉，第五期卜辭習稱大邑商〈合集 36482〉、天邑商〈合集 36542〉。相對於四邊稱：四方〈合集 34144〉、四土〈合集 21091〉（東土〈合集 7084〉、南土〈合集 20576〉、西土〈合集 9741〉、北土〈合集 36975〉）。一般行政地區單位稱：邑〈合集 94〉。

2.自然地理

　　A.水：如河〈合集 10083〉、洹〈合集 7854〉、淮〈合集 36765〉、潢〈合集 36589〉、洀〈合集 36812〉、洛〈懷 448〉、酒〈合集 28231〉、潦〈合集 24423〉、滴〈合集 8310〉。

　　B.泉〈合集 10156〉：如洹泉〈合集 34165〉。

　　C.陸：如山〈合集 96〉、丘〈合集 108〉、土（如甫土〈合集 846〉、亳土

　　〈合集 28106〉、唐土〈英 1105〉、四土〈合集 21091〉）、麓〈合集
　　30268〉（字又作彔〈合集 29412〉）、阜〈合集 24356〉。
　　D.專名：如亳〈合集 7781〉、商〈合集 1666〉。
　　以上，是目前甲骨文中對於殷商文明可以整理出的基本知識。

二、殷商人的思想

　　有關殷商人的生活社會背景，透過目前歸納的考古發掘和超過十萬片殷墟甲骨
的了解，再過濾古書，基本上可以有如下的認識。

　　上古先民一開始經歷遊牧時期，種族流播遷移，逐水草而居，物質保存不易，
生存困難，並經常遭受到外邦搶奪和種族生命的威脅，亟待強者帶領保護的出現。
早商殷先公時期民眾一直處於不安穩的生活，及至文獻記錄的殷王「盤庚」前後的
階段，上位者帶領族眾屢經遷徙，終於定都於洹水之濱，正式進入農業社會時期。
農耕活動強調人力和分工，有較穩定的居住要求，財富物資可以蓄積，重視土地價
值和家居生活，開始有勢力的劃分、承接和種族貴賤階級的區別。

　　甲骨卜辭大量卜問鬼神會降佑、祈求降雨而得享豐收的「受年」否，顯見殷人
對農業生產的重視。農耕生活需要注意日月星辰的運行來對應時間，累積有春耕夏
種秋收冬藏的循環知識，但殷商人一年只區分春、秋二季，仍沒有「四季」的觀
念。至於「干支」何時發生？如何發生？目前仍無法得知，然殷商人已熟練的應用
「干支」記日，懂得以十天干和十二地支單配單、雙配雙的交錯，記錄每一 60 天
為天數循環的代稱。當時已有閏月（由年終閏月而年中閏月）、觀察日月蝕、發現
新星的天文知識，並以五種固定祭祀周期的若干「祀」來借用為「年」的意思。然
而，24 氣節的知識和區隔似乎還未正式出現。

　　殷商人因生存而注意上天雲雨和種植的關係、動植物生老病死的循環、光暗白
黑強弱的對立，遂產生對大自然和生命的畏懼，從而轉生出殷人特有的「宗教崇
拜」。殷人已有天上神靈、地上人間、地下鬼魅的上下三分的想法，也有將洹水為
界，水之北岸為死人埋葬區，南岸向陽屬於殷人生活和祭拜活動的分域區隔習慣。
又，殷人掌握抽象的上下縱線和平面相對應對立的觀念，並應已明確具備獨特的宗
教觀和對生命的看法。這種天上人間的差別，縮地千里，可能已經出現在人和神溝
通的載體：龜版之上。殷人占卜和刻寫在龜甲上的位置，隱約有屬神祇的區域和人

事的區域的不同。

占書轉載，周人滅商，對於商王紂因嗜酒而亡國，有無比的戒慎小心，復一再以此告戒後人，參《尚書》的〈酒誥〉、〈無逸〉諸篇。殷人重視酒，透過卜辭許多酒祭祖先的記錄和出土的大量酒器飲器，可供參證。周人以「憂患」而興邦，反觀殷商人有「憂患」嗎？甲骨文中少見从心偏旁的字，更沒有出現「憂」字。殷人最大的焦慮，有二：一是「不常厥邑」。殷先民經歷多次的遷移，直至盤庚自奄渡黃河遷至河南安陽殷墟，再不遷都。詳見《尚書》〈盤庚〉三篇。可想見早期殷人生活並不安穩固定，而一再尋覓適合安身立國的土地，是早商人民舉國族祈待盼望的。二是王位的繼承。殷國族主要是多子族的聯邦，共主的擁立制度牽涉到整個國族的平順過渡和興亡盛衰。殷初王位承接方法的幾經調整興革，逐漸由「兄終弟及」過渡至固定的「傳嫡不傳賢」，主要是企圖避免每次王位更替時內部權力爭奪衝突的發生。

此外，文獻屢言「殷人尚鬼」，面對大量出土的卜辭，殷人對於死亡和死後去處的焦慮，無疑是早已經存在了。

殷商人有核心思想嗎？

對比先秦思想中，儒家強調的中心觀念是求「仁」、成「聖」，建構人間樂土，道家主張的是得「道」、絕對逍遙藝術的「無」，法家首倡的是在現世治理的「法」、「術」，陰陽家重視的用字是「陰陽」，而三千年前殷商上層知識分子「念茲在茲」的中心思想又會是什麼？我認為透過甲骨版中不斷出現的「卜」、「貞」、「用」等關鍵用字，「亡禍」、「亡尤」、「亡災」、「亡戈」、「亡艱」、「亡祟」等反詰的用語，和「王受佑」、「有若」、「降若」等正面的詢問句，可想見殷人平日思考的重點，大多是在於和祖先神靈的溝通，並將生命的責任投射於外在宗教和自然的崇拜力量。

殷人迷信，認為龜甲通靈，每天都會從事祭祀，並利用甲骨貞問祖先鬼神對大小事誼的同意與否。他們共同關注的是生命生活正面的求「安」、消極的求「亡禍」「亡災」，和起碼溫飽的農耕求「雨」求「受年」。貞卜活動是人和神的橋樑，上位者利用貞卜以「通天」，也作為連結並控制群眾以「安民」，從而取得族人認同和擁戴的手段。殷王是當日最大的「巫」，只有「王」有權主持全國的祭祀，特別是接觸神中之神的「上帝」、自然神河岳和殷王大宗直系的先王先妣，從而成為上天神靈的唯一代言人。一般的王室庶出和貴族只可以祭祀個人世系的祖先和重要的開國先王。

　　每一塊殷墟甲骨，舉凡刻有卜辭，幾乎都會有「卜」、「貞」、「用」等習用字，這成為上位者平日操作和思考的重心。

　　「卜」，羅振玉已說：「象卜之兆」，董作賓認為：「卜字本象兆璺之狀。吳中《卜法》〈占龜〉一條有云：『既灼之後，其龜版炸然有聲，是云龜語。』《周禮》注云：『問龜曰卜』，孫希旦《禮記集解》云：『凡卜以火灼龜，視其裂紋以占吉凶。其鉅紋謂之墨，其細紋旁出者謂之坼。』」羅、董諸說參見于省吾《甲骨文字詁林》第四冊 3415 頁。卜辭中的「卜」字象兆紋形，習用為祭祀動詞的占卜意，是人和神溝通的一種動作。「卜」的動作是由卜官或上位的王親自進行。一般文例，作「干支卜」、「干支某卜貞」。殷人因疑而卜，透過通靈的龜版卜問神祇，而甲骨版面是以中間的千里線為核心分界，在左右甲禱告的卜兆裂紋甚至「卜」字的字形多對應的朝向中線或相背向中線呈現和書寫，顯然殷人相信靈龜先天的千里線是神靈所依附，和後天問人事的兆紋有無形的互動和主從因承關係。

　　「貞」，郭沫若說：「古乃叚鼎為貞，後益以卜而成鼎（貞）字，以鼎為聲。」孫詒讓引《說文》卜部的貞字：「卜問也」，又引《周禮》注：「鄭康成云：「貞，問也。國有大事，問於蓍龜。」郭、孫說參《甲骨文詁林》第三冊 2718 頁。卜辭中的「貞」字習用為祭祀動詞的貞問意，帶出人向神祈求和詢問的說詞。「貞」的動作是由特定的貞人或王親自向神詢問。一般文例，作「干支卜，某貞」、「干支某卜貞」。殷人凡事都問卜禱告眾神靈，無疑是承認人力的卑微，而將人應然的挑負責任和主宰權推給外在預設的自然或超自然的力量。以「帝」為首的多神崇拜隨而建構出來，祖先神亦因此依序發展。這和周人面對「憂患」而勇於嘗試解決困難的自我肯定精神不同。

　　「用」字的本義，眾說紛紜。有以為「植干於架」（葉玉森），有以為「象盛物之器」（余永梁），有以為「為牛馬之欄」（吳其昌），有以為「象鐘形」（李孝定），有以為「象甬（今作桶）形」（于省吾），有以為「從卜從凡，凡即貞省，貞有鼎象。古用貞卜以決吉凶，蓋用之本誼」（陳邦福），有以為「從卜從凡，象在牛肩胛骨上占卜之形」（徐中舒）等，參《甲骨文字詁林》第四冊 3402 頁，目前仍疑未能決，只是其中徐中舒的說法，對應「卜」、「貞」的字形字義，頗有聯想的空間。卜辭中的「用」字有作為祭祀動詞，一般言「用若干牲」，是殺牲以獻祭神靈的通稱。卜辭又有作為「用辭」，是針對特定卜兆作出的「用」或「不用」的判斷語。

　　以上，觀察甲骨常見的「卜」「貞」「用」等字，無不反映出殷商上位者的思

想重心。殷人渴望和上天自然建構一緊密親近的關係，透過神靈的認同，肯定個人及族眾在人間活動的合理和價值。「天人關係」自此依附在一版又一版的龜甲獸骨上，牢牢的扣連在千萬的人心，成為中國思辨的主要源頭。

三、甲骨文字的人文精神——從「人」相關字例談起

漢字主要是單音節的方塊符號。漢字的結構以一無形的中線為依歸，方正而聚中，對稱而平穩。每一筆畫都蘊涵著實意或抽象的功能，務實而不虛華。透過漢字的造字用字分析，可以反映出漢民族沈深厚積的物質和精神文明。

甲骨文，是目前所見漢字中最早而大宗的字形，距今超過三千年的歷史。甲骨文上接漢字剛開始發生的時間並不遠，仍保存大量字的原形。因此，透過甲骨文字能窺探上古的物質社會形態，也能掌握先民創造文字時的靈感泉源和特性。中國文化精神的根源，應由甲骨文開始談。中國傳統文化的傳承，也是自甲骨文展開。

細細品味甲骨文的字形，可以尋覓出中華民族獨特的思維寄託。對應傳統中國文化強調「人」、「我」間的意義和價值，追求「中和」之道，先秦諸子思想的根源，也是務實的由「治人」、「安民」，從而了解「人」的求常方案展開。我們由甲骨文的字形字用分析，亦能發現先民「以人為本」的核心觀念。

以下，嘗試討論「人」字相關字例的發生，印證上古先民一開始即強調人文精神的風格和獨特元素。

（一）由靜而萌動

例：〈

人。象形。先民發生文字以記載語言，是經過漫長的約定過程。殷甲骨文的「人」字，利用單純的兩刀劃組合，完整詮釋「人」的頭身腿和手的側形。此一方塊字的書寫，完成對地球上最具代表和主宰的一種生物：「人」的描繪記錄，意義非凡。字形準確而完整的表達，無論是男女、老少、任何膚色的人群，只要成為「人」的必備和基本筆劃。因此，這一甲骨文字的發明，兼具有周延、宏觀、普羅、國際視野的見識。短短的兩筆，超越了國界、階層，而又深具漢文化凝聚、內斂、包容的特徵。無論是當日的殷人、外邦，上層貴族主事，抑或下層的勞役人

牲，都一律可稱呼為「人」。對比印度不同階級人種族姓有不同的名稱區隔和高低
貴賤之分，歐美對「人」有不同性別、單複數的用字差別，漢字「人」字的發明和
應用，無疑具備有統一、公平、平等的氣度。

「人」字形的取象，是一靜態人立垂手側形的共相，而並不選取人在行走移動
（ ）而身（ ）而孕（ ）而毓（ ）而保（ ），由大（ ）而走（ ）而奔
（ ）。先民造字的取象，最先都是以靜態、停頓的共相描述為主，如動物類的鹿
字作 、馬字作 、虎字作 等，均只作橫或豎立的側形，而並不作奔馳貌。字原
形成後，接著才以樹狀分裂的方式拼發出不同字體，以滿足不同的語言和意義需
求。相對於儒家文獻《中庸》的「靜而動」，宋明儒強調的「靜心」，都可以相互
參照。由此可見，靜態取景的訴求，對於漢民族特性和思想文化起源，具有重要的
影響力。

「人」字用為名詞，作為人類的泛指。殷卜辭有用作祭祀人牲的單位，如「羌
十人」〈合集 336〉，也有用為某些特別群體的代稱，如「人方」〈合集 36484〉
是。字又有轉作母體產子而成人的標誌，後來訛變書寫作「匕」形者，如：牝、
牝、死、麀、虎等字，其中「從匕」的結構都是由「從人」衍變出來的。

（二）經變而求常

例：

尸。字讀夷，象人的側形，刻意彎曲腿脛，以與「人」字形相區別，但在平常
書寫往往是「人」、「尸」不分的。

甲骨文透過固定字形中的調整、變動筆畫部件，轉而分裂出不同的字形和用
意。這是漢字生成的一種獨特模式。如：由人（ ）而匕（ ），由人（ ）而尸
（ ），由大（ ）而走（ ）。其後，復有調整字的位置，發生新的字。如：由
大（ ）而屰（ ），由从（ ）而比（ ），由从（ ）而北（ ），由出（ ）
而各（ ）。有增加配件，發生新的字。如：由人（ ）而氏（ ），由人（ ）
而企（ ），由人（ ）而允（ ），由人（ ）而元（ ），由人（ ）而壬
（ ），由大（ ）而天（ ），由大（ ）而舞（ ）。有增加獨立部件，發生新
的字。如：由大（ ）而夾（ ），由大（ ）而亦（ ），由尸（ ）而祝
（ 、 ）等。總的而言，漢字的發生，是隨著實用需求的改變而增改全形或個別
筆畫，從而演變出不同的新字。「變」，不但能生字，成就了下一波字例的常態寫

法，也是中國文化衍生的一種習見方式。

細審先秦諸子的思路，有大量的討論都是聚焦在由「變」而求「常」的省思上。如孔孟強調積「學」而提升人格，追求「成聖」永恆之路；老莊講求由「魚」而「鯤」而「鵬」的形軀我的突破、逍遙，尋找相對背後的絕對境界，都是重在「變」中覓「常」。西漢司馬遷撰寫不朽的《史記》，其史學精神亦是由「通古今之變」，以冀建構「達古今之常」的人生法則。以上字形和思維的推衍，完全是可以並行互參的。

（三）兩極而守中

例：𣆁

母。象女跪坐形，字在中線左右增二虛點有區別的功能。字和不增點的「女」字經常混用。如〈合集 678〉的「戊子卜：王屮母丙：女？」，其中的「母」和「女」字都同作「女」形。卜辭中「父」和「母」對稱，如〈英 113〉的「貞：唯多母岂？」，可和〈合集 2338〉的「貞：唯多父岂？」對言。字或有借為否定詞的「毋」〈合集 24221〉。

甲骨文中，習見「父母」、「祖妣」、「上下」、「牡牝」、「叀隹」、「先酒」、「日出、日入」等詞相對應的用法。較諸甲骨曾用「左」、「中」、「右」三骨貞問和用「左」、「右」二龜問卜的形式，以至卜辭習見成組刻在龜版自左右朝中央的千里線正反對貞問神，同時殷人又已具備「四方」和「中商」對應的位置知識等，可知先民至少在殷商時期已含有兩極端和中央相對應的思維。《史記·五帝本紀》言「帝嚳溉執中而徧天下」，已強調上古治民時「中」的觀念的重要性。這和漢字「字形」力求左右或上下對稱而朝中的凝聚方正結構、「詞」的常出現複合詞疊用、「句」的具無形的行氣和朝中豎直行書寫的習性，個中道理隱隱都能夠相互參照。

（四）以人為本

例 1：𠑵
元。象人側形而強調頭部。

例 2：𣏟

天。象人正立形而強調頭部。

頭首是人體中最重要的部分，也是人離開母體最早出現的部分。「元」、「天」二字都取象人而大其首，強調的是頭部。字其後才引申有大、始、至高無上的用法。

「元」、「天」二字一正一側，取象全同，應屬同時出現，而用法功能已異。在殷商時期，「天」字仍保留頭首的本義，如「疾天」（〈合集 20975〉：「庚辰〔卜〕，王：弗疾朕天？」），即「疾首」的意思。「元」，一般已引申為大、始的用法，如「元示」〈合集 14822〉、「元卜」〈合集 23390〉；字又假借為田狩地名，如「田元」〈英 2562〉。

卜辭的「天」字，仍沒有指外界的自然天、抽象的主宰天、因果天等用法。文字的發生，「近取諸身」而「遠取諸物」，是先有由人體而漸外移至客觀景物，有由樸實的純依實物外觀的勾列成字而進一步反映抽象的精神文明。後者多數已進入兩周以後的用字了。

例 3：〖〗

从。字有反書作〖〗，用法基本相同。古文字字形正反不拘。《說文》則分列為「从」、「比」二字。字从二人緊密相隨，故有隨從、循著、經由意。卜辭一般言「王从某地（或某族）做某事」。

古人造字，參考的靈感多以自身的「人」為中心。「从」字強調的追隨、透過、經由的用法，也是借由人和人相互的活動關係，呈現出主從、人我接觸的意思。這和上古先民思維透過人心為出發點，展開人和宇宙萬物間的天人關係討論是一以貫之的；和古典文學由人我、由人情差異的展開，抒發情之為物和內心圓缺的矛盾對立關係也是一樣的。由此可見，中國文字的發生，和思想、文學的發展軌跡，基本都同是以「人」為核心，向外產生人和人的接觸為一致的方向。

例 4：〖〗

並。象二人攜手正立並排之形。下有「从一」抽象的橫筆，強調二人並齊。字也有省略橫筆作〖〗〈合集 32498〉；顯然此橫筆在字形組合上並不是最不可少的。

「並」字有借為附庸族名。有作為副詞，並列意，修飾動詞。字的詞位靈活，有移位的現象。如：

〈合集 23326〉　　貞：姒庚歲，並酹？
〈屯 68〉　　　　　丙申卜：昇，並酹祖丁罒父丁？

〈合集 32886〉　　辛未貞：其令射 𠂤 即並？

〈合集 32890〉　　辛未貞：王令即並？

對比上引「並酚」、「即並」二例，「並」字修飾祭祀動詞，其位置在較早時處於動詞之前，稍晚則見書於動詞之後。

先民用人和人靜態的並立，滿足的表達「並列」、「同時進行」的抽象意思。先民選取「人」作為最容易、最直接表達的字符載體，而不是另使用其他的動植或死物並排示意，可見先民造字取材時對「人」自身的重視。舉凡任何動作的表達，往往優先考慮用「人」為核心呈現的可行性，再考慮其他。這種以「人」的動作抽取其用意的造字方式，自然也是「近取諸身」的實例。

例 5：𡕥、逆

逆。字由倒人的「屰」字衍生出來，轉生不順的逆意，用為動詞，有迎接的用法。卜辭有「逆伐」例，作為複合動詞，即迎擊意：

〈合集 6198〉　　辛丑卜，敵貞：舌方其來，王勿逆伐？

〈英 555〉　　　舌方其來，王逆伐？

卜辭又有「逆羌」、「逆執」的用法，意指迎接人牲：

〈合集 32035〉　　王于宗門逆羌？

〈合集 32185〉　　弜逆執，亡若？

卜辭另見「屰雨」例，或指迎雨的一種儀式：

〈合集 33917〉　　丁巳卜：屰夕雨，戊☒？

〈屯 1046〉　　　☒雨大屰☒？

卜辭複有「屰米」例，或用為迎接穀稻農作豐收的儀式：

〈合集 33230〉　　王子貞：屰米，帝秋？

先民造字，先鎖定以「人」表意。這裡將常態的「人」正立形倒書，強調人的顛倒形，抽取其倒轉、出迎的意思，再加上「從止」、「從辵」以強化移動的動作意，遂構成「迎覆」、「迎接」的人的移動動作，再擴大為舉凡人事物「返」、「迎」的抽象用意。這也是利用「近取諸身」而變化造字的方式。

例 6：光

光。從人跪坐，人首之上配有火柱照亮，以示高處光明意。

先民重視「火」的發生和利用「火」的經驗，也應已有對「火」的崇拜。由「火」而生「光」，由「火」而產生保暖、照耀驅趕黑暗、逐獸禦敵、熟食存糧、

祭祀和神祇遘通等正面功能，但「火」亦能產生破壞、消毀和死亡的力量，如災字作🔥，炆字作🔥，又想見殷人對「火」的無形畏懼。

卜辭中多見殷人用「火」焚林燒田獵獸，用「燎」燒祭牲以獻祭神祇，對於「火」的使用和祭拜，應是殷人固定的生活習慣。先民懂得抬高火柱，以取得光亮照明最遠的地方，而在造字的歷程中，先以「人」身為字的中心，添火柱具體或抽象性的置於人首上，照亮四方，從而發明「光」字。這也是「以人為本」的一個字例。

卜辭「光」字借用為第一期附庸族名。卜辭有「婦光」〈合集 2811〉，應是光族嫁與殷王的女名。卜辭又有「侯光」〈合集 20057〉，是武丁時光族族長或作為私名而具爵名者。光族和戉〈合集 22043〉連用，協助殷王捕獵羌人。「光」字又增从「土」〈合集 10197〉，借用為田狩地名。

例 7：🔥

立。象人正立形；下从一，有認為是地，有認為是單純的抽象橫畫，強調雙腳平齊站立的位置。

先民用「人」的站立、肅企來表達畢直的「立」意，此亦足見「近取諸身」以成字的方式。先民對於表達動作相關的語言，在新記錄為文字時，多率先思考以書寫者「人」為出發點。這樣以「人」、「我」自身為主的潛意識，主導了造字的基本結構。如強調離開意的「去」字作🔥。象人（大）走出坎穴，取字的靈感是以人的移動為主體，而並不是以其他動物或物品的動作為核心。由此看來，三四千年前先民無論在思維、語言的表達，或在文字的發生，都已知悉「人」、「我」和「物」、「我」對立的關係。

卜辭的「立中」〈合集 811〉、「立事」〈合集 24〉、「立黍」〈合集 9522〉、「立𢀡」〈懷 1636〉、「立人」〈合集 5516〉等用例，「立」字用為動詞，引申有建立、豎立、站立、確立、策立等廣泛的抽象用意。

（五）由實而虛

例 1：🔥

大。象人正立之形。字利用人的兩手朝外張開，以示抽象的擴大、巨大的意思。甲骨文中已有「大」、「中」、「下」之分。「大」字用為形容詞。卜辭有帶名詞的「大宗」、「大室」、「大邑」；「大雨」、「大風」；「大牢」、「大

豕」、「大吉」；「大食」、「大采」；有接動詞的「大出」、「大征」、「人敦」、「大令」；甚至有借為方國名的「大方」，地名的「于大」等例。

　　殷人以具體實象的人形，描述抽象的大小之「大」。《說文》引老子言「道大、天大、地大、人亦大」，見先民的哲思中，是有以人法天地、人和天地並列，故才取用人為「大」意。由字形言，「天」是從人正立而大其首，《說文》根據篆文字形「能分即分」的誤拆解為「從一大」。是知字形的衍生，是先有「人」字，而後才生出「大」、「天」字。「天」字的發生，是先據人大形強調頭首的顛頂意，入周之後才拓大理解為外在的「至高無上」的自然天、主宰天，再進入儒家禮教框架的臣之於君、子之於父、妻之於夫的抽象教條。

　　例 2：𡗶

　　亦。字由象人正立的「大」字，加上腋下二虛點，強調腋的部位；指事。這種透過具體的實像，附加不能獨立的虛畫，配合特定位置，表達抽象觀念的造字方法，無疑是先民思維十分成熟之後才會出現。殷商時期，已有記錄抽象意義的需要，如甲骨上多次見到數字卦的刻寫，是發生易卦陰爻、陽爻組合的前身。由此可見，指事字的發生，足以反映先民思維的靈敏活潑，具無比的開創。這種由實加點而生虛，以簡馭繁的造字方式，充分展示大腦聯想、意會的能力。

　　「亦」字為「腋」的初文，在甲骨文中已借用為副詞，有又、也的意思。對比下列句例：

　　〈合集 12439〉反　旬壬寅雨，甲辰亦雨？

　　〈合集 137〉反　　甲辰方征于敊，俘人十㞢五人。五日戊申方亦圍，俘人十㞢六人。

　　〈合集 6485〉反　　王固曰：丁丑其㞢設，不吉。其唯甲㞢設，吉。其唯辛㞢設，亦不吉。

「亦」字在完整句之中，多屬前後二分句而出現於後句，例又多見驗辭和占辭。字強調前後句的關連性，特別加重後句的敘述語氣。一方面表示後句句意和前句是相同的，一方面有前後相互呼應的修辭功能。殷人已有修飾文句語氣的自覺意識，使句子的書寫由質樸過度至華麗的訴求。

　　例 3：𣅀

　　昃。字從日從斜大，示日照人的斜影。字形又作𣅉，從夨；又作𣅀，單純從大。字由斜大，過渡從側首的夨，都是強調「大」字的虛化過程，表示人身的倒影。

　　「昃」字在甲文中借為時間詞，是在「中日」（日在正中位置）之後，「郭兮」（日光斜照城頭）之前，約是指下午二、三點之間的一時段。

　　殷人選取習見的人身正立形為字的基本結構，透過側寫的變形以示倒影，來記錄「昃」的一段時間，自是以「近取諸身」的約定，用實象來傳達抽象。這種「化實為虛」的虛化、理論化過程，早在上古時期出現，不但用在造字的方法，也見於思辨之中。如將具體的盛玉祭拜的禮器的「豊」，轉用作禮儀、禮教精神的「禮」；用一具體兵器形的「義」，轉用為德目中合宜的「義」；用人行走的道路的「道」，轉用為德目中永恆、經常不變的「道」是。

　　以上三例，見字形的變化，分別有經由實而虛、由實增點而虛、由實變形而虛三種。

（六）由小見大

　　例：

　　及。字從手在人後，示追捕人的樣子。字的結構，以手為主導，放大書寫，以局部的「手」代表抓人的人。在人的背後抓捕人，一如「獲」字作 ，在鳥後捕鳥的常態經驗相同。「獲」由「獲鳥」，拓大為追獲所有的人事物，同樣的「及」由追人，也拓大用意為抓捕、追獲、達至等抽象意思。如「及龍方」〈合集6592〉、「及舌方」〈合集6340〉、「及今三月雨」〈合集9608〉是。

　　先民懂得用局部代替全形、用具體圖象放大作為抽象的觀念，從而增加應用漢字的功能。由此，足見先民靈敏的活用線條，以最小、最經濟的筆畫，爭取最多、最廣泛的記錄。又如「逐」字作 ，本只為追豬意。其中的「 」，即止、趾字，代表追豬的人和行動。在卜辭中，已拓大舉凡追逐動物，甚至追趕外邦敵人，都能用「逐」字。這種由實而虛、由小而擴大的抽象思維模式，早在漢字中已普遍應用。

（七）局部取代全體

　　例：

　　眾。本象太陽底下三人相聚集之形。字至篆文訛日為橫目，理解為「多也」。甲金文已用三個相同字形體組合，含「三取其多」的意思，如：蟲、焱、儡、猋等字的合成，都有眾多意。

先民發生文字，很早就固定用三個相同部件，以示盛多和積累的全意。如「手」字作✋，象手的側寫，只畫出三指，硬性取代手的五指全形。和「又」字相同用法的「屮」，我懷疑也是取象手的正形，同樣是用三指來泛指全形五指的正面。又如「止」字作✋，也是用三趾來表達五趾的腳，進而泛指全人。此外，像「雨」字下多固定從三短豎，以示雨點；「山」字固定從三個山峰；「水」字固定從三條水紋；連詞「眾」字下常作三短豎，以示淚水漣漣，都是以三泛指眾數。由此看來，先民已習用「三」數取其多，泛指整體、全形之意。

「眾」是殷商社會最低階層的成員，由王、小臣、亞官、將領等驅策，提供耕作、勞動、捕獵、征伐的基本人力。如：

〈合集 8〉　　　☐卜，貞：眾乍糟，不喪☐？
〈合集 12〉　　　貞：叀小臣令眾黍？
〈合集 25〉　　　辛巳卜，貞：令眾劯事？
〈合集 30439〉　貞：叀眾涉兒？
〈合集 31972〉　己卯貞：令🦴以眾伐龍，戋？

殷王「余一人」以下，有血親、庶出的貴族和官員、附庸，再下層則是勞動階層的「眾」，接著的就是奴隸和人牲。

（八）天上人間

例：👹

鬼。字從人或以卩在田下。字見於第一期過渡至第四期卜辭，上都從田形。對比「疆」字從田，指疆域中的土地；「田」字象平原具阡陌、供耕種的田地形，泛指大地。「鬼」字上從田形一般指的所謂鬼頭，或應是強調屬「地下之人」。卜辭字已經用作能降禍災的「鬼」意。如：「多鬼」〈合集 17450〉、「亞多鬼」〈合集 17448〉。「鬼」由地下升至人間作祟，如：

〈合集 7153〉　　王固曰：途，若茲鬼陟在廳。
陟，即陟，上也、升也。

「鬼」和外族的「周」並列，有施災害於殷的記錄。如：
〈合集 1114〉　　允唯鬼罘周𢆷。
「鬼」又和「蠱」字連用。如：
〈合集 14277〉　☐鬼☐蠱☐？

殷人深信「鬼」能入夢，並引起疾患。如：

〈合集 17448〉　　貞：亞多鬼夢，亡疾？四月。

〈合集 17450〉　　庚辰卜，貞：多鬼夢，更疾見？

〈合集 17451〉　　庚辰卜，貞：多鬼夢，不至𡆥？

「亞多鬼夢」、「多鬼夢」，都是「夢亞多鬼」、「夢多鬼」的移位。「夢鬼」並非吉兆，因此其後的詢問句才有因夢鬼而「見疾」、「至禍」否的焦慮。

　　殷人有求祖先驅鬼求安的觀念。殷人的寧安否和「鬼」的出現有相對關係。如：

〈屯 4338〉　　　☐貞：祟鬼，于♀告？

〈合集 24987〉　　☐今夕鬼寧？

由上述「鬼」字字形組合和字用，配合人死而下「葬」和殷墟考古中大量的殉葬個案，可見「鬼」的活動範圍是在地下，與祭拜禱祝的上帝和眾神祇處於上天相對。「鬼」是由地下上升至人間施行災異，而神靈祖先則是由上天降臨人間賜與福佑。天上、人間、地下三分的信仰觀，在殷時已趨於形成。

　　卜辭另有从人站的𠇇，用為第一期卜辭方國名，有稱「鬼方」〈合集 8591〉。字復有从大作𠇇，用為第一期卜辭附庸名，曾助殷「獲羌」〈合集 203〉。由此可見，字从卩、从人、从大，有區別的功能。自然，這種區別作用也並非全然如此的，如：羌字作𦍋，也作𦍋〈合集 34284〉；即字作𨑋，也作𨑋〈後 1.7.8〉；瀼字作𣶒，也作𣶒〈屯 1098〉；女字作𠨙，也作𠨙〈懷 1591〉；夙字作𡖊，也作𡖊〈合集 34284〉；見字作𧠐（見方〈合集 6167〉），也作𧠐（見方〈合集 799〉）是，見从卩、从人無別。

（九）神人相通

例：𠆥

令。字从倒口，从卩。倒口，示上位者的發號施令。卩，示人跪接受命令。殷卜辭中命、令不分，統用作「令」，至周金文才有增口符區隔為二字。由卜辭文例，習見「帝令」、「王令」。例：

〈合集 5658〉　　丙寅卜，爭貞：今十一月帝令雨？

〈合集 14127〉　　貞：帝其及今十三月令雷？

〈合集 6480〉　　貞：王令婦好从侯告伐尸☐？

〈合集 33209〉　　癸亥貞：王令多尹墾田于西，受禾？

〈合集 5495〉　　甲戌卜，王：余令角婦協朕事？

因此，造字偏旁的「倒口」形，可指的是神靈，也可理解為人間的上位者。一般神靈有權施令自然的，只有「帝」。商榷的只有二見：

〈合集 14638〉　　貞：翌甲戌河其令☒？

〈合集 22539〉　　貞：叀旨令？允☒。

前一辭辭殘，但「河」神能施雨，勉強應可以通讀。後一辭命辭的「旨」，可理解為人名和族名，屬上位者「令旨」的移位句，並不屬於神靈施令一類。因此，此二殘辭並不算例外。

　　一般人間施令的上位者，只有「王」。《甲骨文合集》中例外的只有「丁」的二例：

〈合集 23265〉　　貞：于㲋丁令？九月。

〈合集 23674〉　　己亥卜，中貞：叀藝丁令方祥？

以上二例屬於第二期卜辭，「丁」或指殷王「武丁」的生稱，亦屬人王。殷墟花園莊東地甲骨有「丁令」〈花 1〉、「子令」〈花 3〉例，其中的「丁令」和王卜辭的「丁令」通，均指武丁。「子令」的「子」是指花東子，非王卜辭一類的首領。花東卜辭能見「子令」的用法，「子」的身分重要自然非比尋常。

　　「令」字從倒口，見字的發生已兼通用上帝神靈的施令自然和人王號令人臣下位者的用法。天上，自是帝的管轄；人間，則為王所統領。這種在天上、人間相同發號施令的對比觀念，殷商時已然樹立。

　　又，卜辭中有「帝臣」和「王臣」相對應的用詞，見天上、人間的職供亦相同。前者屬上帝之臣，有用為求雨、求禎祥、豐收的神靈，如〈合集 30298〉：「于帝臣又雨？」、〈合集 30391〉：「王又歲于帝五臣，正？隹亡雨？」、〈屯 930〉：「貞：其寧秋于帝五玉臣，于日告？」；後者是王專屬之臣，作為上位所徵召、驅策的對象，如「登王臣」〈合集 5566〉、「以王臣」〈合集 5567〉例。

（十）方位災祥

例：⺑

　　北。字取二人相背形，固定借為方位詞。卜辭見殷商以「大邑商」為國族地域的核心點。四周有東、南、西、北四方，以與「中商」相對。以「商」為中為主為

貴，四方則為屬為副為輕。

　　卜辭中有大量「自北來雨」〈合集 12870〉、「雨自北」〈合集 20421〉、「有出虹自北」〈合集 10405〉等句例，記載來自北方的天氣實錄。又，有許多「有來囏自北」〈屯 2058〉、「有祟自北」〈屯 3204〉、「有來婡自北」〈合集 7118〉的句例，大量記錄可能來自北方的災異。殷人描述抽象的方位，和降雨、來風，以至北方苦寒、自然天災人禍有一定的系聯。這除了來自先民自身生活經驗法則的歸納外，似乎也為日後戰國以降的天人、四方相感相尅的陰陽家之言，布下了一條前後呼應的線索。

（十一）宗教崇拜

　　例 1：𦐇

　　羌。字從人，上具特殊的冠飾；獨體。這反映當日羌人的常態打扮。字至《說文》篆文字形誤釋為從羊，始理解為「西方牧羊人」。羌，我在《甲骨文研究》一書中，曾考證可能是夏族滅亡後的遺民。羌長期為殷人欺壓搜捕，大量遭受砍殺祭祀，和淪為外邦來貢的用牲，與祭獻的動物如牛、羊、豕、宰、牢等並列。〈屯 636〉有「用羌」和「用伐」同辭。

　　羌字有反縛双手作𦐇〈合集 32160〉、增係繩索作𦐇〈合集 22567〉、𦐇〈合集 22551〉、𦐇〈合集 26949〉、增套頭枷鎖作𦐇〈屯 636〉、𦐇〈合集 32016〉、𦐇〈屯 2293〉，以強調屬奴役、俘虜之意。

　　殷人大量「用羌」，作為人牲，祭拜祖先，一方面滿足先人在另一世界需要的勞動力，一方面藉此功利的對神靈有所求索。殷人迷信尚鬼，由長期使用卜辭占問可以證明。殷商時期人類面對大自然和死後的無知，無力抗衡，從而轉生出畏懼和伏拜，不斷冀求上蒼自然與祖先神靈的保佑，讓不安的心靈因此能得到外力的撫慰。這種宗教信仰的情懷，早在殷商已然發生。

　　例 2：𣎆

　　無。字即舞字初文，象人立手持牛毛尾揮舞之形，卜辭用為祭祀儀式之一種；動詞。字有譌作𣎆〈英 996〉。甲骨中此字仍用本義，但未借為否定詞。殷人舞祭，有由殷王親自指揮進行，一般求祭的對象是自然神的岳和河，目的是要求降雨，而降雨又和農耕種植有相對的關係。例：

　　〈合集 14207〉　貞：舞岳，㞢雨？

〈合集 14197〉　　貞：勿舞河，亡其雨？

〈合集 34295〉　　☑卜：今日☑舞河罘岳☑从雨？

偶有冀求禎祥的。如：

〈合集 31033〉　　叀林舞，又正？

正，讀禎，有吉祥意。

有由殷王親舞的「王舞」。如：

〈合集 11006〉　　貞：王其舞，若？

有由王呼令某巫師職官舞的「王呼某舞」。如：

〈合集 31032〉　　王其乎万霾于☑？

〈合集 14116〉　　壬申卜：多冒舞，不其从雨？

也有泛指我們集體進行舞祭的「我舞」。如：

〈合集 15209〉　　貞：我舞，雨？

〈合集 14472〉　　甲辰卜，爭貞：我舞岳？

　　殷商進入穩定的農業社會，已擁有種植農作物，需有一定降雨的知識。透過生活累積的經驗和迷信的觀念，殷人認為雨是經由岳神和河神施降的。巫師和總巫師的「王」是人和神的橋樑，代替人民求雨舞祭，祈求岳和河等自然神的降雨。而時王亦利用和引導群眾的迷信，掌控神祇降臨人間的代言。

　　例 3：𝕏

　　即。字從皀從卩，象人跪於簋前祭拜之形，強調用簋獻食祭祀。卜辭用為祭祀的泛稱。一般學界解釋字形為人跪坐「張口」就食之意，引申當下、立刻、馬上的用法，但這「張口」之形，恐非卜辭中所有。同樣的，饗字作𝕏，示眾人圍簋祭拜，字的原形亦無「張口」圍食之形，用法和「即」字相當。今後言卜辭「即」、「鄉」的用義，應稍作調整。字和皀𝕏（既）、𝕏字應分別觀之。字用為祭祀動詞，也有用作名詞，如「即日」〈合集 29704〉。

　　「即」和「卲」（𝕏）字的象人跪於二璧一琮的玉器（我認為是象徵鬼神的出入口）之前，可相對照，同為祭拜的泛指。「即」、「鄉（饗）」類用簋祭祀的祭儀，卜辭中有和用酒奠拜連用，也和伐牲的歲祭連用。如：

〈合集 31045〉　　弜鄉廳：鬻、障升？

〈合集 30356〉　　其即父庚：升？

〈合集 30960〉　　癸巳貞：其又升伐于伊，其即？

〈屯 2294〉　　　□亥卜：父甲◹歲，即祖丁，歲祂？

〈合集 27138〉　己酉卜，何貞：其宰又一牛鄉？

　　由此可見，殷人祭祀時有用盛黍稻的簋，有用灑奠的酒鬯，有用砍殺的祭牲，也有用玉器獻祭。殷人面對自然和鬼神，由無知而畏懼而祭拜，轉生出不同形式的祭儀。由殷墟大量的祭祀卜辭，反映出上古的原始宗教。殷人熟練的禮拜鬼神祖先（祖、妣、父、母、兄），並將個人生命的責任，推給外界神秘的無形力量。

（十二）生死觀

　　例：□ ；□、□

　　囚。字形分二類，前者象人側身置於木架（棺槨）之中，有埋葬意；學界有讀為蘊，或為葬字初文。由卜辭上下文觀察，字和疾病、用刑之後相接。如：

〈合集 526〉　　貞：㞢疾羌其囚？

〈合集 525〉　　庚辰卜，王：朕□羌，不□囚？

〈合集 580〉　　貞：刖□八十人，不囚？

後者从人在橢圓或方形介畫中，卜辭固定借用為田狩地名。如：

〈合集 24452〉　戊戌卜，行貞：王其田于囚，亡巛？

　　「囚」字是由上而下俯瞰取景的全象形，从人側身臥葬。字與□（老）、□（及）、□（羌）等人站立之側形並不相同。殷墟以洹水為界，水南的小屯主要是人類活動區域，又細分宗廟祭祀和宮殿居住兩處；水北的西北岡一帶則是人身後埋葬、集體殉葬的地區。殷人應已有天上人間、生死對立的觀念。

　　「帝」，又稱「上帝」，見殷人認為神靈是存在人之上方。「帝」統領著日、云、河、岳等自然神和祖先神祇。祖先逝世後進入土葬，墓中有大量陪葬物品，包括玉器、青銅禮器，和盛載酒糧的不同器皿，如殷墟的婦好墓是。由此可見殷人已有重生和為轉世上升於天而準備的觀念。

（十三）保守內省的世界觀

　　例：□

　　邑。字从口（圍）从卩。口，指圍城。卩，代表群眾。字由建築的城和居住的人相組合，聚而為居住單位「邑」的代稱。人，是城邦建構中不可或缺的主要成分，文字組合用一人跪形的「卩」拓大表達屬眾人進出休憩的地方。口，用一封閉

的方形與外界隔絕，作為城邑的單位名稱，對比「圍」、「域」字从戈守口，見先民用口形表城、表自我的領地、表天下，這都在在傳達出上古先民民族性中的世界觀，是屬於保守、劃地自限的，而並非一直向外擴張的侵略型。自戰國以至秦以後歷代的修築長城，阻隔關內塞外的分野，也同樣反映重農求安的民族，劃地防夷的自守求安心態。

卜辭有「茲邑」、「乍（作）邑」、「大邑」、「若干邑」、「敦邑」、「西邑」、「大邑商」、「邑來告」、「自眔（逮）邑」等用例，見「邑」字固定用為名詞，其中以商號稱「大邑」，和其他的城邑區隔。

「邑」字利用口和卩二個相關的具體實物併合，轉生出抽象單位名稱的造字和用字方式。此見先民靈活成熟的構思，滿足了語言、語意落實書寫的發展歷程。此字的發生，亦概見人類思維由單一的圖象，過渡至利用複合圖象的組合，衍生出抽象新意的邏輯生成技巧。

（十四）以意馭形

例 1：

乘。字象人正面跨越樹木形。殷卜辭一般只見「望乘」一詞，借為殷西附庸名，常態文例作「王从望乘伐某方」。偶有省稱作「乘」，〈合集 6476〉一版甲骨見「望乘」和「乘」同版。入周以後，字才有單獨理解為過也、渡也、越也的意思。

「望乘」作。「望」字習見人回首豎目，立於土上之形，又有作豎目前看的，下省土。「乘」字下从木形，但都不穿頭。只有在小屯南地甲骨中，才見作，「望」字从橫目形，而「乘」字則明顯下从木。

由「望乘」一詞，見殷墟村北、村南甲骨有地域性的字形差別。殷人對文字書寫並無嚴格硬性規定的筆畫要求。由此可見，先民造字，先以取意為主，一字多體的現象普遍。文字的任務，重在表情達意，除非有明顯的區別需要，不然，筆畫的略作調整和正反書寫，是沒有固定要求的。以意馭形，是文字結構基本的底氣，至於字形的方正或修長，渾圓或折角的組合，只代表一時一地的美感風格，而不是文字結體的主要訴求。

例 2：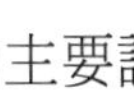

姘。从女井聲。字原由屬族名的「井」後增女旁，而用為婦名。字見於第一期

武丁卜辭。

　　〈合集 9756〉：「貞：婦妌不受年？」、〈合集 9757〉：「貞：婦妌不其受年？」，命辭的句意都不可解。對比〈合集 9533〉：「貞：呼婦妌往黍？」、〈合集 9965〉：「貞：婦妌黍，受年？」、〈合集 9968〉：「甲寅卜，㱿貞：婦妌受黍年？」、〈合集 9976〉：「癸酉卜，㱿貞：婦妌不其受黍年？」、〈合集 9529〉：「☑貞：婦妌呼黍于丘商，受？」、〈合集 9530〉：「辛丑卜，㱿貞：婦妌呼黍丘商，受☑？」、〈英 810〉：「貞：呼婦妌黍，受年？」，可見〈合集 9756〉、〈合集 9757〉句例是「貞：呼婦妌黍，不其受年？」的省略句，原命辭應有二分句，前句陳述句是常態的「王呼某做某事」一兼語句的省略，「婦妌」在句中的位置是主語，但卻不能理解為主語。「婦妌」在命辭中應是上位者呼令、派遣的對象。後句詢問句卜問「受年」否。而「黍」字在前句時，可用為動詞，有種黍之意，句例又稱「往黍」；亦有用為後句「不其受黍年」中，作為名詞，修飾其後的「年」。因此，「婦妌」和「受年」本是兩個不相干的概念，語意不能連讀成句。卜辭中儘管有寫成一句，但其實是兩個不同分句的混合。又如〈合集 9972〉：「貞：婦妌受黍年？」，在理解上也應屬「貞：呼婦妌黍，受年？」的混合。

　　早年我一再強調讀通甲骨，「句意重於行款」的重要。卜辭書寫，多有省略移位的變異。理解卜辭，要先宏觀的掌握上下文的句意，透過整體了解詢問句的內容，再逐段檢查每一詞的詞位、詞在句中的功能，最後才利用命辭中的所有詞重組句意。由最大的可能分析命辭在不變、不省的狀態時原該有的意思。如此，才能客觀的了解命辭真正要表達的意思。這種「意重於形」的表現手法，既見於甲骨卜辭的行文，也是先民在形上哲思產生的一種模式。

（十五）同形分化

　　例：𩇵

　　黑。字從大。或即黔字初文，強調黑頭之人。《說文》黑部：「黔，黎也。從黑今聲。秦謂民為黔首謂黑色，周謂之黎民。」篆文誤將人立形改為炎字，又將字上理解為窗。《說文》黑部：「黑，北方色也。火所熏之色也。從炎上出囪」。段玉裁注：「會意。囱，古文囪。字在屋曰囱。大徐本此下增云：囱，古窗字。許本無之。」

卜辭有「黑牛」、「黑羊」、「黑豕」等用例，字已固定借為顏色詞。

〔字〕又另讀作艱，即艱困的艱字。近人有稱屬「同源分化」，又理解為「同形異字」。字復增作〔字〕、〔字〕形，又有增從火作〔字〕。

卜辭有習作「降艱」、「亡來艱」例。

先民用相同的組合符號，代表著不同的意思和不同的語言，稱之為「同形異字」，如：）作月字，又作夕字；二者形全同而音義有別。如同屬一橫畫的「一」，可用為抽象的數之始，復用為區別符號，又可用為平地之意。如同屬「口」符，有用作坎穴，有用作器皿，有用作嘴巴，又有用為無實意的文飾等。這種用僅有的形體或筆畫，分別取代不同所指的物品或抽象功能，滿足不同的用法，以簡馭繁，成為漢字造字的一種特色，也呈現先民思辨靈敏成熟的聯想風格。

（十六）自中心分層擴散

例：〔字〕、〔字〕、〔字〕

祝。象人跪坐，張口朝天，強調禱告之狀。字有增神主形的「示」旁。字復有用双手奉於上，示獻拜之意。字用為祭祀動詞，如「祝于某先王先妣」，也有用為祭祀名詞，如「茲祝」。例：

〈合集 787〉　　　貞：祝于祖辛？

〈合集 1076〉反　貞：王祝于南庚，曰：☒？

〈合集 30418〉　　更茲祝用？

「祝」字從人跪，復誇大「口」符向上之形；獨體。這種誇張獨體字形某一部分的增生新字，是先民樹狀式分裂文字、發生文字的慣用手段。字由「人」而「卩」而「祝」，前二者的關係是調整原有字形而轉生新意，後二者的關係則是增省部件而轉生新意。此足見先民發生文字，有具備分層而多樣的變化。

「祝」的「禱告」意是由「人」字出發的。先民造字，先取人跪姿為中心，配上用嘴巴朝上，表示以語言接觸，再輔以雙手向上，表示用行動來接觸。字形新增部件，分層聚合，構成「祝」字人和神關係的客觀結構。反觀先民的思辨，也是先據一核心點為中道本體研究的訴求，再向外系統擴散，由體而用，隨思路的重輕層次而逐一敘述，以完成語意的表達。兩兩相對，文字的發生和思辨的流程，有十分密切的雷同關連。

（十七）象徵手法

例：👤

吳。字象爬蟲類動物的全形，有認為是蜈蚣。此說並無確據，隸定亦僅備一
說。字又作👤〈合集 32700〉、👤〈合集 32700〉。

卜辭見「吳以畾」〈懷 475〉、「吳以多馬亞省在南」〈合集 564〉、「吳以
角女」〈合集 6771〉、「吳以射」〈合集 5763〉、「吳以冤豽」〈合集 95〉等
例，「吳」字都用作附庸族名，「以」有攜帶、進貢意。可見「吳」字已完全離開
本義，純作為假借的用法。

殷人習用動物命名，作為人類中的將領、附庸、官名、私名的代號用法。這和
殷金文中圖騰族徽的功能可以互參。

（十八）詞性變化

例1：👤

奊。象人正立，雙手舉子或示獻子形。近人有釋為「舉」字。此字形只見於第
一期卜辭。對比殷金文中常態用為圖騰族徽的👤，應是同一個符號。卜辭中人名、
族名、地名有互用的現象，此字在卜辭有作為西北方附庸族名。如：

〈英 566〉　　　癸丑卜，㱿貞：奊及舌方？四月。

〈合集 5455〉　　貞：奊及寏、長？

字又似可用為貴族或將領名。如：

〈合集 5769〉　　貞：奊以巫？

〈合集 5770〉　　癸巳卜，㱿貞：奊令盖射？

甲文用字靈活，詞性多變，常見名詞、動詞互用，於此字又見單數、複數的互用。
「奊」可解讀為一人的私名，也可理解為眾人或整族的代稱。

先民的哲思既強調名實相符，又注重有無相生、靜動相隨的「變」的作用。這
和甲骨文用字本身的詞性轉變，或有相互啟發的效果。

例2：👤

犾。字從人正面手持戈形，或為「武」字初文，示持戈征戰之意。卜辭借為第
一期的子名。如：

〈合集 3186〉　　丁巳卜，賓：𨙸子犾于父乙？

　　〈合集 13874〉　　貞：子犾骨凡屮疾？

「子犾」也有省作「犾」的。如：

　　〈合集 938〉　　　貞：犾其凶？

凶，有死亡意。

　　字又有兼持戈和盾作 ，或轉持弓和盾作 ，用為動詞，似有用兵征伐意。如：

　　〈合集 7768〉　　癸酉卜，𢧥貞：雀叀今日 ？

　　〈合集 7769〉　　　☐叀，余呼 ？

字由單持攻擊的戈用為名詞，而兼持進攻的戈、弓和防禦的盾則改作動詞。字透過持兵器的增省差異，或與詞性改變的區隔標誌有關。

　　以上，重新思考和「人」相關的字例背後的種種深意，歸納出甲骨字形字用的人文特色多達 18 類別：

　　「由靜而動、經變求常、兩極守中、以人為本、由實而虛、由小見大、局部代全體、天上人間、神人相通、方位災祥、宗教崇拜、生死觀、保守內省的世界觀、以意馭形、同形分化、分層擴散、象徵手法、詞性變化」。

　　這些類別，幫助我們了解甲骨字形和字原的發生，也讓我們可對比上古民族的哲學思維，從而了解中國精神文明起源的獨特風格。

四、由甲骨文論殷商的抽象思維

　　近百年研究殷墟和甲骨文字的成果，明白三千多年前殷商民族已擁有高度的物質文明。然而，他們對於實象以外的抽象觀念有那些想法或貢獻，迄今所知和討論的並不多。以下，嘗試透過甲骨文字的發生和用法分析，尋覓殷商民族大腦中存有的一些超現實的想像空間，希望對殷人的思維有更深入的了解。

（一）由數目字看殷人「變」「中」的思想

　　殷人成熟的掌握數數的知識，應和祭祀時數牲數的需要有關。當時的數字基本是十進位的，數位最多是至「萬」為止。數字的發生是由「一」開始。殷人並沒有「零」的觀念，自然仍沒有「虛」、「無」、「空」、「負數」等的想法和使用，

但是「無」的相對用字「有」已經出現，代表實物的擁有、掌握，一般是用具體手掌形的「又」來表達。當然，「又」形一開始就用三指來泛指手全形的五指，已是一種約定簡省的習慣。

漢字的發生，應是先經由「視而可識」的勾畫圖形開始，用一相對固定的圖形表示一音一義，以記錄語言。因此，漢字的世界，是由實象為先為始的。抽象的文字記錄，似是要到表達數數的需要時才展開的。

2003 年 3 月山東濟南大辛莊遺址出土一版較完整的殷商龜腹甲（T2302 (5) B:1），在後左甲處有「御四母：麂、豕、豕、豕」一辭，意指禦祭四母，用的祭牲分別是麂、豕和二豕，但其中將「二豕」分書，以重複書寫一次的圖形方式表達。觀察非王卜辭中，亦見有這種用實象重複表達的用例：

〈合集 31993〉　　御祖癸：豕，祖乙：豕，祖戊：豕豕？

　　　　　　　　御牧于妣己：盧豕，妣癸：麂，妣丁：豕，妣己：豕豕？

「二豕」之數的記錄，也是分書「豕」字二次。

由此可見，數字的發生和應用，在早期和記錄數數祭牲的量有密切的關係。

數字「一」，是將硬性規定的一條水平長橫，定為抽象「數之始」的「一」字，屬於六書中的「指事」造字。這一單純橫筆形的數目字的「一」，和其他從一的字本無形、音、義的關係。殷人（或發明字的人）主觀的用此一橫畫形狀直接記錄數字的「一」。因此，獨立的一橫畫在記錄語言時，並不代表一般理解的所謂：地、水平線、天等具體實物，它只是一抽象的、硬性規定的純粹約定符號。

透過「一」字發生的經驗，先民懂得用「類推」的手法，再增加一相同的水平橫畫，而堆積成數字的「二」。經此方式，相繼推出「三」、「三」、「三」，代表抽象數字的「二」、「三」、「四」、「五」。「五」字用密集平齊的五條橫畫表達，在形體上自容易產生視覺的混淆錯亂，影響物物交易的計算和記錄功能，而且如果數字產生的形式承此不變，此後的數字書寫勢必繁冗而數算不清。因此，在殷王武丁早中期時候的殷墟花園莊東地甲骨之中，「五」字出現了由三〈花178〉而 Ⅹ〈花 450〉見於同坑的字形過渡。先民此時以再一次的硬性規定、約定俗成，用兩直筆簡單的交錯書寫，取代了繁雜不易計算和區隔的五條橫畫。由「五」字用兩筆簡省合組成字的靈感，遂構成了接著的數字「六」作 ∧、「七」作 十、「八」作 八、「九」作 ㇈ 諸字形的思維來源。僅以兩刀，用不同對應相接的區隔方式，成就「六」至「九」一組數字發生的要件。這四個數字字形並不具備任何實意，也不是經由任何文字的同音代用。根據數數的實用考量，「六」至

「九」的產生是一併同時出現的。在求簡求區隔的約定前提下，「六」是兩直畫的相斜合，「七」是一長畫和一短畫的直角相貫，「八」是兩直畫的相斜向，「九」是「五」字末筆的回轉拉長，都是抽象的指事造字組合。最後的「十」字作豎筆的「｜」形，和「一」字作橫畫形兩兩相對，一橫一豎正暗示數字的一首一尾、一始一終。由此可知，先民發明數數是十進位的，以「一」為始，以「十」為個位數的結束而進入十位數。數數接著的「十一」，是用直書「｜」一」的方式呈現，中間以一連詞「又」（即文獻的「有」）帶出個位數。殷人十的單位倍數是用「｜」的豎筆形以合文表達，如「二十」作〢〈合集 895〉、「三十」作〣〈合集 321〉、「四十」作〤〈合集 20723〉、「五十」作〥〈合集 94〉、「六十」作〦〈合集 17598〉、「七十」作〧〈合集 895〉、「八十」作〨〈合集 37471〉、「九十」作〩〈合集 10407〉是。當然在刻寫時也有極少數的例外分書，如「三十」偶作〓（目前僅見〈合集 3328〉和〈懷 142〉二例）。殷人穩定而成熟的用合文方式判別和區隔十位數和個位數的使用，自然又是一套硬性規定的約定手法。

　　由上所述，見數字的「一二三四五」以堆積橫畫成字，為同一組類造字方法，「五六七八九」以二畫經不同接觸而成字，為另一組類造字方法。前者是一種單純樸直的造字法，蘊含先民循序漸進、增益、提升的觀念，後者用兩刀交錯成字，需要更嚴格的規範數字字形的區隔，在想像空間、成字難度和藝術成分上自然是更高了。其中的「五」字是數字改革的關鍵中點，字形由「〓」而「Ｘ」。這一字形開創、約定，以至靈感的跳躍改變，看見先民務實求簡、變通而不流俗的精神。

　　我曾撰寫〈談爻、學〉一文，認為卦爻的「爻」字作重「Ｘ」形，是取象古代用蓍草交疊占卜之形，字形過渡為數字卦中習見的「五六」之數的數「五」。「五」由「一」生，是「一」至「十」之中。「五」字無論在字形改變、數字順序、易卦用法來源上都具有「中」、「變」的意義。殷人的知識階層在當日無疑已然掌握這些複雜的抽象想法。

　　殷商時期應用的數數單位，有：個、拾、百、千、萬。

　　「百」、「千」、「萬」三字的理解：「百」字常態作 ◑ 形，也有省作 ◑ 、◑，字源是據「白」字作 ◻ ，因區別意增字上一橫筆和字中調整橫畫為倒 Ｖ 形而來。因此，「百」字的結構可分析為「從一白聲」。卜辭的「白」字已借用為顏色詞，其本義我過去對應「貌」字作 ？ ，認為是人首之形，郭沫若早年則認為是拇指，但其實都沒有確切的證據。「百」字只取白聲，本義亦不詳，或是由強調用常見而眾多的「人頭」來數數，硬性規定作為「百」的數目單位。這和「千」字用人

身來記錄數字，可相對而觀之。殷時「百」字固定借用為數字，如「三百射」〈合集 698〉、「百羌」〈合集 299〉、「百人」〈合集 1040〉、「百牢」〈合集 19917〉、「隹百」〈合集 37513〉，其中的「百」，即「一百」，「若干百」有用合文呈現。「百」其後直接接十位數，再有用連詞帶出個位，或直接帶出個位數。

「千」字作✦形，意即「一千」。字從人，用人身借作數目單位「千」字，從一，不能視作聲符，或只用為區別號，以與「人」字區分。「二千」合文作✦〈合集 7771〉，又分書作＝✦〈合集 33180〉。「三千」合文作✦〈合集 6171〉。殷人進行征伐時，徵召人數多用三千之數。殷以百人為「師」，「三千」相當三十師之眾。「五千」合文作✦〈合集 7318〉，又有分書作ｘ✦〈合集 6409〉。「千」數之後直接接「百」。

「萬」字作✦，象蠍子形，字在卜辭中用法並不統一，有借為地名、族名。〈英 130〉有「登婦好三千、旅萬，呼伐」句，其中的「萬」字或指「一萬」的合文，作為師旅單位「旅」的具體人數。卜辭中「萬」作為數字的用例不多，可想知「萬」字的單位數龐大，在當日仍不普遍應用。殷人借動物的蠍作為數目的「萬」字，或以當日河南一帶的蠍子遍見，數量眾多，因而就地選此物定為數名之用。文獻不足徵，此說聊供參考。

（二）由時間的應用看殷人由「點」而「段」而「線」的抽象知識

殷人進入農業社會，看重天時。時間的約定，無疑是文化史上的一重大發明。我們甚至可以大膽的說，抽象觀念的發生，首先是確立在時間的使用上。殷人利用日常生活的所見所聞和特徵，硬性規定的作為時間分段的記錄，如「朝」、「大食」、「日中」、「郭兮」、「小食」、「暮」等用詞，依序排列成為一日之中的時段代稱。

殷人利用十天干和十二地支的逐一對應組合，單數配單數，雙數配雙數，產生六十個變化，記錄日數，作為曆法中「年、月、日」的抽象計算基礎。殷人已有很好的曆法演算和對日運行、月盈虧的觀察，由殷王武丁以前掌握「年終置閏」的「十三月」，過渡至祖甲以後另出的「年中置閏」，都是在抽象虛擬恆變的時間線上尋覓客觀規律，後者或許已萌生節氣的初步想法，此可推知殷人對天象地理有高水平的知識。「干支」的發生，無疑是高度智慧的一種表徵，發生時間應是在夏商

之間，至殷人遷移洹水殷墟之後，進入穩定的農業社會形態時才成熟使用。理論上是在殷先公王亥過渡至「報甲、報乙、報丙、報丁、示壬、示癸」一段擬測的祭祀世系名稱之後才常態出現的。「六十干支」代表兩個月即六十日的約定數目，可以無窮盡的延展，拉出一條量天尺。這一套完善的計日方法，影響了殷商民族的生活，也成為日後的曆法紀年、陰陽五行、醫學、玄學等傳統文化的依據。

（三）由「上」「下」看殷人「對應」的思想

殷人書寫文字，懂得靈活應用相對的觀念。如左右、先後、大小、吉禍、出入、朝暮、祖妣、父子等是。「上」和「下」的使用，也是如此。

甲骨文的「上」字作 ⚏ 、 ⚏ ，硬性規定以短的虛橫在長橫或長弧筆之上，即是「上」字。相對的，「下」字作 ⚏ 、 ⚏ ，短的虛橫在長橫或長弧筆之下，即定為「下」字。「上」「下」二字是指事造字，並不兼具任何實意。字相對的發生，是以單純的長橫為抽象中線，中線之上增虛畫成「上」，中線之下增虛畫則成「下」。一般根據《說文》對平旦的「旦」字理解，認為一長橫畫是指地平線、地面。因此，在地平線之上增橫為「上」，地平線之下增橫為「下」。這種解釋是有問題的。細審「旦」字甲骨文作 ⚏ 〈合集 1074〉，周金文作 ⚏ 〈頌鼎〉，下從的虛點，或為日影，或從丁聲，但都不「從一」。至篆文的「旦」字始「從一」，《說文》才誤拆作「明也。從日見一上。一，地也。」此形應是根據古文字形化點為橫而來的。

「上」「下」一開始已見相對應的用法，如「上示」〈合集 102〉和「下示」〈合集 32330〉，「祓其上自祖乙」〈合集 32616〉和「祓其下自小乙」〈合集 32615〉是。細審神靈有「上帝」〈合集 10166〉而無「下帝」，有「上子」（〈合集 14257〉「貞：上子受我佑？」）而無「下子」，有「上甲」〈合集 22623〉而無「下甲」，可知「上」的稱呼，是相對尊貴、高尚、神聖的。一般「下」字帶出的只有地名，如「下兮」〈屯 173〉、「下僎南田」〈合集 28231〉是，字並沒有表崇高的含意。例外的只有「下乙」〈合集 270〉，是「祖乙」的異名，此或和開國國君的成湯之稱「大乙」、「天乙」相對而言。因此，可見殷人區分「上」「下」，其中是以「上」為尊為主，「下」為卑為從。

「上下」二字又合書作 ⚏ ，復顛倒作 ⚏ ，即「下上」合文。二者的用法無別。卜辭「又（佑）自上下」〈合集 36511〉，又作「又（佑）自下上」〈合集

36344〉。「上下」是泛指殷先公先王的總體。卜辭多詢問「若于下上」〈合集
808〉、「又（佑）于下上」〈合集 809〉，又言「下上若，受我又（佑）」〈合
集 6322〉、「下上弗若，不我其受又（佑）」〈合集 6320〉、「下上龍，隹出
（有）壱」〈合集 11018〉是。「上下」表示「上示」、「下示」的合稱。分言的
「上」，可理解為「上示」之省。例：

〈合集 102〉　　　□戌卜，貞：翠見百牛，盤用自上示？

〈合集 32616〉　　奉其上自祖乙？

對比二例用法，「上示」、「上」相同，指的就是「大示」。

　　總的而言，殷言先公先王有「大示」、「下示」、「小示」之分，即「大
宗」、「下宗」、「小宗」，三者祭拜用牲有多寡輕重之別。例：

〈屯 1115〉　　　己亥貞：卯于大〔示〕其十牢，下示五牢，小示三牢？

〈屯 1115〉　　　庚子貞：伐，卯于大示五牢，下示三牢？

「大示」，殷王直系自「上甲」始，一般在相對言不需稱「大示」。例：

〈合集 32330〉　　丁未貞：其大禦王自大甲，血用白豭九，下示盤牛？在父丁
　　　　　　　　　　宗卜。

〈屯 2707〉　　　□卯貞：其大禦王自上甲，血用白豭九，下示盤牛？在祖乙
　　　　　　　　　　宗卜。

「下示」一詞，是站在「上示」對應的角度而生，亦屬殷王的直系。相對於「上
示」指遠祖先王大宗，此言「下示」則指近祖先王的大宗，有由武丁之父「小乙」
開始：

〈合集 32615〉　　奉其下自小乙？

如此，「大示」、「下示」都是大宗，只是祀統前後分段的差別。「小示」，即相
當於「小宗」，指庶出、旁支的先公先王。

　　殷人用抽象的一短橫和一長橫的易位，合成「上」「下」二字。殷人描述世
系，已有一代復一代逐點相承接成線，並將整條縱線分段對應設計的想法，同時又
懂得借用抽象的一「上」一「下」二字以簡馭繁，來統稱所有的祖先。

（四）由實虛成字看殷人「併合」的觀念

　　指事字分為兩類，一類是純粹的約定字，如：「上」、「下」、數目字；一類
是建基在獨體的象形字上，增加不能獨立存在的虛畫，配上特定的位置經營而成

字。後者，例如：由「刀」增點於刀口鋒利處而生「刃」，由「大」增人腋下部位兩點而成「亦」，由「人」增人體的半弧形而泛指「身」，由「口」增嘴中一橫筆而為好吃的「甘」，由「口」在口外增一橫筆而成說話的「曰」，由「木」在主幹下增一短橫而成根本的「本」等是。這些指事字的發生，記錄抽象的觀念，無疑都是在象形之後才出現的。它們讓殷人學會一種造字的經驗，無以名之，稱之為「併」。一個獨立個體，結合不能獨立的虛畫，再配上特定位置而成字，這種造字方式其實並不容易。因此，上古指事字並不多見。但這種「併」的經驗讓先民因此而取得靈感，可以過渡輕易的將兩個獨立的象形字併合，或將一形一音兩個符號的併合，就發生了接著造字的「會意」和漢字造字主流的「形聲」。

這種利用一實一虛、一具體一抽象的併合造字方式，刺激了殷人的大腦思維和想像空間，開展了相對的觀念。對照著生活經驗中，如太陽的一朝一暮，月亮的一盈一虧，河水的一漲一退，自然的一天一地，生命的一生一死、一男一女，人事的一得一失，進而發生宇宙道體運行的一陰一陽、一正一反。這種相對相合相生的對立互動體認，和指事字形的發展無疑有參照的效果。

歸納上述甲骨文字抽象的「變」而求「中」、「點線」、「對應」、「併合」諸觀念，可以反映出殷商的知識階層已擁有十分成熟的想像思維和邏輯推理，逐漸有條件發展出超現實的文化理論和精神文明。世人稱殷商文明為中國文化的源頭，這一說法自是當之無愧的。

五、甲骨文中可能有「五行」的觀念

一般文獻中言「五行」的發生，都只是自戰國時期的鄒衍談起。但是透過甲骨文的理解，居然可以將「五行」起源的線索，上推殷商。這恐怕是一重大文化史的發現。

〈丙 302〉

（8）壬寅卜，瞉貞：曰：子𢀛 𣁋 癸章？五月。三
（9）曰：𣁋 甲章？三
（10）曰：子𢀛 于乙章？三

（11）貞：曰：子🐾至于出丁乍火戈？三

（12）勿曰：子🐾至于出丁乍火戈？三

（13）甲辰卜，敵貞：羽乙巳日：子🐾章至于丁未戈？三（圖1）

以上是張秉權《殷墟文字丙編》的原釋文。

（8）（9）（10）辭在右甲尾靠千里線右側，由下往上刻寫。三辭是同組同一成套卜辭的第三次卜問，屬第一期武丁征伐卜辭，主要是卜問討伐基方一事。「子商」的「商」字上从二辛，隸作商字異體，是殷商將領名。🐾，字勉強隸作禺，是子商聯合的附庸或人名。章，即敦，擊也，伐也；王國維說。

（8）辭的「子商、禺癸敦」，是指子商聯同禺于占卜的次日癸卯敦伐基方的意思。命辭末省略詢問句的「戈（災）？」。命辭之前的「曰」，用為上位詔令頒布的宣示用語，其後是誥文的內容，意即：殷王宣令遣派子商和禺在次日進行征戰。

（9）辭是同時只針對禺，誥令禺於甲辰日出兵。（10）辭是獨立的誥命子商另於乙巳日敦伐。排比來看，是次對基方的用兵，是準備先在癸日聯合大包圍的作戰，接著是在甲日單獨由禺出兵，乙日再持續由子商出兵。殷人對外征伐，無疑是有周詳的策略和步驟。

（8）（9）（10）辭都是卜問上位連續公告將要用兵的軍令順利無災否。（8）（9）辭在天干之前省介詞「于」。介詞的用法，顯然是可有可無的。

（11）（12）辭在右左甲中間靠千里線兩側，向外書寫。二辭屬正反對貞。（13）辭單獨在左甲尾外沿，向內書寫。

卜辭中的「火」「山」字形經常混淆，往往需要透過上下文意才能區別。（11）（12）辭的「乍火」，有隸作「乍山」，認為是「攻城的手段」，「在城郭周邊推起土山」（黃天樹說），但文意實不可解，如何容許敵人在自己的城邑外堆山，在情理上都是難以解釋的。目前看，字以隸作「乍（作）火」為宜。但「出丁乍火」一句的組合，語意亦是無法通讀，有認為是「對基方根據地進行火攻」（張惟捷說），亦純屬想像之詞。

對比（8）至（13）辭這一同組成圈的六條卜辭，命辭內容大都是先點出攻伐的將領名，再用「至于」或省略的「于」字介詞帶出敦伐的干支或天干日，接著才卜問災否。因此，諸辭內容是記錄將領用兵的時間，並無例外。最後的（13）辭：「子商敦至于丁未」一句型，更可以提供我們對應解讀（11）（12）辭的參考線

索。（11）（12）辭的「凷丁乍火」中的「凷丁」成詞。黃天樹釋「丁」為「城」，並不可靠。「凷」字常態作為詞頭，即有，強調其後某一特指的「丁」的功能。如：

〈合集 4421〉　　貞：扣于凷妣？

〈合集 2973〉　　呼子漁侑于凷祖？

以上「凷」指的是特定的某祖和某妣。另，一般習見的「受年」，有強調特有所指某一豐年的作「受凷年」；習見的「受佑」，也有強調某次降佑的「受凷佑」；都可作如是理解。所以，「凷丁」其實也就是「丁」，指的是特定該句的一丁日而言。而「乍火」一詞，乍，即作字的初文，興也，生也。站在五行相生的順序來看，有《尚書・洪範》：「五行，一曰水、二曰火、三曰木、四曰金、五曰土。水曰潤下，火曰炎上，木曰曲直，金曰從革，土曰稼穡。」，《尚書・甘誓》：「有扈氏威侮五行。」，董仲舒《春秋繁露・五行對》：「天有五行：木、火、土、金、水是也。木生火，火生土，土生金，金生水。」上述古文獻中，五行相生記錄的順序互有出入，但「木生火」都屬一致的。（11）（12）辭對貞的「作火」，可對照五行的關係為「生火」的意思，所指的對象自然就是「木」；而地支的「未」字本正取象木形，「作火」一詞似乎暗指的正就是地支的「未」。「凷丁乍火」一短語，恰可對稱的表示干支中特定的「丁未」日。（13）辭中明確對應言的「丁未」日，又恰恰可以和（11）（12）辭對貞所言的「凷丁乍火」意思和詞位等量齊觀。所以，（11）（12）辭的真正句意，其實可以平實的讀作：

（11）貞：曰：子商至于未，戈？三
（12）勿曰：子商至于丁未，戈？三

二辭對貞「曰」的誥文內容，與（13）辭卜問次日的「曰：子商敦，至于丁未，戈？」句是全同的。

如此說來，五行相生尅的概念，依據文獻知識本宜是在戰國時期的鄒衍才有成熟應用，但其起源或其中部分生尅的內容，信該可以推得更早的時期，如《管子・五行》的「甲子，木行御。」一段亦已見干支和植物的對應關係。可見五行與干支、時令的結合，早在春秋或春秋以前已應出現。

上述卜辭的解讀如屬可靠，更早在殷商時期似已具備抽象時間和木、火性質相關聯的知識。這無疑提供我們對於上古三代精神文化一極重要的訊息。

六、殷成湯以鳳鳥為代號

　　殷商王朝據說是子姓的鳥圖騰氏族，古文獻中自成湯以後的帝王世系才有較詳細的歷史記錄，但甲骨文中，除了「王亥」的「亥」字从隹鳥形外，一直沒有出現鳥圖騰記號的直接證據。

〈丙 392〉

　　（1）癸未卜，𣪊貞：羽甲申王窒上甲日？王固曰：王窒。允窒。

　　（2）貞：羽甲申王勿窒上甲日？

　　（6）甲午卜，爭貞：王窒咸日？（圖2）

　　本版屬第一期武丁卜辭。（1）（2）辭在右左首甲中間千里線，向外直行書寫。二辭屬正反對貞。（6）辭在右甲橋中向外書寫，對應的左甲橋殘缺，按理亦應有作為對貞的否定句。

　　窒，迎也。字隸定有从女、从卪，亦有見从女从卪合書。（1）（2）辭在癸日卜問次日甲日武丁親自窒迎先祖上甲一事。「上甲日」的用例，見殷人祭祖，每一祖先會有一祭祀的專日。殷人迎祖祭祖的儀式，有同時合祭一祖先群的專日。例：

　　〈合集 27084〉　　☒其弗窒三匚日，其彝，亡☒？

有單獨針對某祖妣作個別的迎祭日。例：

　　〈合集 27166〉　　庚申卜，壴貞：王窒大庚日？

　　〈合集 27588〉　　☒卜：王窒毌戊日？

　　（6）辭殷祖的「咸」字从口，字與从丁的「成」字相通，亦相當於文獻的先公成湯、天乙和太乙的不同稱謂。殷人尊崇成湯，生稱王，死稱廟。卜辭另有用：咸、成，唐和大乙等不同名稱，都是同一人的異名。其中的「成」字主要見用於第一期卜辭，「唐」字主要見用於第一、二期卜辭，「大乙」一名始見於第一期卜辭，一直延續使用至第五期卜辭，復成為晚期卜辭的普遍用法。第三期卜辭的〈合集 27151〉一版有「叀武唐用，王受有佑？」，成湯作「武唐」的稱謂，正與《詩經・玄鳥》稱作「武湯」相合。（6）辭言甲午日卜問王窒迎「咸」，亦應是指翌日「乙未」日將要進行的祭事活動，「乙」日祭「大乙」。命辭前省「羽（翌）乙未」一句首時間詞。

　　殷祖先公的「上甲」和先王的「咸」（大乙），均有開創的功業。卜辭中一是先公的始祭者，一是討伐夏桀開國踐天子大統之位者，因此常見「上甲」和「咸」同時或依序祭祀。例：

〈合集 248〉　　　羽乙酉虫伐于五示：上甲、成、大丁、大甲、祖乙？

〈合集 32385〉　　☑未：奉自上甲、大乙、大丁、大甲、大庚、大戊、中丁、祖乙、祖辛、祖丁十示、率牡？

〈合集 1240〉　　　貞：上甲歠眔唐？

　　殷人祭祖有用專日，亦有在專廟的場所，如「某先祖宗」、「某先祖示」。宗泛指宗廟，示指神主，一般神主也是置於宗廟之內。例：

〈合集 34049〉　　☑在大乙宗。

〈合集 27097〉　　☑其又 𤉲 歲于大乙，其宗酻？

〈合集 14872〉　　己亥卜：又（侑）自大乙至中丁示：牛？

〈合集 1339〉　　　癸卯卜，賓貞：井方于唐宗：羗？

而殷祖廟地四周復保留有專邑、專土的畫分，以作為供祭言的特區。例：

〈合集 14208〉　　貞：帝孜唐邑？

〈英 1105〉　　　　貞：乍（作）大邑于唐土？

　　本版字多同版異形，如賓字作 🦌（1）、作 🦌（6），與習見的 🦌 形不同。告字作 🦌（3）、作 🦌（4），从横从點並見。眔字作 🦌（3）、作 🦌（4），目眶筆風不同。不字作 🦌（5）、作 🦌（11），横筆有突出有不出。敧字作 🦌（1）、作 🦌（3），持勺筆序結構各異。此見同時同人的書寫並不固定。

　　本版（1）（2）（6）辭字的字溝明顯較寬，字形亦稍大。其他諸辭的字溝則偏細淺，字形亦相對較小。二者的差別，可能與運刀和刻刀角度的不同使然。

〈丙 393〉

　　（7）乙未允王窀鳳日。（圖3）

　　本版是〈丙 392〉版的反面。

　　（7）辭在左甲橋中間，恰好是〈丙 392〉（6）辭的背面，正反面相對，是〈丙 392〉（6）辭的驗辭。卜辭「王賓某先祖日」是一常態的句型，〈丙 392〉（6）辭有「王窀咸日」，是武丁在乙未日賓迎咸（成湯）的專祭日，而反面驗辭

記錄乙未日果然殷王親自賓迎「鳳日」此一活動。一般「鳳」字借用為風,但「風日」於上下文無解。這裡似是將「鳳」字神鳥的本義逕用作先祖「咸(即成、成湯)」的代稱。

　　殷人為鳥圖騰民族,《史記・殷本紀》記載「三人行浴,見玄鳥墮其卵。簡狄取吞之,因孕生契。」一段殷商始祖開國的神話。相對於《楚辭・天問》的「簡狄在臺,玄鳥致胎。」等先秦資料,再配合卜辭中對先王「王亥」名字已有從隹鳥為記號的字形,和大量殷商青銅器上鑄以鳥符為紋飾作參證,可見殷王好以鳥禽為吉兆和國族的象徵,無疑是有一漫長的傳統。本版的「鳳日」,與「咸日」正反相對,似是以一整族圖騰記號的「鳳」字,作為殷商重要的開國帝王成湯的專稱。這條刻辭呈現一定的殷商古文明神話的訊息。

　　〈合集 24369〉有「癸卯卜,行貞:鳳日重㞢?在正月。」一句,「鳳日」似亦可解釋為祭成湯的專日。

乙編　殷墟甲骨文

一、甲骨文名稱和傳說

　　自 1899 年殷商的甲骨文字發現於河南安陽小屯村，迄今已超過 120 年。百年之間甲骨文的稱呼紛紜，並不統一，分別有言：「契文」、「龜甲文」、「殷虛文字」、「殷文」、「卜辭」等。這些名稱都並不周延，不足以完整的表達這批文字。目前看，還是以「甲骨文」一用詞最為恰當。

　　舉凡刻或寫在龜甲獸骨上的文字，可稱之為「甲骨文」。而研究刻寫在龜甲獸骨上文字的一門學問，則稱為「甲骨學」。當然，針對的是上古殷周時期的材料而言。

　　甲骨文的發現有一美麗的傳說。

　　清光緒 25 年（1899）北京國子監祭酒王懿榮因生病而延請太醫診治，其後在北京宣武門外菜市口的達仁堂取回了藥包。王懿榮就在藥包中一種叫「龍骨」的藥上發現了文字。一般的甲骨書籍都是以此故事作為甲骨文發現的起點。

　　然而，故事可疑處有三：一、北京菜市口附近自光緒以來迄今都沒有達仁堂這間中藥店。多年前我曾在宣外和菜市口一帶遍尋達仁堂未果。後再經訪查，得悉當地老中藥店只有二間，一間是宣外騾馬市大街 84 號「鶴鳴堂」，一間是宣外菜市口廠內大街 7 號「西鶴年堂」，唯獨沒有達仁堂。二、據中藥店用藥處理龍骨版的習慣，多會將龍骨搗碎成粉狀，混入藥包中出售。因此，當年王懿榮打開藥包能看到的，按理是一粒粒的龍骨粉，而不應是一塊塊的龍骨板，他自然沒有機會看到骨板上的文字。三、參考羅振玉的描述，當年安陽中藥販子對於有字甲骨是不收購的，農民如掘出有字甲骨往往先將文字削去，才能賣掉。因此，王懿榮亦不可能在藥包中發現有字的甲骨。

　　以上三點，可見王懿榮作為近代較早接觸、收藏和鑒定甲骨的學者，自是無疑，但經由買藥而發現甲骨文此一美麗傳說，恐怕是不可靠的。

　　2023 年 10 月趙誠先生告知本人，早年曾和天津的王襄見面，王襄親口對他說

在 1898 年已知悉甲骨上有刻字，只是當口因無力購買甲骨，才轉介古董商給北京的王懿榮。如此事屬實，甲骨文的發現時間，或應提早一年。

二、憂患興邦中的甲骨發掘

回顧近代中國動亂離散的歷史，和甲骨的出土和研究的時間居然多有重叠。這未審只是一種巧合，抑或是老天的作弄安排？實實無法分曉。

1840 年　中英鴉片戰爭

1894-1895 年　中日甲午戰爭

　　*1899 年京津的王懿榮、王襄等發現甲骨文

1900 年　八國聯軍攻入北京城

　　*1903 年劉鶚出版《鐵雲藏龜》

　　*1904 年孫詒讓撰《契文舉例》

　　*1910 年羅振玉石印〈殷商貞卜文字考〉

1911 年　辛亥革命，建立民國

1914-1919 年　第一次世界大戰

　　*1917 年王國維發表〈殷卜辭中所見先公先王考〉

　　*1928 年中央研究院歷史語言所成立

1931 年　九一八事件

　　*1928-1937 年史語所進行 15 次科學發掘殷墟，合計挖出 24918 片甲骨。

　　　其中 1936 年 6 月第 13 次發掘 YH127 坑，就出土有字甲 17756 片，字骨

　　　48 片。

　　*1930 年郭沫若出版《中國古代社會研究》

　　*1933 年董作賓完成《甲骨文斷代研究例》

1937-1945 年　日本侵華

1949 年　國共分治，國民政府遷台

1966-1975 年　文化大革命

　　*1973 年小屯南地發現有字甲 4959 片，字骨 70 片

　　*1977 年陝西岐山出土周原甲骨 293 片

對比上述的時間定點，近代中國無疑恭逢一多災多難、風雨飄遙的動蕩時期，

列強的環峙侵略，加上國內不斷的分裂對扰，老百姓進入一輪捱一輪的流離苦痛周期。「天朝」的崩解，民族的積弱，遂構成了日後處處「技不如人」的崇洋心態。甲骨文卻就在這本土求變的「疑古風潮」和西人提倡的「中國文化西來說」的雙重否定自我文化氛圍中被偶然發現，但這何嘗不是老天給予中國文化重新肯定的一次重大契機？殷墟的十年科學挖掘隨著抗日而被迫停止，珍貴的史語所藏甲骨從此遭受萬里遷移無定所的命運。然而，外在環境的愈惡劣，愈發勾起民族內心共同的憂患意識，人才因此得以乍現。新材料的出土帶出新的研究方法，亦逼出新一代的人才。民國初年的人才輩出，是繼先秦諸子、宋明理學、清代樸學之後的另一難得學術盛世。

三千年前的甲骨文是漢字的源頭活水，保存最早而量又極多的字形。它也是中華文化的源頭，提供後人了解上古三代最重要而直接的材料。甲骨卜辭的刻寫，開展了中國漫長的史官記錄上位者史事的文書傳統，可以作為中國史料學研究的開端。傳統清儒倡言的「以小學破經學」，是強調先明語言文字才能通經、了解古典。而甲骨文正是「語言文字」的總源頭，它既是工具的學問，也是一門獨立的學科。這批文字距離漢字剛開始發生的時間不遠，保存大量字源，具有不可取代，復足以批判殷商以後所有地下、文獻載體資料的價值。

甲骨的發現，冥冥中有一歷史任務，它開創了殷墟考古，建立了中國考古學。甲骨文是本土傳承的學問，也是國際且開創的學問。早期的甲骨學者在研究方法上直接吸收乾嘉以來的重實證精神，又為民國初年面對西學壓力而喚起「科學整理國故」的口號提供最佳的業績。它既肯定了中國文化的悠久特性，也足以重新豎立我們的民族自信。「多難可以興邦」，民族愈困頓，民族蘊含的生命力就愈奮進。在品味近百年前輩學者在苦難中全力奉獻研治甲骨之際的一宗宗遷移史和一篇篇學術文字，總能深切的體會這句話的意義。

三、甲骨四堂重在「開創」精神

百年甲骨研究，自清末王懿榮的發現材料，劉鶚出版了第一部拓印材料的著錄，孫詒讓首先展示宏觀的研究框架，把甲骨引向學術之途，都具開創之功。而將甲骨真正建立成為一門獨立學問的，應推稍後的「甲骨四堂」。

「四堂」，是指羅振玉（雪堂）、王國維（觀堂）、董作賓（彥堂）、郭沫若

（鼎堂）。

「四堂」之所以留名，重在於知「互較」能「開創」。羅振玉早期大力搜購甲骨多達三萬餘片，無私的陸續刊印出《殷墟書契前編》、《殷墟書契後編》、《殷墟書契續編》、《殷墟書契菁華》等一手書籍，供學界採用，世稱「貞松堂本」甲骨。羅振玉是第一個明白點出甲骨出土地望在安陽，而甲骨的時間是在晚商帝王武乙階段的遺物，並提出「由許書以溯金文，由金文以窺書契」的研究方法，考釋甲文多達 571 字。在甲骨材料的搜集保存、推廣和公布上，更屬開創的首功。

王國維絕世聰明，一篇〈殷卜辭中所見先公先王考〉，率先印證司馬遷《史記》〈殷本紀〉中記錄殷王世系資料的可靠，特別是考釋甲骨卜辭祭祀的「王亥」相當於〈殷本紀〉殷王先公的「振」、《楚辭》〈天問〉篇「該秉季德」的「該」一段文字，真是字字珠璣。王國維在清華大學國學門講授《古史新證》時，明白提出「二重證據法」，利用地下出土甲金文和可靠的文獻材料來破讀古史，長期影響了後人治國學的觀念。

董作賓的名字，幾乎和殷墟發掘劃上等號，早自 1928 年秋至 1937 年 6 月共 15 次的科學發掘，總計挖出甲骨 24918 片，每一版都有清楚的地層記錄，讓羅王時期零散的一版一版的甲骨研究，過渡至系統的一坑一坑、一期一期的甲骨系聯研究。董作賓由出土大龜實物對比的啟發，發明「貞人說」，運用貞人系聯同時期的甲骨，復擴充為五期斷代的《甲骨文斷代研究例》，成為科學研究甲骨的經典範例，特別是其中的十個斷代標準，提供後人「多元交錯對比」的研究方法。董作賓的《殷曆譜》，更是利用甲骨排譜研治上古天文曆法的第一本著作。

郭沫若的《中國古代社會研究》，結合甲金文和古文獻系統研治古社會起源和形態，成為唯物史觀理論的重要經典。郭沫若也是利用甲骨研究中國神話的第一人。他的《卜辭通纂》、《殷契粹編》，是早年最好的甲骨入門書籍。

「四堂」擅用「對」的方式重重互較異同，尋覓證據，歸納規律，「開創」新的觀念和新的方法，誠足為後學借鑑。研究甲骨文，自可先由通讀「四堂」的文章入手。

四、最早的一批象形字

我們利用出土的十萬多片有字甲骨，整理其中屬於第一期武丁卜辭中的象形字

例，可以粗略的區分以下八類，這應是整體漢字剛發生時最早出現的第一波象形字。這批字形對於了解早期字源的發生和上古社會的物質文明有直接的幫助，可以視為甲骨學以至「漢字文化」入門需要認識的基本字。其後眾多的漢字，都是以這批基本字為字根，樹狀式分裂出來的。

1.人體。

人（）、大（）、卩（）、女（）、子（）

目（）、耳（）、自（）、口（）、止（）、又（）、首（）、齒（）

2.動物。

牛（）、羊（）、犬（）、豕（）、馬（）、象（）、鹿（）、虎（）

隹（）、魚（）、龍（）、虫（）、萬（）、龜（）、辰（）、貝（）

3.自然。

日（）、月（）、云（）、雨（）、申（）、土（）、山（）、火（）、水（）、田（）

屮（）、木（）、禾（）、來（）

4.宗教。

示（）、帝（）、卜（）、燎（）、匚（）

5.建築。

郭（）、京（）、戶（）、井（）、亞（）

6.禮器。

酉（）、鼎（）、鬲（）、凡（）、皿（）、卣（）、簋（）、南（）、壴（）

7.刑兵器。

我（）、刀（）、斤（）、矢（）、戉（）、弓（）、幸（）、王（）

8.製成品。

其（丫）、冊（卌）、東（束）、网（网）、單（單）、扗（扗）、舟
（月）、車（車）、玉（玉）

以上八類基本漢字，構成客觀了解中華文明的第一張文字藍圖。

五、甲骨卜辭是屬於問句

甲骨文可分問神的「卜辭」和記錄事情的「記事刻辭」兩類。

卜辭是為了占卜而刻寫的特殊文字。不疑何卜？因有疑才會有卜，因有疑才需要有問。卜辭的前辭常見「干支卜，貞」、「干支卜，某貞」、「干支王卜貞」句，其中的「卜」是指呈兆問卜於鬼神，「貞」是問鬼神的內容。因為詢問的事情是仍未發生的，貞卜者希望透過鬼神能預知事情的結果。因此，卜辭命辭本身對事情的表達語境是具有不確定的、疑問的語氣。

值得注意的是，卜辭的前辭中有見「卜」「曰」連用〈甲 2271〉、「貞」「曰」連用〈甲 2498〉、「曰」「貞」連用〈甲 2577〉，又有用「曰」字取代了「貞」〈甲 2907〉〈乙 386〉的句例。占辭中復有「王占卜曰」〈丙 382〉的句例。「曰」，象气從口出，指事，本身就有「說」的意思。《說文》：「詞也。從口乙聲。亦象口出氣也。」而「占」字亦有問意，《說文》：「占視兆問也。」由此，可見「貞」和「卜」「占」「曰」諸字同在卜辭中的語意密切相關，從而可反證卜辭的「貞」字用法完全可以對應傳統《說文》：「貞，卜問也」的解釋。就語意、上下文承接的角度看，固定在前辭而下開命辭的「貞」字用作「問」意，都比近人新說輕率的以聲訓作「正」、「當」的理解來得恰當。

卜辭多見「干支卜，某貞：翌干支……」的句例，命辭句首的「翌」，《說文》：「次日也」，可見命辭記錄的是推測未來要發生的事而絕不是過去已出現的事。

命辭中多見「其V」的用法，「其」字是具有強調未來「將然之詞」的語氣詞。

命辭句末偶有附疑問語尾「不」，讀「否」的用法。可見命辭理應屬疑問句。

命辭複句中一般的前句是陳述句、是輔句，後句是詢問句、是主句。詢問句是占卜的主要內容，有用反詰語氣如「亡禍」、「亡尤」、「亡災」等冀求待發生事

的無恙否。因為卜辭刻寫求簡，命辭末機械式的詢問句多遭省略，只剩下交待事情內容的前句，所以近人才有命辭非問句的誤解。

卜辭有單貞、對貞、成套等詢問形式，其中的對貞和成套都明顯是用兩兩對應、成組的方式卜求事情，需要對比的來看其語氣和句的性質。命辭作為對貞句的功能，是用正反、選擇的詢問方式冀待鬼神的取捨。因此，理解對貞句意是要一組一組對應的看，而不能只看一個單句中的意思。

細審現代標點的功能。句號「。」是表達肯定句語意的中止、結束的作用，而問號「？」則有詢問未然的事或待驗證的事要否發生的語意。例：

「下雨。」，是記錄「落下雨水」的肯定經過，理論上雨是正在下或已經下了。「第二天下雨。」，是當下判斷第二天會下雨的肯定語氣。「明天下雨。」、「後天下雨。」，是兩句子同時出現，但語意各自獨立。二句分別判斷「明天會下雨」和「後天會下雨」。

相對的，「下雨？」，是懷疑有在下雨嗎？說的人對於下不下雨是不確定的，也是在等待聽的人給予回應。這疑問語氣也包含了現在沒下，而將會馬上下雨的預測。「第二天下雨？」，是當下並沒有下雨，詢問第二天會否下雨的疑問語氣。「明天下雨？」、「後天下雨？」，是兩句子同時出現，但語意有對應比較或選擇的作用。二句是對比的詢問是「明天會下雨嗎？」抑或是「後天會下雨呢？」，功能是在對應二句，尋覓其中的一句為可能發生的結果。

由上述句號和問號句例的語意比較，可見句末加「。」的功能是陳述句的結束，是陳述已發生的事，也可以作為肯定語氣判斷未來發生的事。一般陳述句都是各自獨立的。句末加「？」的功能是表示疑問句，是詢問將會發生的事。疑問句可用正反、選擇的對應方式出現，帶出存疑的語氣。把現代句號和問號的功能放在三千年前甲骨卜辭的斷句上看，由於卜辭是用於占卜問神的，殷人常用成組對貞的方式和神溝通，詢問將要發生事情的吉否，因此才有出現正反對貞、正正對貞、反反對貞、選擇對貞等句型，但目的都是要就兩句以上的句組中，挑選其中一句的句意，作為詢問行事的指引。由此看來，卜辭對貞句的句末打一個問號「？」，比打一個句號「。」，應來得合乎語境。

我在《甲骨文研究》第六章〈由對貞句型論殷虛卜辭的命辭有屬問句考〉一文，列舉「V 不」的句式，認為其中「不」字出現在命辭的句尾，當讀為句末疑問詞的「否」。例：

〈屯 325〉　　　己丑卜：其雨不？

〈屯4350〉　　　　辛卯卜：癸巳雨不？

〈屯4518〉　　　　戊寅卜：于癸舞雨不？三月。

　　　　　　　　　乙未卜：其雨丁不？四月。

〈丙87〉　　　　　獲不？允獲麋四百五十一。

　　並透過十項卜辭的用法，推論命辭應是問句：

1.由對貞正反並立對應的句型，判斷命辭是選擇式的問句。

2.由對貞卜求四方方位的所屬，判斷命辭是選擇式的問句。

3.由對貞卜問祭祀用牲是公或是母，判斷命辭是選擇式的問句。

4.由對貞卜問未來時間的取捨，判斷命辭是選擇式的問句。

5.由連續卜問未來日子的吉凶，判斷命辭是祈求未知的問句。

6.由卜問下旬吉凶的常例，判斷命辭是問句。

7.由成套卜辭的一再重複內容，判斷命辭有詢問的意義。

8.由驗辭陳述的結果，反證命辭宜是問句。

9.由同組卜辭的貞問，判斷命辭是選擇式的問句。

10.由貞、曰連用，證明命辭是問句。

　　我在同書的第九章〈再論「不」的特殊句例〉一文，再進一步分析「不」字的用法，同樣證明卜辭是問句。如：

1.「不」字用於命辭句末，屬於句末疑問詞。例：

　　〈合集20276〉　庚寅卜，御：王品司癸巳不？

　　〈合集20421〉　乙巳卜：今日方圍不？六月。

2.「不」字用於命辭句末、驗辭之前，屬於句末疑問詞。例：

　　〈合集21305〉　☒戊子☒王見不？允业☒禍。

　　〈合集20485〉　戊寅卜：方至不？之日业曰：方在☒圖。

3.「不」字用於對貞的否定句之後，屬於句末疑問詞。例：

　　〈合集22047〉　业歲？

　　　　　　　　　弜业歲羊不？

　　〈合集14002〉　王戌不吉不？

4.「不」字並見於選擇對貞之後，屬於句末疑問詞。例：

　　〈合集20098〉　壬寅卜，扶：司更羊不？

　　　　　　　　　牛不？

5.命辭詢問句有「V不V」的句型，證為疑問句。例：

〈合集 40153〉　　丁酉卜：王逐鼓，台豕，獲不獲？允獲。

〈合集 20898〉　　丁巳卜，王曰：庚☑其雨☑其雨不雨？啟。

〈合集 20990〉　　戊申卜：己其雨不雨？啟，小☑。

　　總括以上所論，可知卜辭的性質是詢問待發生事情的吉凶而不是陳述過去已知的事情。基本上，對貞卜辭不管是正反對貞抑或是選擇對貞，本身就能看出疑問語氣。由於甲骨刻寫空間有限，卜辭命辭存在大量的省略句，特別是將常態使用的詢問句省略了，如「王受佑」、「帝受我佑」、「亡禍」、「亡災」、「雨」等句子是。因此，近人才會有誤解卜辭只是陳述性質的功能。透過文例的對比和對貞內部的互較，可以證明。

　　對比如下省略句和常態不省句句例：

（1）〈合集 30503〉　　其又三牢？

　　　〈屯 2104〉　　　辛未卜：又羌五、十牢？

　　　〈英 2351〉　　　其又羌，王受又？

可知前二例的命辭末省略了「王受佑」一類詢問句。

（2）〈合集 25060〉　　己未卜，即貞：羽庚申其又于妣庚？

　　　〈合集 23173〉　　癸未卜，即貞：羽甲申其又于父丁？

　　　〈合集 27423〉　　貞：其又父庚，王受又又？

　　　〈屯 4023〉　　　王其又妣戊：妌，盨羊，王受又？

可知前二例的命辭末是省略了「王受有佑」「王受佑」一類的詢問句。

（3）〈合集 33025〉　　丁未貞：王征召方？在翏卜。九月。

　　　〈合集 33022〉　　貞：王征召方，受又？

可知前一例的命辭末是省略了「受佑」一類詢問句。

（4）〈合集 6443〉　　乙卯卜，殼貞：王叀土方征？

　　　〈合集 6409〉　　丁酉卜，殼貞：今載王登人五千，征土方，受㞢又？

可知前一例的命辭末是省略了「受有佑」一類詢問句。

（5）〈合集 6530〉　　貞：☑從興方伐下危？

　　　〈合集 18926〉　　己巳卜，爭貞：從伐土方？

　　　〈合集 6483〉　　辛酉卜，殼貞：今載王從望乘伐下危，受㞢又？

可知前二例的命辭末是省略了「受有佑」一類詢問句。

（6）〈合集 22045〉　　庚寅卜：弜祭戕祖庚？

　　　〈合集 27226〉　　甲子卜：祭祖乙，又鼎，王受又？

〈合集 23034〉　丁卯卜貞：王賓祖丁，祭，亡囚？

〈合集 23128〉　☑貞：羽乙巳祭于小乙，亡壱？在九月。

〈合集 22838〉　戊申卜，尹貞：王賓大戊，祭，亡尤？

可知前一例的命辭末是省略了「王受佑」或「亡禍」、「亡壱」、「亡尤」等類型詢問句。

（7）〈合集 27129〉　祭大乙，其召祖乙：二牢？

〈合集 31090〉　祭父☑，召二牢，王受又？

可知前一例的命辭末是省略了「王受佑」一類詢問句。

（8）〈懷 1344〉　　貞：犬从田？

〈合集 27926〉　王叀犬从，亡戋？

〈屯 625〉　　　叀在襄犬王从，亡戋？𤘝？

〈合集 27925〉　辛亥卜：翌日壬王其从在成犬皋，弗悔？亡戋？

可知前一例的命辭末是省略了「亡災」、「擒」、「弗悔」等類型詢問句。

　　而大量正反對貞句中的否定句亦存在省略的現象，如果單由殘片或單句理解，也很容易被誤解為陳述句。如：

〈合集 6087〉　　乙卯卜，爭貞：沚、戛再冊，王从伐土方，受屮又？

　　　　　　　　貞：王勿从沚、戛？

　　上述正反對貞的否定句明顯是省略了末句詢問句「受有佑」，這必需透過對應的完整句才能正確解讀省句的句意。

　　又如：

〈丙 498〉　　　壬戌卜，爭貞：旨伐薛，戋？〔一〕〔二〕三

　　　　　　　　貞：勿乎伐薛？〔一〕二三四〔五〕

上述正反對貞的否定句也省略了詢問句的「災」否。

　　由以上的論述和句例分析，都可以驗證卜辭是問句。卜辭進行句讀時在句末打上一個問號，理論上是正確的。

六、殷王五期斷代和貞人組類斷代的優劣

　　甲骨學的建立，理論上是自甲骨四堂的董作賓科學挖掘殷墟開始。董作賓透過大龜四版的研究，提出「貞人」系聯的突破，並在 1932 年完成《甲骨文斷代研究

例》一經典著作，從此甲骨正式進入系統復貝理論的研究。董先生利用貞人、世系、稱謂、坑位、方國、人物、事類、文法、字形、書體十個斷代準則為切入點，依照殷王世系順序將甲骨區分作「五期斷代」，提供研究盤庚遷殷以迄帝辛（紂）滅亡的 273 年歷史。其中定：武丁和以前屬第一期，祖庚、祖甲屬第二期，廩辛、庚丁屬第三期，武乙、文丁屬第四期，帝乙、帝辛為第五期。此學說多為日後研究甲骨的學者因循。「五期斷代」的優點，是斷代方法清楚易明，一目瞭然，容易進行甲骨在不同期的互較，從而了解期與期之間的差異，讓甲骨的使用和學習十分便捷，適合甲骨學系統的推廣。

　　然而，甲骨「斷代」是建基於貞人集團的系聯，但「五期」卻是以殷王世統來區分的。王的分期和貞人分組類的時間上下限明顯並不對應。貞人有跨王期問卜，而同一王期又可能跨不同的貞人組類。因此，才會有 1949 年陳夢家先生〈甲骨斷代學〉提出另用賓組、師組、午組、子組等貞人「組」的斷代思考。可是，單純使用貞人集團的系聯而不配合世系，是無法明確切割卜辭的斷代時間，只能提供一相對早晚的時間。由此，可見王的斷代和貞人組的系聯是互補相承的。貞人組的分析了解，能填補運用殷王名斷代的不足，而以十個斷代標準聯合建構出的王斷代，也成為判定貞人組時間的依據。在陳夢家《殷虛卜辭綜述》第四、五章〈斷代〉上、下，對應的整理殷王武丁卜辭系聯的賓組、𠂤組、子組、午組卜人，祖庚、祖甲卜辭系聯的出組卜人，廩辛卜辭系聯的何組卜人，正是嘗試要將貞人組和王的斷代分期相接。

　　可惜，及自林澐等鼓吹「字體」才是科學區分貞人類組的唯一標準起，將陳夢家建構的卜人「組類」研究轉化為字的「組類」研究，並帶動學界另由盡量細分、「精確化」甲骨字體入手，用以區隔分類字體作為研究甲骨的重心。自此，學界研契方法的注意力被誤導在貞人組類之間字形書體的差異上，反而將原先區分貞人組類以補救斷代不足的功能淡化了。因此，學人對貞人字體組類內部的區分愈益細微，甚至瑣碎，如同屬賓組卜辭，又分隔為：𠂤賓間、賓一、典賓、賓三、賓出類，單看崎川隆一家就將賓組卜辭的字體區分為九大類 14 個小類，黃天樹又另把殷墟王卜辭區分為 A、B 兩系總計多達 20 類。最近四川大學彭裕商編的《殷墟甲骨文分類與系聯整理研究》更分析出八組 58 類。事實上，單就一賓組內部言，字體分得再細微，也還是武丁的卜辭。更何況，字形並不可能也不會是甲骨斷代的絕對或唯一科學的標準。目前字形劃分的組類，最初並不是依據字的筆畫部件的異同系聯而來的，而是取巧的創立在貞人組類系聯之上。同時，問卜的「貞人組」和文

字書寫的「刻手群」又是不同的概念，因此字體組類的區分理論一開始就有問題。而字形本身也是跨王的，自然也無法達到清晰的斷代分期的目的。甲骨文字同期同版異形、異期異版同形的字例十分普遍。換言之，同一刻手會在同一塊甲骨版上刻寫不同的字形、大小的字體，而不同的刻手亦可以書寫完全相同的字。同一塊甲骨又有可能經過不同刻手的書寫。加上每個字形結構演化、蛻變、書寫風格改易的速度各不相同，過程中存在太多主客觀因素的不確定性，如果僅以字體的細微點劃曲直長短之間來判斷一版甲骨的絕對時間，恐怕不見得是完全可靠的。近人提出組類的標準字例亦遠遠不能涵蓋所謂組類中的字形，而不同組類的字又多見重疊相同的字形。由此可見，字體組類的區分實有重新考量的必要。

近四十年學界研治甲骨風潮，重點一致的側重於字體的分組類和甲骨的綴合，無疑是遠離了殷商文明研究和甲骨文字釋讀的核心和大方向。一般甲骨的培訓，都率先進行字體組類區隔的要求，再談內容，而組類又各自再細分，給予不同的名稱，組類之間復又分裂出不同的過渡類型，並提出一些獨特的分類稱呼，如「非典型賓三 A 小類」、「NS4自組小字 B 類」、「賓組賓出類 AⅧ」、「歷無名間類 B Ⅴ」、「右瘦吉類」、「雙吉類」等眾多怪異難區隔的用語，遂易使後學望而茫然生畏，反不若過去董作賓直接以五期斷代分王的宏觀清晰和容易使用。

我們面對甲骨，宜先以董作賓的殷王五個斷代分期、十個斷代標準為基礎，再配合貞人系聯的組類，以作為評估王與王過渡時期的相對準則，期中分組，組以跨期，如此，就可讓斷代分期的方法趨於合理、嚴謹和實用，也才能彰顯甲骨卜辭真正的時代意義。

七、「兩系說」質疑

早在董作賓等十五次科學發掘殷墟時，學人就主觀感受到甲骨出土愈靠近洹水之濱，其相對刻寫或埋藏的時代就愈早，而愈往小屯村中出土的，其時代就愈後。村北、村南的甲骨，隱隱有一刀切的二分可能。及至陳夢家系聯貞人集團斷代，才開始注意貞人堆之間的時代先後。後來董作賓發現不同時期有字詞和用祭禮儀的反復差異，遂提出所謂「文武丁之謎」，認為殷王世系自第二期祖甲的興革始，殷王有舊派、新派之分。而李學勤為了要將歷卜辭提前至武丁時期，又由於「婦好」一名並見於歷和賓組的卜辭，以為「歷組」和「賓組」是同屬於武丁的貞人集團，始

明確的發明了「兩系說」，並進　步提出殷墟甲骨的貞人集團最早是由村北的「𠂤組」開始，其後分裂為二，在村北是「𠂤賓間組」而「賓組」而「出組」而「何組」，村南是「𠂤歷間組」而「歷組」而「無名組」而「無名黃間類」，至晚期時村南貞人集團又拼合於村北的「黃組」。這個貞人組類分分合合的觀念隨即竟成為大陸甲骨學界的主流看法，普遍為大眾所接受。

　　然而，殷墟的地理環境並不廣闊，殷王室以洹水為界，北為殉葬區，南為宗廟生活區。古代小屯單一的平地自然無村南、村北之分，當日殷人無論王侯貴族或民眾在小屯的村南、村北內自可隨意活動，本無任何屏障阻礙可言。目前所見集中出土的甲骨儲藏坑，如村北的 YH127 坑、村南的小屯南地甲骨坑群、小屯村偏東南側的花園莊東地甲骨坑，彼此的距離相互都在一兩公里之內。這表示當日殷王集團和眾貴族集團是並無嚴格的生活空間區隔可言的。當日的上位者在如此接近相鄰靠的甲骨坑儲存甲骨，很難想像是需要經由不同集團的人刻寫出來的。同時，試看單一個 YH127 坑中就藏雜有𠂤組、賓組、子組、午組、無名組、刀組、亞組等不同組類的貞人群問卜的甲骨，其中的子組、午組等是屬於非王一類，和賓組屬於王卜辭明顯是不同身分族群的，但彼此使用的甲骨卻可以混置於一坑之中。按理如同為王卜辭的甲骨刻手或占卜貞人有需要區分為村北、村南二地集團，非王的甲骨自然是更應該屬於另外一批刻手所為才對。對比殷金文中附列上百見不同的圖騰族徽，代表著不同的「家族記號」，足以涵蓋殷王和許多貴族的範圍，如果每一家族都能自鑄青銅，並需自組成一獨立的貞人集團，這是否又能推說王卜辭之中會擁有無數的不同貞人集團？但就情理而言，古代問卜與鬼神溝通，本屬於特權的少數上位者才擁有的權力象徵，不應是任何團體都可以或能夠自由施行的。況且，巫師的神力和甲骨材料入貢的來源、進貢的對象、治龜用龜的知識，都只限定在帝王和極少數權貴身上。因此，只因為甲骨出土在村的中南北、用字有個別異同出入而一刀切判定有兩個不同的貞問刻寫組織，理由其實並不充分。更何況，要說兩百年間同一王族的問神單位聯同寫手的組類一起「一開始是統一，其後是分裂，最終又是統一」，這實是太完美了。此一構想，和董作賓當年判斷殷禮是「舊派而新派而舊派而新派」的演變同樣是難讓人接受的。如果董作賓的復古之說不可從，「兩系說」的看法恐亦缺乏直接的證據。

　　而且，細部看李學勤的「兩系」演變，其中的將𠂤組定為武丁早中期甲骨，歷組定為武丁晚期至祖庚早期甲骨，二者之間如何能明確聯繫過渡？至於𠂤組和賓組、𠂤組和歷組的字形風格相距甚遠，二者之中的字形「間組」又如何能成立？𠂤

組和歷組既沒有坑位地層相連接的證據，二組類在卜辭內容、文例、句式、祭法、鑽鑿排列等又沒有堅實的共同處，如何可論定二者必具備相因承和孰先孰後的關係？以上種種，都是「兩系說」一假設仍需待驗證的地方。目前學界對這說法只是一味如影跟風的使用，並沒有太多的反省，實是遺憾。反而在 2008 年李學勤撰寫〈帝辛征夷方卜辭的擴大〉一文中，首先修改了「兩系說」，將定為村中南的「無名黃間類」卜辭改名為「無名組晚期」卜辭，與村北的「黃組」卜辭並列發展，又改變了「兩系說」由分而合流歸於村北的結果。

目前評估，殷墟所見當日殷王利用貞人問卜的機構應該只有一個，大致是由：

「𠂤組、賓組－出組、歷組－何組－無名組－黃組」

的發展，基本上和董作賓的五期斷代演變可相對照。

八、甲骨卜兆不能呈現吉凶

殷人在甲骨版上占卜，占卜的「主角」是卜兆，其餘的兆序、兆語、卜辭、用辭都是配合卜兆而刻上去的。細審卜兆的裂紋形式，無論是朝內、朝外、向上、向下，相關判定的兆語、占辭和所問得的結果都見有吉有凶，如〈丙 156〉的（11）（12）二辭正反對貞，但在兆語中都分別記錄有「小告」、「二告」等吉語。而且，卜兆是由成組的對應相向或相背或上下並列的占卜形式呈現，一般都只會兩兩朝中間千里路一起相向內或朝外，是以卜兆的爆裂方向和紋路上下形式並不能決定兆的吉凶。

反而，殷商王朝同時已出現的蓍草問卜，可能才是判別吉凶的依據。甲骨中已刻有獨立的數字卦，而文獻很早也見「蓍龜」連用的記載，如《史記・龜策列傳》：「王者決定諸疑，參以卜筮，斷以蓍龜，不易之道也。」殷人占卜時，可能已兼用甲骨和蓍草卜問同一事宜，而卜兆的取捨標準，似是另參考蓍草的結果而來的。

〔附〕說爻、學

一、前言

〈合集 32103〉　　癸巳貞：又彳伐于伊，其义大乙彡？

這是一版第三期靠牛臼的殘骨卜辭，詢問祭祀伊尹和殷先公大乙宜否。辭的上方刻有另一卜辭：「其三羌，卯羊？」，辭的左上端，又有九天前占卜相關事例的：「甲申貞：其又彳歲于伊？」。整版卜骨應是祭祀類卜辭無疑。而相同的句例，又出現於下引《屯南》一版，當屬同時同事而卜：

〈屯 532〉　　　　（1）其义大乙彡？

　　　　　　　　　（2）〔又〕彳伐于伊，其▢？

細審此一「义」字，早見用於第一期卜辭，作為殷王田狩地名。如：

〈合集 10969〉　　貞：王狩于义？

〈英 849〉　　　　貞：王勿▢狩义，既陷麋，歸？九月。

核對姚孝遂編的《甲骨文字詁林》义字條的按語：

> 「义」為地名。字與「五」之初形相近而有別。五作「ㄨ」，其空間相等；而此則作「义」，上之空間較小，而下則較大。……「义」在此均為祭名。[1]

　　姚按分析兩斜筆對稱相交的「五」字和這裡的「义」字字形有別，確是合理的。只是古人書寫文字並不見得處處都那麼細緻，亦多見形近混同。這方面需要對比上下文的文例才能作出正確區隔。像「爻」字字形有對稱書作 ㄨ̆〈鐵 100.2〉，亦有作上空間小而下空間大的 㐅〈甲 3533〉[2]。可見「爻」字的組合只強調重义形，至於从「义」的上下空間屬對稱抑或上小下大，並沒有嚴格的差別。因此「义」和「五」二字是形似相混而不同源。「ㄨ」在卜辭中用為名詞地名和祭祀動詞。〈合集 32103〉的「义」字見於祭祀卜辭，但並不屬於祭名。觀察「其义大乙彡？」一句，祭名見於句末用為「擊鼓之祭」的彡（肜）祭，其中的「大乙彡」是一句組，意即「肜大乙」的移位；而句中「义」字字意是在肜祭大乙（成湯）時的

1　參姚孝遂編按《甲骨文字詁林》第四冊，頁 3255，中華書局，1996 年 5 月。

2　參見中國科學院考古所編《甲骨文編》卷三 155 頁，中華書局，1978 年 2 月。

另一個動作。我認為這裡的「乂」字當見是「爻」字之省，是指在肜祭之前用蓍草交撲的方式詢問祭事吉凶之意。下文嘗試以字形分析來觀察這個「乂」形符號的發展歷程。

　　卜和筮，是上古兩種占問吉凶的方法，都已盛行於殷商，而持續通行於周代[3]。「卜」用龜甲獸骨，傳統說法是依炙裂的卜兆形狀判別吉凶；「筮」用蓍草，一般以五十根，按撲蓍所得之數排列成卦爻，以定休咎。龜卜和筮策的應用有在同時進行的，在上古文獻中多見卜、筮混言，合用為同一個概念。如：

　　　　〈緇衣〉：「人而亡恆，不可為卜筮也。」（郭店簡）
　　　　《易‧繫辭傳》：「以卜筮者尚其占。」
　　　　《尚書‧洪範》：「擇建立卜筮人，乃命卜筮。」
　　　　《詩經‧氓》：「爾卜爾筮，體無咎言。」
　　　　《禮記‧曲禮上》：「卜筮不過三，卜筮不相襲。」鄭玄注：「大事卜，小事筮。」
　　　　《荀子‧天論》：「卜筮然後決大事。」
　　　　《周禮‧筮人》：「凡國之大事，先筮而後卜。」

　　在殷周甲骨中，偶見有數字卦的紀錄[4]。甲骨是占卜，數字卦是筮法，二者並見於甲骨之上，這是殷周同時兼用龜卜求兆和蓍草求數問神的最好證據。

二、甲骨文从爻的「教」和「學」

　　甲骨文中的「爻」、「教」、「學」是同一義類的字體。上古知識授受的教導和學習的最早材料內容是爻卦。

　　「爻」字，象蓍草的交疊形，固定作重X的爻[5]。

　　「教」字从子从攴，从爻亦聲，字的主要結構主要是用爻來教導幼子。攴，原作敲擊意，但由敲擊子責罰以教爻，恐非「教」字常態的造字本義。「教」字中的

3　參容肇祖〈占卜的源流〉，文見《容肇祖集》1-65 頁，齊魯書社出版，1989 年 9 月。又參李零〈跳出《周易》看《周易》〉，文見《中國方術續考》306-320 頁，東方出版社，2000 年 10 月。
4　參見殷墟小屯南地甲骨和陝西岐山周原甲骨，如〈屯 4352〉、周原〈H11.85〉是。
5　參《甲骨文編》卷三，155 頁。

从「攴」，或應理解為「父」，強調「父傳爻於子」的組合，方為「教」字的本義。因此，「孝」字从爻子，示兒子傳承父輩的知識，才引申出後來「孝道」的孝義。「教」字，作：𣪊〈甲1251〉、𣪊〈前5.8.1〉、𣪊〈甲206〉[6]。其中的字形有省子，又有省爻為乂。此見爻、乂二形作為部件可以混同。

「學」是雙手持著草的爻計算卦的數目。「學」字，作𣂨〈珠522〉，从爻；作𣂨〈京津4836〉，从爻从六；作𣂨〈鐵157.4〉，从乂从六；作𣂨〈粹425〉，从六；字又省双手作𣂨〈存下256〉、𣂨〈甲2970〉[7]。字形可區隔為二類：一是从双手持爻，強調學習的內涵是「爻」，一是从數字的「五」和「六」。字形復有省「六」，也有省「爻」為「乂」。

殷墟花東甲骨屬非王卜辭一類，學界一般定為殷王武丁早中期的甲骨，其中見「學」字的用例和「爻」字相同：

〈花150〉　　　　甲寅卜：丁永，于子學（爻）商？

此辭言花東子親自進行「爻」的動作於商地。此一活動和移前的詢問句「丁永」否語義相承。

對比以上字例的字形和用意，可推知殷商時期的「教」、「學」，字形發生和卦爻的「爻」的知識授受有密切的關係。檢視《甲骨文編》收錄从手的字例，如：興作𣂨〈乙5159〉、具作𣂨〈甲3365〉、兵作𣂨〈後2.29.6〉、昇作𣂨〈鐵38.4〉、異作𣂨〈甲1730〉、遣作𣂨〈續4.34.8〉、彝作𣂨〈甲3932〉、共作𣂨〈續5.5.3〉、若作𣂨〈甲896〉、鼻作𣂨〈乙877〉等，其中雙手所提舉的，都是具體的實物形。投射回「學」字手所持的「爻」，自然也應該是指實物，而不會是抽象的筆畫。

細看卜辭中，「爻」字的用例，如：

〈合集6〉　　　　庚寅卜，貞：翌辛卯王爯，爻，不雨？八月。

〈合集12570〉　　丙寅卜，先貞：翌日卯，王其爻，不冓雨？

〈合集13705〉　　☑王弜爻，馬亡疾？

以上句例的「爻」字，多殷王親自執行的動作；屬動詞。例句後有卜問「雨」否、「冓雨」否、「亡疾」否，可見「爻」字是和祭祀問神有關的一特定行為。

卜辭又習見「爻戊」一詞，又作「學戊」，是第一期卜辭（含非王）中侑祭的

6　參《甲骨文編》卷三，146頁。

7　參《甲骨文編》卷三，147頁。

對象：

〈合集 7862〉　　出于爻于戊、咸☒？

〈合集 952〉　　出于𠂤戊？

〈合集 3511〉　　☒亘貞：☒于𠂤戊？

〈合集 20098〉　丁未卜，扶：咸戊、𠂤戊乎？

〈合集 20100〉　☒未卜，扶：出𠂤戊？

諸例見「爻戊」字作𢼸和𠂤、𢼸、𠂤、𠂤諸形，「爻」、「學」屬同字異體。「爻戊」可理解為爻官名戊者。戊，又或與「巫」音同通用；僅備一說。

「爻」字有獨立用為名詞，〈合集 22538〉：「☒子卜，㠯貞：亡來羌？曰：用𢼸☒。」一辭，其中的爻字作為𢼸，見於占辭，指是否接受進貢「來羌」一事的判斷語。對比卜辭習見的「用卜」之例，這裡的「用爻」，無疑也是和問卜的過程有關。

相對於「卜」字形本象甲骨上的卜兆，而與占卜意相關；因此，「爻」字用為詢問鬼神的一種方式，「爻」字形自然可能和古文獻紀錄的用蓍草交揲問卦的習慣相當。

參考《周易‧筮儀》敘述揲蓍取策的方式：

「合五十策」，「左右手中分四十九策」，「以右手四揲左手之策，次歸其所餘之策，或一、或二、或三、或四」，「視其三變所得掛扐過揲之策，而畫其爻於版。如是每三變而成爻。凡十有八變而成卦。乃考其卦之變，而占其事之吉凶。」[8]

卦爻的產生，是依據揲蓍草所得之「數」。「爻」字字形作乂、𢼸、𢼸[9]，其基本結構是「乂」。對應卦爻的實用狀況，「爻」從「乂」的交錯形，和取象於實物的蓍草交疊使用的實況有關。

以上是針對「爻」、「學」、「教」相關字的形義分析，歸納「爻」字本形理解為蓍草交錯的重疊形。然而，「學」字字形從爻，又透過明顯的過渡字例和數字的「五」和「六」相組合，彼此並不屬於同類。這種過渡發生的時間理論上應在殷王武丁中期以後[10]。細審「乂」形的來源，至少有二：一是屬硬性約定筆畫的數字

8　參見《易程傳》附，世界書局，1979 年 10 月。

9　李孝定《甲骨文字集釋》1129 頁爻字條引「金文作爻〈盂文〉、爻〈毓卣〉、爻、𢼸〈父乙簋〉、爻〈父乙爵〉、𢼸〈父丁簋〉。」，見殷金文的爻字增從三「乂」，用為圖騰或職官名。

10　參考《殷墟花園莊東地甲骨》第 178 版「五」字仍作五橫畫的字形，而同坑出現的「五」字大多已作二刀交錯的寫法。

「五」；一是象著草交疊之形。「爻」字從「乂」的，自然是取象後者，指二根著草掛揲的樣子。因此，數字的「五」和「爻」從「乂」形，應是二形近而混同的符號。

三、爻卦中的數字「五」和「六」

甲骨文的數字「一」至「十」，常態字形作：

一　二　三　亖
乂　∧　十　八　乁
丨

數字的發生，自「一」開始，指事。先民用抽象的橫畫，由下向上堆積成數。「一」至「四」的造字方法屬於同一組。字數堆到「四」，在實用考量，字形產生混淆不易區分的困境，先民無法亦不願再以這種積畫的方式繼續產生數字，遂把接著的「五」字由堆畫的亖形改變為乂形，用單純兩刀的硬性約定組合來構建後續的數字字形：

「五」為兩直筆交錯、「六」為兩直筆相斜靠接、「七」為兩直筆一豎一橫交疊、「八」為「六」字兩斜筆的分書、「九」為「五」字末筆的延筆。

可見數字「五」至「九」字形的產生為另一組。

而先民發生由「一」至「十」，為數數的完整概念，屬十進位。「一」和「十」字形作單筆的一橫畫、一豎筆相互對應，表達數字的一始一收。因此，「一」至「十」整組數字，應是在積畫成數的組合發生之後不久，隨即因應用需要而相繼產生。

就字形言，數字「五」作乂，理論是和「六」「七」「八」「九」的字形同時並出的。「五」字和「爻」字省作乂形，儘管全同，但數用字的出現本是硬性規定的兩筆交錯而成，屬於純抽象的指事造字。這和「爻」字理解為兩組著草交疊的實物考量不同，二字的發生背景亦異。只是由於爻卦在早期發明了數字卦的問卜形式，遂易將爻的驗算和數字產生類同比附，「爻」字的結構由本從實象的乂，過渡至形近的抽象數字「五」。

按常理言，抽象的數字隨著數數的需要而先出，相對的，用特定的數字作為卦象所顯示的數字卦，是後來人類思維十分成熟才會出現的，而卦爻固定以陰陽

「爻」的組合成就八卦和六十四卦的問卜形式，就更晚出了。因此，「爻」字的字意是隨卦爻的功能而生成，其發生時間自然也應在數字之後。

　　甲骨文「學」字有从手持爻，亦有改从持「五」「六」之數的改變字形。抽象的「五」「六」之數的組合，或即代表數字卦。

　　細審數字「五」的流變，是由三形全改作Ｘ。三形是五條橫畫的堆積。這種積畫數數，是由下而上逐一累積的紀錄，容易比附為易卦陽剛之氣的不斷冒升、增長和變革的過程。由三形轉變作Ｘ形的兩刀硬性交錯，自是造字方法的更易，呈現一種「變」的感覺，符合後來易卦功能的訴求。因此Ｘ形站在單純的數字言，它是數目字的「五」字；但在卦爻中，有理由視同為剛強乾變的陽爻。因為「Ｘ」本是由五個單一的橫畫「一」形堆合出來的，而「一」形既是數字的「一」，作為「數之始也」，也直接指定為易卦的陽爻符號。如此，「Ｘ」形也可視同借為陽爻的變化符號。

　　∧，本用為硬性規定數字的「六」，後來在卦爻的理解，也可能是作把「一」形線條折為二段之形，和陰爻的「--」形成有關聯。安徽阜陽雙古堆漢簡發現《周易》的紀錄，其中的陰爻正恰好有作「∧」形[11]，和「六」字字形全同；而隸書〈孔羨碑〉的「坤」字作巛形，也是並列三個∧形呈現三個陰爻的組合。由此，可推知陰爻的發生，最早本是由「∧」形分裂為後來作兩短橫的「--」形。細審易卦的應用和爻辭的完整組合，是確立在「六」條爻的重卦之上，卦爻能擁有 64 組不同變化，亦是由於重卦六爻的出現後，才得以滿足表達。因此，數「六」的概念在易卦中有重要的聚合意義。先民發明數字卦，理論上是以「一」為始，以「五」為變，作為記錄陽爻之數，以「六」為合，作為記錄陰爻之數。

　　綜上所述，卦爻和數字的相互比附，最早是由「一」和「六」二數為開端。先有數始的「一」字作為「一」形，其後卦爻才取「一」形為陽爻符號；同樣的，先有數字的「六」字作「∧」形，接著才有陰爻符號的「∧」和「--」。

　　數字的發生順序，是由「六」字的∧形分開書寫，作「八」形，才會產生「八」字，兩數字同樣指定為陰爻。至於二者用法是否已有老爻、少爻的差別，就無法具體推尋了。相對的，傳統文獻中《周易》的「爻」是要反映奇偶，其中奇數是陽，偶數是陰，又以數字的「九」字定為陽爻，以「六」字定為陰爻。其中「九」字作 ᘐ，字形是由「五」字蛻變出來。「五」「九」之數同定為陽爻。甲

---

[11]　參〈阜陽雙古堆西漢汝陰侯墓發掘簡報〉，《文物》1978 年第 8 期。

金文中的數字卦和《周易》，理論上有相對相承的關係。

四、殷周數字卦的組合

早在 1978 年，張政烺在吉林大學古文字第一屆年會上發言，認為甲骨、金文上的特定並排數字，是一種和《周易》九六之數相同的數字卦，目前學界基本都傾向這種意見[12]。數字卦主要出現「一」、「五」、「六」、「七」、「八」、「九」諸數。

甲骨上的數字並列，有三數一組、四數一組、六數一組的區別。如〈合集9268〉一殘片，屬殷第一期卜辭，上有「五五六」三數並列，作𡬮。其中的二「五」字緊接，和下面的「六」字有一定距離。上面二「乂」字和「爻」字常態上窄，下寬的寫法相當，自可另考慮理解為「爻入」一辭。

〈合集 29074〉一版殘片，是殷第三期卜辭，上有「六七七六」四數的排列，倒書作𡬭。其中的「七七」二數合書，仍有討論空間，可備一說。

〈屯 4352〉一版是殘骨的上背，有「八七六五」四數並列，也是倒書，作𡬮，理論上視作數字卦應是可靠的。

再對比陝西扶風、周原等地大量出現的西周卜骨、陶罐的數字並列，都已是兩組六個的數字，此可見數字卦的發生流程，似是由殷商時期的三個數（單卦）而四個數（卦變）而周人習見的六個數（重卦）。六個數字並列的組合和文獻中文王演周易的重卦六爻相互吻合。周人使用數字卦的數字，有屬單數的「一」、「五」、「七」、「九」和屬雙數的「六」和「八」。如：

1.陝西扶風齊家村西周卜骨，有數字並列例：

  a. 一六一六六八
  b. 六九八一八六
  c. 九一一一六五
  d. 一八六八五五
  e. 六八一一一一
  f. 六八一一一一

---

[12] 張政烺的意見，見於《古文字研究》第 1 輯 1-8 頁，中華書局，1979 年；又參張著〈試釋周初青銅器銘文中的易卦〉，《考古學報》1980 年第 4 期、〈帛書〈六十四卦〉跋〉，《文物》1984 年第 3 期。張堅持陰陽爻符號是由數字「一」、「六」變化而來的。

g. 八八六六六六

其中的「一」、「六」、「八」三數出現明顯普遍。

　　2. 陝西淳化縣出土西周陶罐，有十一組數字並列：

　　　　a. 一一一一一一

　　　　b. 六一一五一一

　　　　c. 一六一一一一

　　　　d. 一一六一一一

　　　　e. 一一六一一一

　　　　f. 一一六一八五

　　　　g. 一八一六一一

　　　　h. 八一一八一六

　　　　i. 六八五六一八

　　　　j. 一八八一一一

　　　　k. 一一六八八一

其中又同樣以「一」、「六」、「八」為主要數字[13]。

　　3. 陝西岐山周原的西周甲骨，上有數字並列六例[14]：

　　　　a. 〈H11：87〉八七八七八五

　　　　b. 〈H11：81〉七六六七六六

　　　　c. 〈H11：85〉七六六七一八，曰其□既魚

　　　　d. 〈H11：90〉□□六六七一

　　　　e. 〈H11：91〉六六七七五□

　　　　f. 〈H11：177〉七六六六七六

其中以「六」、「七」二數字多見。

　　透過以上隨意徵引的同區域數字並列用例，就量而言，殷商數字卦出現的數字以「六」、「五」為最多，其次是「七」和「八」、「十」；西周數字卦出現的數字，則以「六」、「一」為最多，接著是「七」和「五」、「八」，最少的是「九」。因此，數字卦的「五」作乂，「六」作∧，可視作奇、偶數早期的代表，

---

[13]　上引兩批材料，參王化平《數字卦與先秦易筮研究》第二章〈數字卦材料的整理與辨析〉63-70頁。人民出版社，2015 年 6 月。有關數字卦的材料，又參季旭昇〈古文字中的易卦〈數字卦〉材料〉一文，文見《季旭昇學術論文集》分三冊 405-430 頁，花木蘭出版社，2022 年 9 月。

[14]　參曹瑋《周原甲骨文》，世界圖書出版公司，2002 年 10 月。

其後才為卦爻取象的陽（▬）、陰（--）符號所取代。而文獻所謂的「九六之爻」[15]，固定以數字「九」「六」命名為陽陰爻，自然是入周以後才逐漸調整，又或屬於不同易卦系統所替代的。

五、總結

由於上古遺留的字形和文例稀少，文中的若干推論只能根據一些特例數據和主觀經驗來銜接。對於「爻」、「學」、「教」諸字的反覆討論，判斷上古「爻」字和從爻的字可理解為蓍草交疊問神的本意。「爻」從「乂」和數字「五」字發生的背景不同，二者因形近而混淆的關係和發展，可歸納以下幾點：

1.上古數字「一」至「十」，是整組同時發生的。數字是硬性規定的符號，表達抽象的觀念。在象形文字剛開始書寫之後不久，隨即因數數實用的需求，遂出現了指事的數目字。「一」至「十」的字形本身並無實意，其中的「一」至「四」積畫為一組，「五」至「九」兩刀為一組，「十」則是和「一」對應而產生的。

2.數字「五」形由三而乂，根據殷墟花園莊東地甲骨同坑中出現這兩種字形，可見「五」字形改變的時間是在殷王武丁早中期的一個階段。因此，數字卦含「五」字的發生，似應也是在武丁中期以後才出現的[16]。

3.「爻」從重乂，字為蓍草掛揲交疊問卜之形。上古透過發生龜卜、蓍草的問神過程，才會有「爻」字的出現。這應是文化發展高度成熟之後才會發生的。古人利用固定的抽象線條涵蓋天地宇宙萬事萬物，理論是人類邏輯思維非常成熟時才會擁有。殷商人已擁有精神文明，是絕對沒有問題的。而卦爻的用法，自然是距離文字出現之後一段漫長時期。卦爻的形成，包含著通天的觀念、以簡馭繁的觀念、用抽象取代實物的觀念、用線條或數字取代宇宙的觀念。因此，作為陰陽爻的符號，理當在數字普遍應用後才能出現。

[15] 皇甫謐《帝王世紀》：「文王廣六十四卦，蓍九六之爻，謂《周易》。」

[16] 2023 年 6 月趙林先生曾審閱此稿，並惠賜 2008 年《東南文化》王長丰、張居正〈浙江跨湖遺址所出刻劃符號試析〉、2013 年《中原文物》牛清波〈跨湖橋遺址所出刻劃符號補釋〉二文，文中提到距今八千至七千四百年前杭州蕭山區跨湖橋遺址出土的鹿角器和木錐器上，已有六個數字的刻劃符號，可能是上古卦象的記錄。重卦的出現，是否能推到如此久遠，自然是一值得思考的問題。況且，這些刻劃共有八組，其中只見「一」、「六」、「八」三個符號的組合，並未見有數目「五」字的「X」形。因此，數字卦的成熟發展，仍應在殷周之間，殷武丁王朝以後，可能仍是比較可靠的說法。

　　4.「學」字字形最早是雙手持爻，學的是用蓍草問卜，其後泛指學習知識。由於爻和取草成數的變化有關，从乂和數字「五」字形容易混同，又加之以「五」為數數之中，易卦卦數又以「五」為變易之始，而另以「六」為聚合之源。因此，「學」字書寫才有从爻轉从抽象的「五」「六」之數的組合。「學」字發生的背景，或和數字卦的運用屬共時出現。

　　5.數字卦的發生，是用特定數字代表陰陽二分的變化。其中以數字「一」和「五」代表陽，用「六」代表陰。

　　6.易卦利用數字衍化的階段，基本有：a.先用數字的「一」過渡用「五」代表陽爻；b.用數之變、數之中的「五」表陽，相對的用數之合的「六」來表陰；c.由「五」而生出「七」，表陽爻的變化；由「六」而生出「八」，表陰爻的變化；d.入周以後，再由「五」而延伸出「九」，表陽爻的變化。從此，才以「九」、「六」固定為陰陽的定數。

九、研讀甲骨文的方法

　　研究甲骨文的方法不只在甲骨文。就字形而言，要注意點、線、面三合一的多角度整合。點是字的最早本形本義，面是字在不同時期的字用功能，線是文字流變的縱線。了解甲文，需要參考上古的岩畫、殷周金文和《說文》的相對結構和用例。字形之外，復要掌握最新的考古資料知識和可靠文獻的對應。研讀甲骨本身，應由完整甲骨版中逐條卜辭依序通讀訓練開始。當然，盡量避免缺乏實證的主觀類比，重視清儒以來的「闕疑」精神，是舉凡學術都必須遵守的。以下，僅針對字形本身談一些個人的經驗。

1.考釋甲骨文字應先重形而後以音。

　　漢字源自圖畫，本是以形表意。因此，破讀古文字亦應先就形意入手。目前學界卻多直接用語言、音讀、假借、形近的角度來釋字，而應用假借的方式又太寬太鬆，容易形成各說各話、眾說紛紜。有將意符硬比附為聲符，有專門以冷僻、例外的通假來推，有擅用旁對轉的方式輾轉系聯音讀很遠的字之關係，使待考字到最後幾乎可以無所不通。如此，自然難覓字的真相。由此可見，考字如形能破解，就先不考慮音，而在需要使用音為過渡橋樑時，音的抉擇標準必從嚴不從寬，需兼顧考

量字在聲、韻和等的開合關係。

2.考釋甲骨文字應由「文例」破字，不只停留在見字破字。

「文例」，又稱「辭例」，是指習見的用詞，而不是行款。判斷甲骨，需由詞而破字。詞的部分宜先由常態用詞看非常態用詞，由普羅的用詞看稀有的用詞，從而對比出待考字的詞性、詞位和詞意。如此，既可避免對文字字形先入為主的主觀擬測，復能立體的、多角度的看待同一個問題。

3.學習甲骨文字宜「由句而識詞，由詞而識字」。

一般治甲骨者會先閱讀《甲骨文編》等古文字字典認字，配合六書分析，或用周金文甚至戰國文字來逆推。這都容易落入「先入為主」的主觀牢籠。我認為要正確認識甲骨文字，除了掌握若干基本字形的知識外，需要先由通讀一條一條的卜辭入手。所謂「由句而詞，由詞而字」，是以大包圍的方式先了解句意大類和語境，鎖定句中各不同詞位的用詞性質，對比常態文例從而審查非常態用詞的差別，再卡死待考字的詞性、可能詞意和上下文的關係。到這時候，才依據六書、古文獻和商周金文等的對應進行字形分析。如此，才能較科學的、客觀的面對甲骨文字的真實意思。

同時，要理解甲骨文的用意，不能只單一的看字形，需要掌握字在一個句子中的意思。因為甲骨文主要是作為占卜的卜辭，殷人問卜，習用成套、成組、對貞的方式進行詢問。因此，要了解甲骨文字，先要整體了解卜辭。要了解卜辭，又先要掌握卜辭在對貞句中對應的意思，復要掌握卜辭在整版、整套甲骨中相類辭例的關係。由對貞看單辭，再由一句看一字，才是正確的解碼方法。

4.學習甲骨要注意形近字的區別。

漢字因記錄語言而產生，每多作樹狀式分裂衍化的方式出現。如：由人而身而孕而育而保而乳、由人而從而比而北、由大而立而並、由尸而欠而次、由口而舌而言而音、由口而甘而曰、由止而步而涉、由止而出而各而洛、由又而双而共而恭、由又而尹而君、由目而臣而見而望、由山而阜而陟而降而墜、由屮而艸而莫而暮而朝、由木而析而折、由牛而牡而牝…等是。因此，了解漢字不能只限於獨個漢字的部件分析，宜由文字循序漸進的角度，一波一波、一串一串的叠層分析其演進衍生的過程，明白字與字之間前後的對應關連。這樣系統的學漢字，不但增加學習的趣味，復能真正還原古人發生文字的真實歷程。

相對的，我們了解甲骨字形，亦需要注意大量異體字之間的關係和分期類別。如：甲文隸作「襄」的字，从人上从對稱冠飾，字只見第一期卜辭，借為附庸族名和祭祀、田狩地名；而「襄」字有另在冠飾上增若干短橫或虛點的，字只見於第二、三、五期卜辭，且只用為祭祀和田狩地名。由此可見，二類「襄」字使用的時間和功能都不一致，應該加以區隔。這些橫劃和虛點並無實意，只有區別的作用。

「并」字从二人側形並排，腿脛處有一橫劃和二橫劃二形，均用為田狩地名。前者常見於第一期卜辭，後者習見於第四、五期卜辭，二字明顯是同一字，只有時間早晚的差別。

「亦」字从人正立形，兩脅下增虛點以示腋的部位，字用為副詞，帶出動詞。「亦」字另有在脅下只作一點，用為第二、四期卜地名，屬名詞。二字雖同隸作「亦」，但其實是兩個完全相異的字。

因此，了解文字必須要注意形近字之間並出的關係。形近並不見得是同字，當然，也不見得就不是。這需要透過大量文例的互較，才可以客觀研判每組形近字字意和字用的差別。

5.學習甲骨宜由整版整坑互較的去看。

研治甲骨文，首要不斷的進行「互較」，包括：句中的前後互較、對貞互較、同版互較、異版互較、前後期互較、文例互較等，才能明白甲骨文的真正意義。

初讀甲骨時，最好能兼具照本、拓本和描本三者互參，並應選取完整或較完整的版面入手，分期分類的相互對比分析，吸收常態、完整文例讀法的經驗來理解非常態的詞句，不宜逕由殘片開始閱讀。進入研究狀態時，可考量作版與版、坑與坑甲骨的對比。如：1936 年中研院史語所 13 次發掘的小屯村北 YH127 坑、1973 年安陽考古隊發掘的小屯村村南 H3 坑甲骨、1991 年安陽考古隊發掘的花園莊東地甲骨，三個坑的出土分別代表殷初武丁時的王卜辭、殷王中晚期卜辭、武丁早中期非王卜辭。針對這三坑甲骨坑的多方面對比了解，無論是在入門，或是研究，都有亟重要的價值。

我們也可以由分期進行互較，觀察不同時間詞彙的演變異同。如：由「虫」而「又」，由「成」而「大乙」，由「田」而「狩」，由「一月」而「正月」，由「王受佑」而「王受有佑」，由「亡戈」而「亡災」，由「亡囚」而「亡尤」，由「干支卜，某貞」而「干支卜，在某地貞」等是。整理甲骨文字和詞的分期，主要是能客觀掌握字詞演化的縱線關係，從而立體多元的看待問題。

十、干支的聯想

研究甲骨文需要常備兩把鑰匙，一是干支表，一是先公先王表。

殷人迷信，習用甲骨來貞卜問神。他們使用（或發明）十天干和十二地支的逐一配合，單配單，雙配雙，交互組成六十組不同名稱的變化，硬性規定為六十天時間的代稱。這種以兩個月（六十天）為一循環的永恆計時方法，實是一偉大的發明，它讓抽象的時間能在特定的座標被確定並記錄下來，無疑印證古人的聰明智慧和成熟的文化素養。然而，「干支」這些字、這些音是如何憑空創造發生的？當中有任何因循借鑑否？「干支」之間又有任何關連呢？到現在始終是歷史之謎。

「干支」，就是幹枝。以「干」為主幹、「支」為分枝。樹的幹枝密不可分，本屬一體，合則兩全，象徵植物的整個生命體。「天干」的「天」指的是天上的日。日即言日出日落，十日是以太陽運行定的時段區隔，至於是形容十天的時間抑或是一個白天中的十個階段，目前仍未能說清。「地支」的「地」相對指的應是地面的月。月即言月出月沒，十二月相對是以月亮運行定的時段區隔，但是形容十二個月的時間抑或是一個晚上的十二個分段，也並不好說。目前看來，殷商時期「干」和「支」的原始功能，似是據天體運行，作為一白天和一黑夜的分段言。其中以日為主，以月為輔。古人應該已有兼用觀察日的運行和月的盈虧來區分決定時間曆法的知識。《左傳・昭公五年》：「日之數十，故有十時」，已有將一天分為十等份以定十時的認知。這可能也影響了日後有關陰陽的觀念。殷人應用「干支」合表日（一天），偶有省卻地支而罕會省天干的，可知「干支」自始是以天干為主，地支為配。

古人觀察樹木，懂得以主幹為體，枝葉為附，亦即具備有主從的觀念，一如身體以頭身直豎的主體為干，四肢橫出的為支。這些知識，無疑也成為戰國時期〈泰一經〉利用人體部位由上而下對應干支的說法提供參考。如此，「干支」一詞的發生，本就含有生命整體組合的意義，又作為以日月星辰時間移動之所寄。相對於日升月降的經驗，和其後緊接發生「季」、「歲」時間的定位，古人早就擁有對生命飛逝的哀歎感覺和恐懼威脅了。

把「干支」本來是幹枝的觀念投射到殷商大量使用干支記時的甲骨版上，我們看見了一巧合的現象。甲骨上經過鑽鑿炙龜而呈現的卜兆形，正同樣是由一主幹的豎紋和一分枝的斜紋合成。每條卜辭常見在前辭的「干支卜」、「干支卜貞」句的「卜」字字形，也取象卜兆裂紋，何嘗又不是隱隱發見「干」和「支」的組合？

「干支」在語意上居然能和卜兆和「卜」字形拉上關係，先民最初稱呼這種計時組合為「干支」，可能和占卜的功能已有相互依存的地方。再看龜版腹甲上的自然紋路，除了正中上方的「中甲」外，自「首甲」、「前甲」、「後甲」、「甲尾」以至「甲橋」，皆由中間的千里線對分左右，總得十個部位，數目和「十干」之數又相同。這是巧合抑或是有所啟示的依據？也值得進一步思考。

作為「干支」內容的 22 個字，都是以假借的形式出現。然而，同音或音近的字何其多，殷人或發明的人為何偏選用此 22 個字形？單純記音的背後，是否仍有兼表意義的可能？天干和地支字的發生，應是一整套同時並出的。「干支」的前後順序，會有存在實意的安排嗎？有否對應或配對的可能？目前學界仍無法說明。

「干支」的字形理論上是借用具體的實物，「近取諸身，遠取諸物」，字形選取和啟發似和大自然所見的物質文明有關。細審「干支」的功能，是記錄時間。甲骨中大量的「干支」記錄，和當日的巫史操作占卜的記時需求是有關的。「巫」在殷商王朝執行占卜問神的過程，有重要的位置。殷人利用甲骨占卜，是由「巫」來記錄問卜的時間、卜兆出現後的選擇和吉凶取捨、卜辭在甲骨的刻寫。殷王本身自是兼具「巫」集團的首領之身分，但卜辭中卻鮮少有「巫」的記錄。然則，在習見「干支」的字形發明，能否可以找到「巫」的一些線索？

上述的問題都苦無確證。以下，嘗試先由字的本形本義聯想「干支」之間前後字形最大可能的關連。

「干支」之中，以十二地支的本形本義比較容易理解，而十天干的字形來源每多不詳。因此，要調查「干支」可能潛藏的深意，宜先由十二地支入手。十二地支的發生，表面看似是各自獨立，但有可能是用兩字一組的並行方式出現的。擬測此說明如下：

子，象小兒形。丑，象人的手爪形。二字一取全形、一取局部，但都指人體而言。

寅，象矢形，射器。卯，或象剖中之形，卜辭有用為砍殺的動作。二字或都可以理解為殺伐器。

辰，象蜃形，貝殼，屬海水中的生物。巳，象小兒形。二字都本有生命個體意。

午，一般言象繩索形，我以為本象二璧一琮之形，禮器，是祭拜時神祇的出入口，由上天降臨人間。未，象木形，木在地上生長。二字一言天、一言地的發生過程。

申，象電形，是上天展示訊息的徵兆。西，象酒瓶，禮器，是人向上蒼神靈的獻酒。二字也是一在天、一在地。

戌，象斧戉形，兵器。亥，一般依《說文》言象豕形，但豕字本作胖腹短尾的側形，和亥字實不相像。字或象半「方」之形，从刀。二字或都作殺伐之器。

上述按本形大類理解十二地支的選字標準，可以系聯出：子、丑為人體，地支是率先以「人」此一生命體帶出。寅、卯是兵器。辰、巳是泛指生物。午、未表抽象的天地上下。申、酉亦表天地上下。戌、亥二字表兵器作結。由此看來，地支的出現，似可理解是兩兩成組相連的。

相對的，十天干是否可能也存有兩字成組的分段連接關係？由於天干的字形原意有許多是不清楚的，以下的意見亦僅供參考：

甲，原義不清，十字形或象巫（二工）字的中線。《說文》古文、篆文的字形是由「報甲」訛變而來的。乙，原義不清，或象雛鳥形（生命），或象流水形（活動）。二字無確證可以成組相對。

丙，原義不清，或象鼎盧器的底座，如另參考入、內、納系列的字，或可理解為冂形建築物，示居住的出入口。丁，方形，或象釘，或即祊字，示放置神主的木櫃。二字一是活人居住的建築，一是提供死人的建築。

戊，象斧戉之形，示殺伐之器。己，原義不清，字作纏繞的繳線，如對比夷、弔字从人身繫縛的繩索，可理解為束縛的工具，或用為縛在箭尾的射具。

庚，象鉦鐘之形，樂器。辛，有認為是冠飾，表卑下的階層，郭沫若視為是刻臉的刑具，但均無確證。二字似無意義的對應。

壬，原義不清。或示矩形，或即單工之形，與巫字結構似有關連。《說文》仍保留「壬與巫同意」的說法。癸，有言象三鋒矛，兵器，或作雙工斜向交疊形，即巫字異體。二字可能存在「巫」形單、雙的關連。

由上述本形大類看，十天干中沒有很明確的兩兩成組串連的意思。早年郭沫若曾附會「魚」的身、腸、尾、眼來指稱甲、乙、丙、丁四字的來源，但實不可取。目前看，天干的字只能就其中的甲、壬、癸字形比附似是由「巫」字形分裂出來，但亦僅供參考，作不得準。

因此，以上推測由成組對應並生的「干支」生成說，似乎仍是不能成立的。目前的歸納分析結果，地支十二字的本義有兩兩相類的巧合，而天干的十個字或是各自獨立發生的。這批字形應用作「干支」的關係，只能理解為單純記音的問題了。

十一、甲骨通經示例

　　清人多言「明小學以通經學」，小學指的是語言文字之學，傳統細分有文字學、聲韻學和訓詁學三門學科，用以解讀文字之形、音、義。而近代的古文字學是自宋以來由文字研究和金石學逐漸拓張而成的。甲骨文研究又是古文字學中的一支。目前出土多達十萬片以上的有字甲骨，有超過四千五百個獨立字形，基本能夠真實呈現殷商時期的語言文字、用詞和文化史料知識，可供破解或印證若干經書的問題。下面，列舉《尚書》為例。

　　《尚書》商書〈湯誓〉。

　　〈湯誓〉篇記載成湯誓師伐夏一事，文章是經過後人追述美化的成果。王國維《古史新證》：「〈湯誓〉文字稍平易簡潔，或係後世重編，然至少亦必為周初人所作。」，屈萬里《尚書釋義》：「商湯伐夏桀時誓師之辭也。本篇文辭既不古，又充滿弔民伐罪之思想；其著成時代，疑在孔子之後。而孟子梁惠王篇引之，故當在孟子之前。」然而，文中有若干句例和內容可能仍保留有古史古語言的真相，我們運用甲文本形本義和字用的客觀時間優勢，檢視文獻，與〈湯誓〉篇進行逐字詞形義的對較合讀，大致可以掌握每一文句字詞發生的上下限，再印證古書的資料，對於釐清內文的孰真孰假、孰先孰後，可有一較清晰的思路。

〔正文〕　王曰：「格爾眾庶，悉聽朕言。非台小子，敢行稱亂；有夏多罪，天命殛之。

　　按：格。一般文獻訓作告。屈萬里亦言「格，告也。」細審字形，「格」是由「各」衍生出來。甲文「各」字象倒止朝向口形坎穴，因此，字有來、至、返意。字形和「出」字相對。對比同屬商書的〈盤庚〉篇「王若曰：『格汝眾，予告汝訓』」一段殷王誥命，前用眾「格」、後用「告」訓，明顯得知「格」字不能解讀為告。由甲文字源看，「格」釋為來是正確的。

　　爾。甲文沒有此字，至戰國的中山器金文和竹簡才有「尔」，用為「爾」。《史記》改作「女」，即汝，意即你、你們。《尚書》中「爾」「汝」混用，至《史記》的引文已一致改作女（汝）。

　　眾庶。甲文只有單用「眾」、用「人」。「眾」，甲文象日下三人行走形，用「三」以示眾多意。「庶」，從火從石，字早只始見於周原甲骨，作「庶蠻」

〈H11：153〉，後多用在戰國竹簡。

　　格爾眾庶。即「爾眾庶格」的移位，意即你們眾人來。「眾庶」是「爾」的補語。此句當然可以考慮「格！爾眾庶。」的讀法，但就文法言仍未見於甲文，故不取。

　　悉。甲文不見，周金文一般作「皆」、作「具」，戰國竹簡作「盡」，至文獻後才用「悉」。字屬晚出，言統統、所有的意思。

　　聽。甲文有「聽」，字從耳從二口、有「聞」，字從人掩口跪坐而誇大其耳。

　　朕。甲文有「朕」字。卜辭主語的人稱代詞一般都用「余」，也偶有用「朕」，「朕」不完全是帝王的代稱，亦未用為賓語，但字已有用在賓語領格的位置。

　　非。甲文有「非」。《史記》改為「匪」，強調「並不是」的語氣。

　　台。字上從以，讀怡，訓為第一人稱「我」的意思。花東甲骨有「以」字的繁體和此字形近，但未見這種用法。

　　小子。作為對自我的謙稱，即今言年青不懂事的人。甲文有此詞，只作官名，但未見謙稱用例。戰國中山器有「小子」的謙稱。「小子」作為補語，修飾前面的「台」，句型和上文的「爾眾庶」相同。

　　敢。甲文未見，但字在周金文中已多見。字用為副詞，斗膽的意思，字是修飾前面主語的「台」，因此，這兩句似應連讀為「非台小子敢行稱亂」，中間不需斷句。

　　行稱亂。「行」，作；「稱」，舉。二字屬同義詞，皆修飾後面的「亂」字，即言「行亂」和「稱亂」的結合用法。這種同義詞的叠用例，甲文中仍未出現。「稱」，甲文字源作「爯」，字從冄，一般有認為是魚形，非是。我懷疑字源是取象手提倒卣，以示奠酒之形。「稱」的字義由提而舉，反訓，至《史記》改為「舉亂」，即作亂意。

　　有夏。「有」，句中用為句首語詞，又作為詞頭，修飾後面的「夏」字，指特定的一個，語意指「那個夏邦」。甲文已有這種用例，如「王受有佑」，但一般都只用在賓語位置。

　　多罪。形容詞修飾名詞。甲文已有這種用法，如「多雨」、「多臣」、「多羌」。語句關鍵的中心詞是「罪」。「夏多罪」，指「夏的多罪」，「夏的」意思也是補充詞組修飾「多罪」的「罪」。

　　天命。「天」，甲文有用本義的「人首」意。卜辭中「天」、「大」、「太」

字同通用。如「天邑商」即「大邑商」、「天乙」即「大乙」「太乙」是。甲文用「上下」合文泛指祖先神靈，用「上」泛指上天，用「帝」作為上天眾神的主宰，但甲文的「天」仍沒有「主宰天」、「自然天」的用法。這裡言夏因多罪而由「天」降命誅殺，並非當日能有的思想。「命」，甲文中有「令」無「命」，「命」字至周金文才出現。

殛之。「殛」，誅殺。《史記》仍襲用「天命殛之」句。「之」，代詞，甲文有用「之」為代詞，如「之日」，即「此日」，但仍未見用為賓語代詞。

〔正文〕 今爾有眾，汝曰：『我后不恤我眾，舍我穡事，而割正夏。』予惟聞汝眾言，夏氏有罪，予畏上帝，不敢不正。

按：今爾有眾。「有」，詞頭，「有眾」用法與上文「有夏」同。句子實即指「今爾眾」，其中的「眾」又為「爾」的補語，整句核心意是在「今爾」，意即「現在你們」。《史記》也轉載作「今女（汝）」。

汝曰。「汝」，本作女，借為人稱代詞。甲文的「女」字不見這種用法。

我后。「我」，甲文「我」字已有用為第一人稱代詞，一般見於賓語位置，亦有作為賓語領格的功能，如「我艱」、「我田」、「我史」是，但罕作為主語領格的用法。「后」，甲文見「后」、「司」正反形混，對時王則稱「王」而未見稱「后」。周以後才有稱「王」為「后」的用法，因此，「我后」明顯不是殷商語言。《史記》引錄改「后」為「君」。

恤。憐憫意，字不見甲文，最早見於金文，作卹。「我后不恤我眾」，這種「我N不V我N」的句型，仍未見於周金文。

舍。字即後之「捨」字，放棄、荒廢意，動詞。

穡事。「穡」，金文作嗇，《史記》亦作「嗇事」。字由倉廩形拓大指農事。

而。用為有轉截語氣的句中語詞，甲文仍未見這用法。

割正夏。甲文仍未有出現「害」字，裘錫圭認為習見詢問句的「亡𡿦」的「𡿦」從虫聲讀為害，這是不對的。自甲金文以至篆文的「虫」字都罕見用作聲符。屈萬里注割為奪，言「正夏」為「征夏」，但既已言「奪」，則不需再言「征」，理解恐有前後矛盾之嫌。《史記》只引「舍我嗇事而割政」，其中只言「割政」，應即「害政」。〈湯誓〉句末的「夏」字，可能是因下文「率割夏邑」句的「割夏」而衍增。因此，原文或順讀為「舍我嗇事而割正」。

予惟聞汝眾言。「予」，甲文仍未出現此一句首人稱代詞。甲文主語代詞多見用「我」，金文有用「余」。「惟」，句中語詞。甲文字作「隹」，常見於句首否定詞後，至金文始有此句中語詞的用法。

夏氏。姓氏的氏，甲文中仍並不見此種用法。原文只見稱「有夏」、稱「夏」、稱「夏邑」，這裡的「氏」或為甲文「以」字的形近誤書。「以」，甲文字形本象人手持物之側形，引申有攜帶、擁有意。「夏以有罪」，是言夏王背負許多壞罪的意思。

上帝。始見於甲文，金文亦承此詞，用為神中之神。周民族的宗教觀有大量是來自殷民族的。

不敢不。甲文沒有這用法，語始見周金文，否定的否定，有增強語氣的作用，指「一定要」。

正。字讀征，是征字的初文。甲文已用為征伐意。

〔正文〕　今汝其曰：『夏罪其如台？』夏王率遏眾力，率割夏邑，有眾率怠弗協，曰：『時日曷喪？予及汝皆亡！』夏德若茲，今朕必往。

按：今汝其曰。「其」，屬將然之辭，有「將要」的語氣。甲文中已常見用。這裡是成湯誓師之辭中推測民眾接著要回應的對話。「其」字用法並無改變。

其如台。「如」，若，今言「像」，即「像什麼」的意思。「台」，或為反詰語尾。「如台」成詞，甲金文皆無此例，《史記》改作「其奈何」，漢以後才改定作「如何」。而出處不明的〈清華簡〉亦用作「如何」。

率遏。「率」，用，以，使也，有率領、帶頭的意思。「遏」，通竭，盡也，有用盡、消耗意。《史記》譯作「夏王率止眾力」，以同意的「止」來取代「竭」。

率割夏邑。「割」，讀害，《史記》改作「率奪夏國」，用「奪」字取代。「邑」，甲文已有此字，用為城邑單位，商都稱「大邑商」。

有眾率怠弗協。「協」，甲骨始作劦，原為協力的大合祭名，引申為合力同心。《史記》膾此句為「有眾率怠不和」。「協和」同意成詞，〈堯典〉有「協和萬邦」例。《史記》將《尚書》的「協」改為同意的「和」。晚出文獻往往有將同意的複合動詞中的後動詞取代前動詞的習慣。

時日曷喪。「時」，從寺聲，寺從之聲。「時日」，即「之日」、「是日」。

事實上，「時」，甲文字上從止下從日，可能本就作「之日」，即「此日」，指這個太陽，暗喻殘暴的夏桀。「曷」，何時。《孟子》〈梁惠王〉篇引曷作害。

予及汝。「及」，字從手抓人，甲文本用達至、至某地意。甲文連詞用「眔」，至周金文和古文獻一般都用「和」、「與」，後來才有用「及」。「汝」，指夏桀。

夏德若茲。「德」，行。甲文字作徝，從目注視於道路，有專注意，周以後才擴大意為行為。「若茲」，甲文已見此辭，意即「如此」。

〔正文〕　爾尚輔予一人，致天之罰，予其大賚汝。爾無不信，朕不食言。爾不從誓言，予則孥戮汝，罔有攸赦。」

按：尚輔予一人。「尚」，庶幾，有勉力意，至戰國金文字改有希望、祈盼的用法。「輔」，《史記》改作及。「予一人」，意即「我這一個人」，周金文有此文例，但甲文只作「余一人」。

致天之罰。上文言「天命殛之」，見「天」是主宰天。「予一人」能替天行道，相對見上為天，下為朕；此與〈宗周鐘〉周厲王時代的觀念相同。

賚。會意，字有賞賜意，《史記》改作同音的「理」。

爾無不信，朕不食言。「無不」，即「不要不」。「爾無不信，朕不食言」，二句是並行句，其中可區分為前句和後句。相對的，看「予畏上帝，不敢不正」是主從句，前句為主句，導引後句的從句。古文獻「無不」、「罔不」、「勿不」的組合，其中的「無」、「罔」、「勿」聲母均屬明母字，加強其後否定詞「不」的語氣。「不」，入聲短促，有果斷、立刻的否定語氣。

爾不從誓言。句中「誓言」前省略屬格的「朕」，指「我的」。

予則孥戮汝。「孥戮汝」，即「孥汝、戮汝」二詞組的合言，意即罰你們為奴，或殺戮你等。

罔有攸赦。即「罔有赦」，其中的「罔有」，意即無有、不會。「攸」，語詞。屈萬里注作所。「攸」，可通作「由」。「由」字本義為田間路，引申有通過、完成、獲得意。

「通經」的方式，首先是分析字形，以甲骨的有無破題，應用甲金文的字形、字用、文法核對逐一古文獻，討論差異，並以《說文》字形定字的下限。接著，觀

察字詞流變，又配合古文獻的內證和與同時文獻、對譯文獻進行互較，再考核文字背後的歷史文化。由上文對〈湯誓〉一篇的註釋，足見文獻中只有個別語言文字仍保留殷商以迄西周的訊息，基本上大部分材料都是用戰國以後、西漢以前的習用方式書寫。其中，分析有關「格」、「割正夏」、「夏氏有罪」等字詞，甲文的印證成果最具價值。

十二、王卜辭的特色：以殷墟 YH127 坑為例

　　中央研究院歷史語言所在 1936 年第 13 次發掘殷墟，原定發掘時間是 3 月 18 日至 6 月 12 日。在最後一天 6 月 12 日中午於小屯村北發現一灰坑，至下午 4 點始在坑的東北壁挖出一小字甲，隨而接續翻出 760 多片甲骨。這就是有名的 YH127 坑驚豔問世的一刻。前人說：「沒有堅持，就沒有收穫」，這道理完全可以印證在這一坑甲骨的出土上。YH127 坑是一甲骨儲存坑，埋藏以龜版為主的甲骨，合計出土多達一萬七千多片。它無疑是歷次發現甲骨坑的「坑王」。殷卜辭根據擁有者的身分，一般區分為屬王室直系的王卜辭和屬貴族的非王卜辭兩類。YH127 坑甲骨是以第一期武丁時期的王卜辭為主，相當近人所謂的賓組，另混有少量的非王卜辭。YH127 坑出土的甲骨片，見於中央研究院歷史言語所編的《殷虛文字乙篇》，後來該批甲骨經張秉權的綴合整理，其中主要完整的甲骨重聚於《殷虛文字丙篇》（簡稱《丙》）六輯之中。

　　以下，依據《丙》的內容和句型敘述早期「王卜辭」的特殊風格。

　　殷人主要是應用龜甲、牛骨經過修治、版後鑽鑿、火炙而生卜兆，藉此詢問神靈某事的吉凶。卜兆旁會有記錄卜序、兆語和卜辭三合一。卜辭的貞問，有用單貞、對貞、選貞、成套等方式呈現。而一條完整的卜辭，包括有前辭、命辭、占辭、驗辭四部分。前辭，早期常態記錄貞卜的時間、貞卜的人，晚期還會記錄貞卜的地點。命辭，是卜辭的詢問內容，有用單句或對對成組的方式問神，一般具疑問語氣。占辭，是上位者審視卜兆的判斷語，王卜辭一般用「王占曰」帶出，子卜辭則改用「子占曰」作句首。驗辭，是對於貞卜事例結果的記錄，一般有用一「允」字帶出。很多時候卜辭的四部分都是在事後才一併刻上的。早期的王卜辭多見上述卜辭的四部分完整刻寫。

　　卜辭行款多樣，龜版腹甲往往以中間的千里線為中界，兩兩成組右左對向或背

向貞問，一般是由上而下、由外而內刻寫。牛骨卜辭在骨扇中央多直書，在骨邊則有由下而上分段分組貞問。

　　YH127坑主要儲存的是龜版，卜辭體例成熟，已經掌握各類占卜形式和內容。如：

　　〈丙1〉（3）（4）辭在中甲靠千里線兩側，直行向外書寫。二辭屬正反對貞。兆序（一）（二）在卜辭的外上側，正反各自卜問了兩次，兼具成套的關係。其中的（3）辭完整的刻有前辭、命辭、占辭、驗辭、兆序：

　　　　（3）癸丑卜，〔爭〕貞：自今至于丁巳我戈昌？王固曰：「丁巳我毋其戈，于來甲子戈。」旬㞢一日癸亥，車弗戈，之夕亞甲子允戈。一二

　　　　（4）癸丑卜，〔爭〕貞：自今至于丁巳我弗其戈昌？一二（圖4）

　　又如〈丙257〉：

　　　　（1）辛未卜，設貞：帚妌冥，妫？王固曰：「其隹庚寅，妫。」三月庚戌冥，妫。一二三

　　　　（2）辛〔未〕卜，設貞：〔帚〕妌冥，〔不〕（其）妫？一〔二〕〔三〕（圖5）

以上正反對貞的（1）辭在甲正面完整的刻有前辭、命辭、占辭、驗辭、兆序，是屬於常態句。

　　又如〈丙235〉：

　　　　（1）己卯卜，設貞：不其雨？

　　　　（2）己卯卜，設貞：雨？王固：「其雨隹壬。」壬午允雨。

以上（1）（2）辭分別在右甲橋上方和左前甲下方靠千里線左側，二辭為反正對貞。其中的（2）辭完整的刻有前辭、命辭、占辭、驗辭。

　　《丙》中見卜辭的驗辭偶有重複書寫的特例。如〈丙247〉：

　　　　（1）甲申卜，設貞：（帚）好冥，妫？王固曰：「其隹丁冥，妫。其隹庚冥。弘吉。」三旬㞢一日甲寅冥，不妫，隹女。一

　　　　（2）甲申卜，設（貞）：帚好冥，不其妫？三旬㞢一日甲寅冥身，不妫，隹女。一（圖6）

以上（1）（2）二辭見驗辭重複書寫。

又如〈丙 323〉：

（10）乙丑卜，王：其逐麂，隻？不往。二
（11）乙丑卜，王：不其隻麂？不往。二（圖 7）

以上（1）（2）辭見驗辭「不往。」重複書寫於對貞肯定句和否定句之下。

又如〈丙 59〉：

（1）〔癸〕〔未〕卜，爭貞：羽甲申易日？之夕月屮食。雇，不雨。二
　　（二告）
（2）〔貞〕：〔羽〕甲申〔不〕其易日？二

在（1）辭的背面，即〈丙 60〉左上方的「之（此）夕，月屮（有）食（蝕）。」
五字與正面的對貞（1）辭驗辭內容全同，這應是同辭驗辭的重複刻寫例。

又如〈丙 117〉：

（20）羽癸卯帝不令鳳？夕雇。一
（21）貞：羽癸卯帝其令鳳？二

在（20）辭的背面相同位置，即〈丙 118〉，見重複的「夕雇」二字，字中有填
墨，是將正面（20）辭的驗辭放大書寫一次，這也屬第一期王卜辭的特例。

卜辭問神的核心句意在命辭。命辭一般分前後二分句，前句為陳述句，後句為
詢問句。《丙》中繁複的命辭內容可多至三、四分句。如〈丙 83〉：

（10）貞：至于庚寅攺，酒既，若？一二三四
（11）貞：至于庚寅攺，不若？一〔二〕三四（圖 8）

以上的（10）辭命辭共三句組，前二句為陳述句，後句的「若」為詢問句。

又如〈丙 513〉：

（1）辛未卜，㱿貞：我収人，气才黍，不湄，受屮（年）？（一）二三
（2）貞：我弗其受黍年？一二三四（二告）五

以上的（1）辭命辭共分四句組，前三句為陳述句，末句的「受屮（年）」為詢問
句。

又如〈丙 409〉：

> （1）丙辰卜，爭貞：沚馘啟，王从？帝若？受我又？一二〔三〕四〔五〕
> 〔六〕七〔八〕九
> （2）貞：沚馘啟，王勿从？帝弗若？不我其受又？八月。一二三

以上的（1）（2）辭在右左甲橋上方，由外而內書寫，兩兩對應。二辭命辭應斷讀
為四個分句，其中的首句陳述句，言由附庸沚和馘的開啟引導，攻伐某方，接著是
卜問王从征伐否，上帝順若否和上帝授予我福佑否。後三句是屬於三組的正反對
貞，和一般對貞卜辭只有單一個的正反貞問不同。

《丙》中除用單句、對貞形式呈現外，多見非常態的變異句型，主要是省略句
和移位句。

卜辭的省略句型，有全省例。如〈丙 141〉：

> （3）貞：卯于妣庚？一二
> （4）一二（圖 9）

以上的（4）辭屬（3）辭的對貞，但並無刻寫任何文字，是卜辭全省例，只剩下一
組對稱的卜兆和兆序。

有省前辭例。如〈丙 141〉：

> （11）庚申卜，爭貞：旨其伐，出蠱羅？
> （12）旨弗其伐，出蠱羅？（圖 10）

以上正反對貞的（12）辭省前辭「庚申卜，爭貞」。

有省命辭的動詞例。如〈丙 221〉：

> （1）貞：正祖乙？一
> （2）貞：不隹（唯）妣己？二（圖 11）

以上對貞的（2）辭省動詞「正」。正，讀禎，有吉祥意。

有正反對貞句同時省動詞例。如〈丙 203〉：

> （16）甲午卜，爭：于河？一二三四五
> （17）甲午卜，爭：勿于河？一二〔三〕〔四〕〔五〕（圖 12）

以上對貞的前辭省「貞」，命辭省祭祀動詞「出（侑）」。

有複合句省前句動詞例。如〈丙 199〉：

（9）貞：舞岳，出雨？三月。一二三〔四〕

（10）貞：岳，亡其雨？〔一〕二三四

以上對貞（10）辭的命辭省前句動詞「舞」。

又如〈丙 223〉：

（5）貞：羽丁卯桼，出（有）雨？

（6）羽丁卯勿，亡其雨？

以上對貞（6）辭的命辭省前句動詞「桼」。

有複合句省後句動詞例。如〈丙 141〉：

（13）貞：雍芻，于黿？一二三

（14）貞：雍芻，勿于黿？一二三

二後句詢問句中省略的，可能是「以」「取」「執」的一類來貢、獲得意的動詞。

有複合句省前句例。如〈丙 104〉：

（7）王夢，不隹（唯）囚（禍）？一

（8）不隹（唯）囚（禍）？一（圖 13）

以上（7）（8）辭反反對貞，見右左後甲的兩邊，同向右書寫。其中的（8）辭省前句陳述句「王夢」。

又如〈丙 160〉：

（11）貞：登伐，賣？

（12）勿賣？

以上對貞（12）辭否定句省略前辭「貞」和命辭的前句「登伐」。

又如〈丙 227〉：

（1）癸酉卜，蔽貞：父乙之賓，自羌甲至于父辛▢？〔一〕（二）三四五

（2）癸酉卜，蔽貞：自羌甲〔至〕（于）〔父〕辛？〔一〕〔二〕三

　　〔四〕〔五〕

以上對貞（2）辭否定句省略命辭的前句「父乙之賓」。

　　有複合句省中句例。如〈丙83〉：

　　　（10）貞：至于庚寅伐，迺既，若？一二三四

　　　（11）貞：勿至于庚寅伐，不若？一〔二〕三四（圖14）

其中的（10）辭命辭共三句組，前二句為陳述句，後句的「若」為詢問句。對應的
（11）辭省略陳述的中句「迺既」。

　　又如〈丙300〉：

　　　（1）戊午卜，爭貞：伐，王循于之，若？一二三四五六七八九十

　　　（2）貞：勿伐，不若？一二三四五六七八九十（二告）

以上對貞（1）辭肯定句命辭斷讀三分句，（2）辭否定句省略前辭「戊午卜，爭」
和命辭陳述的中句「王循于之」。

　　有複合句省末句詢問句例。如〈丙100〉：

　　　（8）貞：王其舞，若？一二〔三〕

　　　（9）貞：王勿舞？一二三（圖15）

以上（8）（9）辭正反對貞，二辭處於左前甲靠千里線的上下位置。（9）辭省略
後句詢問句的「若」否，只剩下一前句陳述句。

　　又如〈丙102〉：

　　　（1）羽癸卯其焚，坐？癸卯允焚，隻〔兕〕十一，豕十五，虎□，麑廿。
　　　　　一〔二〕〔三〕

　　　（2）羽癸卯勿〔焚〕？一二三（圖16）

以上（1）（2）辭在右左甲尾下側兩邊，屬正反對貞。命辭為複句，其中否定句詢
問句的「坐」字被省略。

　　又如〈丙275〉：

　　　（15）癸（酉）〔卜〕，爭（貞）：我㘴邑？一

　　　（16）癸酉卜，爭貞：我〔勿〕〔㘴〕〔邑〕？一

（17）〔癸〕〔酉〕〔卜〕，〔爭〕〔貞〕：〔我〕（珤）邑？一

（18）〔貞〕：勿珤邑？〔一〕（圖17）

對比相類的完整文例，見一般對貞句有隱藏了詢問句鬼神降佑否的語意。如：

〈丙199〉（11）癸丑卜，□貞：我珤邑，帝弗有若？

（12）癸丑卜，□貞：勿珤邑，帝若？（圖18）

因此，（15）（16）和（17）（18）兩組正反卜問我作邑此一行動時，主要仍是在詢問神靈的答允否。由於詢問神祇的應諾或保佑都是理所當然的形式書寫，因此，許多對貞句都是直接省略，而剩下命辭的前句陳述句。

《丙》卜辭中變異的移位句型，是相對於常態的「主—動—賓」句而言。如〈丙233〉：

（7）來甲午屮伐上甲十？一

（8）來甲午屮伐上甲八？一（圖19）

以上（7）（8）辭分見右前甲下方和左後甲上方，向外書寫。二辭屬選貞關係。卜問下旬甲午日侑祭上甲，用伐牲人數是十個抑或是八個。句中的祭牲移前，數詞單獨的抽離保留於句末。常態句應是：

（7）來甲午屮（侑）上甲：伐十？一

（8）來甲午屮（侑）上甲：伐八？一

又如〈丙293〉：

（1）于父乙多介子屮？一二三

（2）屮犬于父辛多介子？一二三（圖20）

以上（1）（2）辭為選貞關係。二辭都是移位句，（1）辭雙賓語移前句首，（2）辭句末的祭牲移於句中。常態句型應作：

（1）屮（侑）多介子于父乙？

（2）屮（侑）多介子于父辛：犬？

又如〈丙309〉：

（7）壬申卜，殼：羽乙亥子汰其來？一
（8）子汰其隹甲戌來？一二

以上（7）（8）辭在殘甲的右前甲靠千里線，上下並排，同向右外側書寫。二辭應是選貞的關係。（7）辭的命辭是常態句，時間詞「翌乙亥」置於句首；（8）辭的命辭是變異句，時間詞「甲戌」罕見的移後，加插在語詞和動詞「其來」之間，前後增用一語詞「隹（唯）」字帶出。

又如〈丙349〉：

（15）于祖乙㞢兕？
（16）勿㞢于祖乙？

以上（15）（16）辭在右左甲橋邊的中間，對應向內書寫。二辭屬正反對貞。二辭辭意互補。（15）辭為「㞢（侑）于祖乙：兕？」的移位，因強調祭祀對象而將介賓語移前句首。

又如〈丙513〉：

（10）貞：其卯：虧？〔一〕〔二〕三四五六
（11）貞：虧不其卯？〔一〕〔二〕三四五六

以上（10）（11）辭在右左甲橋中間，向內書寫。二辭屬正反對貞，各自對應的占問了六次，卜問將禡祭用母鷹宜否。禡祭求降佑的對象可能也是婦好。（10）辭是常態句，（11）辭祭牲移前於句首。

《丙》復見省略和移位句兼用的特例。如〈丙161〉：

（1）☐〔卯〕寸于祖〔辛〕？一二三四五
（2）勿于祖辛卯？一二三四五（圖21）

以上（1）（2）辭在右左甲尾兩外側，向下書寫。二辭為正反對貞。（1）辭為常態句，（2）辭命辭移位兼省略，「于祖辛」介賓語移前，「卯（禡）」字後省漏求除去殷王惡疾的部位「肘」字。

又如〈丙203〉：

（10）一牛于祖辛？一
（11）㞢于祖辛：宰？

以卜（10）（11）辭為選貞關係。（11）辭為常態句，相對的（10）辭省祭祀動詞「㞢（侑）」而祭牲移前句首。

　　殷人習見的占用順序，有先用一條卜辭單貞，宏觀的詢問一個大方向或事宜的可行否，再細部的進行連串的對貞或選貞。如〈丙39〉：

　　　　（1）甲辰卜，𣪊貞：羽乙巳㞢于父乙：宰？用。二
　　　　（2）貞：咸賓于帝？二
　　　　（3）貞：咸不賓于帝？二
　　　　（4）貞：大甲賓于咸？二
　　　　（5）貞：大甲不賓于咸？二（圖22）

上版全版是武丁時賓迎鬼神的卜辭，屬於異版而成套的第二版。（1）辭單獨的在右前甲上外側，向內書寫。殷王武丁㞢（侑）祭的對象是父乙（小乙）。其餘的（2）（3）、（4）（5）等辭由上而下逐組正反對貞。文例見神迎神的祭儀習慣，是由先王「近祖賓遠祖」。

　　又如〈丙187〉：

　　　　（2）㞢于妣甲：十奴？一二三四
　　　　（3）五奴？一
　　　　（4）六奴？一
　　　　（5）隹妣己？一二（二告）三
　　　　（6）隹妣甲？一二（二告）三

以上這組卜辭順讀的理解，是（2）辭獨立先刻，卜問侑祭妣甲用的是十奴宜否。顯然是次的卜問並沒有獲得祖先的認同，所以才會接著（3）（4）辭用選貞的方式再卜問一次，詢問是次祭妣甲改用五奴抑或是六奴。（5）（6）二辭屬選貞關係，詢問侑祭是祭妣己抑妣甲。當日的殷史官可能是先問侑祭妣甲，由於一再不確定祭牲數，才會再卜問需否更改侑祭的對象。整個卜辭順讀，是先由（2）辭而（3）（4）辭而（5）（6）辭，前後語意有因承關係。

　　又如〈丙203〉：

　　　　（7）羽辛卯㞢于祖辛？一
　　　　（8）貞：㞢祖辛：三宰？一

（9）羽辛虫于祖辛：一牛？一

以上（7）辭一條單句貞問，明日辛卯日侑祭祖辛宜否。然後是（8）（9）一組選貞，問的是侑祭祖辛時，用牲是三宰抑一牛。

又如〈丙311〉：

（9）今己巳𡝩？一
（10）𡝩一牛？一
（11）𡝩二牛？一
（12）〔𡝩〕三牛？〔一〕（圖23）

以上的（9）辭先卜，具體點出時間和祭儀，貞問當天己巳日用火燒的燎祭宜否。接著的是（10）（11）（12）三辭同組並排在（9）辭的右側，作為選貞，卜問是次燎祭，是用一牛抑或二牛抑或三牛燒獻給神靈。殷人占卜的方式，有先用單辭卜問某事的宜否，然後再以對貞獲選貞的方法，詢問細部的內容。

《丙》多見同組卜辭分別刻於甲骨的正背面。因此，研究甲骨文，要注意早期甲骨正背面辭例的互補關係。有前辭刻於背面，如〈丙120〉：

（14）今日勿首出祖丁：宰？一

以上（14）辭位於左前甲上靠中間位置，其背面相對位置見〈丙121〉（7）辭的「丁巳」二字，應是本版（14）辭的前辭干支。

又如〈丙122〉：

（5）（貞）：王禘鼎，出伐？一二（二告）
（6）王禘，勿出伐？一二

以上（5）（6）辭正反對貞。（6）辭前辭省「貞」，命辭前句省禘（禋）祭的貢品「鼎」。此組對貞的前辭，改刻於〈丙122〉（5）辭的背面，即在〈丙123〉相對的甲中央靠左位置的（1）辭：「〔戊〕戌〔卜〕，〔爭〕」。

又如〈丙165〉：

（20）貞：王出匚在𡩟，𡇌？一二〔三〕
（21）貞：王出匚在𡩟，勿𡇌？一二三（二告）

以上（20）（21）辭在右左甲尾中間靠千里線兩側，向外書寫。二辭為正反對貞。二辭的前辭在（20）辭的正背面位置，即〈丙166〉（15）辭的「庚戌卜，爭」。

有占辭刻於背面。如〈丙153〉：

（7）其雨？一（二告）二〔三〕
（8）不雨？一二三

以上（7）（8）辭正反對貞，在殘前甲的右左兩旁直書，各書兩字相對應。〈丙154〉（〈丙153〉的背面）（1）辭「王固曰：其夕雨，藝明。」在甲中央千里線上，向左書寫，是正面這裡（7）（8）辭的占辭。

又如〈丙163〉：

（3）〔貞〕：〔王〕往狩？一〔二〕三四（二告）
（4）勿往狩？一二三四

以上（3）（4）辭在右左後甲下外側，往下書寫。二辭屬正反對貞。兆語只見（3）辭兆序（四）有「二告」一詞，理論上是占卜者肯定此兆序的殷王武丁往狩一事。二辭的占辭見於後甲背面中間靠（3）辭的一邊位置，即〈丙164〉（1）辭：「王固曰：不。」一句。但占辭判斷語內容和正面的（3）辭兆語所肯定的相反。換言之，對於這一問卜的主觀心態傾向，史官和殷王想法並不相同。

又如〈丙349〉：

（4）羽甲戌其雨？一二
（5）羽甲戌不雨？一二

以上（4）（5）辭在右左首甲的外沿，向內書寫。二辭屬正反對貞。兩組兆序都在內側。二辭的占辭在（4）辭肯定句的背面位置，即〈丙350〉（2）辭的「王固曰：勿雨。佳（唯）其風。」

又如〈丙354〉：

（1）辛亥卜，賓貞：翕、正、化以王係？一二（二告）三四五
（2）辛亥卜，賓貞：翕、正、化弗其以王係？一二三四五

以上（1）（2）辭在右左前甲外側，由上而下書寫。二辭屬正反對貞。兆序在卜辭的內側由上而下成兆。而二辭的占辭在背面中間的千里線上，即〈丙355〉的：

「王固曰：吉。以。」

又如〈丙523〉：

（1）貞：王戠〔多〕（屯），不若左（于）下上？一二
（2）貞：王戠多屯，不左若（于）下上？一二

以上（1）（2）辭在右左首甲的外側，向內書寫。二辭屬反反對貞。對貞的占辭，在（2）辭的正後面，即〈丙524〉（3）辭：「王固曰：吉。若。」

又如〈丙523〉：

（5）壬寅卜，賓貞：今十月雨？一二（二告）三四〔五〕六七八九十一
（6）貞：今十月不其雨？一二三四五六七八九〔十〕〔一〕

以上（5）（6）辭在右左甲橋兩側，各自卜問11次。二辭屬正反對貞。在（5）辭的背面，見〈丙524〉（4）辭：「王固曰：其雨隹庚，其隹辛雨。弘吉。」，為占辭。

有驗辭刻於背面。如〈丙381〉：

（1）貞：屮伐于上甲：十屮五，卯十小宰、豕？一（二告）
（2）貞：屮伐于咸？一

以上（1）（2）辭在右左前甲的中上方，相對應由內而外沿書寫。觀察同版（1）（2）辭下面共四組卜辭，兩兩成組。因此，（1）（2）二辭理論上亦應是選貞的關係。這組選貞似卜問是次祭祀是祭上甲抑或祭成湯。〈丙381〉（1）辭的正背面，即見〈丙382〉（2）辭：「三日癸未屮鼗于上甲日。」，這是（1）辭的驗辭。驗辭兩字一行，由內而外側書寫，其中句末的「日」字另書於鑽鑿之下，當連讀。「上甲日」，見殷人祭祖，各祖先已有專日祭祀的習慣。

又如〈丙157〉：

（1）貞：今丙戌烄姓屮从雨？一二三四五六七八九
（2）貞：姓亡其从雨？一二三四五六七八

以上（1）（2）辭正反對貞，在右左前甲中間千里線的兩旁，由上而下對稱書寫。（1）（2）辭的占辭見於甲版的背面〈丙158〉，作「王固曰：隹翌丁不雨。」。占辭右邊與「不雨」二字平行的有「戊雨」一句，左邊與「不雨」的另有（3）

「庚寅屮从雨」一句，各自獨立分書在占辭兩側，應都屬驗辭。

有正面甲骨只保留卜序而卜辭全置於背面。如〈丙141〉：

  （7）一二三
  （8）一二三

以上（7）（8）辭位於後甲上中央的千里線兩旁，只剩下卜兆和兆序，由內而外，由下而上排列。二辭位置不見文字，其卜辭見於甲背後（〈丙142〉）的相同位置：

〈丙142〉（1）貞：目其希（祟）疾？（〈141〉（7）辭背後）
　　　　　（2）貞：目不其希（祟）疾？（〈141〉（8）辭背後）

又如〈丙143〉：

  （5）一二三（二告）四
  （6）一二（二告）三四
  （17）一二三四
  （18）一二三四

以上龜版正面佈滿大量兆序，而卜兆、兆序所詢問的內容，都刻寫在相對正背面的〈丙144〉。明確的如下列兩組對貞：（5）（6）辭相對是背面前甲中間的（2）（3）辭正反對貞的兆序。（17）（18）辭相對是背面後甲中間的（6）（7）辭正正對貞的兆序。背面右甲橋（8）辭是（6）（7）辭的占辭：

正面〈143〉	背面〈144〉
（5）一二三（二告）四	（2）貞：王屮𡥄，不若？
（6）一二（二告）三四	（3）不若？
（17）一二三四	（6）貞：乎及以？
（18）一二三四	（7）貞：王以之？
	（8）〔王〕𠦪曰：其勿以。

又如〈丙155〉：

  （11）一二三（小告）四五六

　　（12）一二三四五（二告）

本版的背面相對應置是〈丙156〉（1）（2）辭，在左右首甲上千里線兩旁，向外
書寫。二辭屬正反對貞：

　　（1）貞：乎从卯取屯于〔㘈〕？
　　（2）貞：勿乎从卯？

（1）（2）辭是〈丙155〉（11）（12）辭二組序數的卜辭。
　　又如〈丙175〉：

　　（3）〔一〕二三四五六（二告）七八
　　（4）一〔二〕三四五六七

以上（3）（4）辭在殘甲右左靠中間千里線，只有兆序，由上而下書寫。（3）辭
卜兆和兆序先呈現，在殘缺的中甲上佔了（一）的位置，因此（3）（4）辭對應而
下，（3）辭比（4）辭多了一個兆和兆序。（3）（4）辭的卜辭和占辭見在背面千
里線由上而下刻寫，即〈丙176〉的（1）（2）（3）辭：

　　〈丙176〉（1）貞：祖乙壱王？（〈175〉（3）的反面）
　　　　　　　（2）〔貞〕：〔祖〕〔乙〕弗壱王？（〈175〉（4）的反面）
　　　　　　　（3）王固曰：吉。勿余壱。

此見卜兆和兆序在甲的正面，卜辭處於甲背面鑽鑿之間，屬背正面合讀例。
　　殷人多用兩兩成組對貞的方式詢問鬼神，但對貞問神的次數不見得完全對應和
一。理由和客觀空間的限制、先佔據中甲影響位置的對應和詢問次數沒有嚴格限制
有關。如〈丙172〉：

　　（10）貞：周弗亡囚？一二三四五六（二告）七八
　　（11）貞：周弗其〔出〕〔囚〕？七月。一二（二告）三四五六七八九

以上（10）（11）辭在殘甲右左甲尾外沿，對應向下書寫。二辭屬正反對貞關係。
二辭兆序三個一列，由上而下，由內千里線而外排列。（10）辭兆序（六）下有兆
語「二告」。（11）辭兆序有九個，而（10）辭兆序只有八個，其中下面第三排靠
內中間的一兆位置並沒有兆序，核對甲背後的鑽鑿，此處只見有鑿而無鑽，可能是

一開始整治甲骨鑽鑿時就漏掉，故無法炙而成兆。二辭的兆序並不對稱。

又如〈丙189〉：

（1）丙申卜，永貞：乎窜侯？一二三四五六七
（2）貞：勿乎窜侯？一二三四五六

以上（1）（2）辭的「賓」字有省止，屬同版異形。對貞的兆序數並不相對稱，右甲（1）辭的兆序（二）先佔取中甲卜兆位置，遂使二辭其後的兆序失卻左右對稱的效果。這種形式的例子不是孤證。

又如〈丙267〉：

（1）乙卯卜，永貞：隹母丙壱？一二（不辐龜）三四五六七（不辐龜）
（2）貞：不隹母丙壱？一二三（二告）四五六

以上（1）辭兆序（二）先佔據中甲的位置，接著順序作兩兆一橫的排列，共四排七個卜兆。（2）辭在左甲對應，共四排，但只有六個卜兆。

又如〈丙280〉：

（1）辛未卜，告貞：黍年，出正雨？一二三四五六（二告）七
（2）貞：黍年，出正雨？一二三四五六

一般的對貞方式是先右而後左，右邊多屬肯定句；卜兆和兆序也是先刻右而後左，中甲的卜兆往往是由右邊的卜辭先占，順序而下。本版（1）辭兆序位置奇特，兆序（一）不先在常態的右首甲上端，與左首甲（2）辭的兆序（一）相對應，反而是率先刻在下面的中甲上方，佔據了中甲的位置，然後才在首甲右上端刻兆序（二），之後的兆序則順序往下刻寫。此版遂形成（1）（2）辭的兆序右左不相對應的現象。而往後順序的卜兆，（1）辭有七個，（2）辭僅有六個。因此，兩邊卜兆形式相對，但兆序卻不相對。由此可知，對貞卜辭的卜兆不見得都是要相對應的，而對貞問卜的次數，也不見是正反完全相同的。所謂「對貞」，只是整體針對某事分別作兩組成對形式的詢問罷了。

此外，如〈丙334〉、〈丙353〉、〈丙356〉、〈丙334〉、〈丙377〉、〈丙409〉、〈丙521〉、〈丙559〉等，都見有對貞中的一條先佔中甲，讓千里路兩邊對貞的卜兆序數形成不對稱的現象。

《丙》卜辭在問卜過程中有語意相承的句例，可見當日的問卜是有連續的，觀

察甲骨需要一串的前後、正背互參，才能完整了解問卜的經過。如〈丙203〉：

（1）己丑卜，般貞：王夢，隹祖乙？一

（2）貞：王夢，不隹祖乙？一

（3）己丑卜，般貞：王夢，隹祖乙？一

（4）貞：王夢，不隹祖乙？

（12）貞：于祖辛屮？一二

（13）屮于祖乙？一二（上吉）

以上是先由（1）至（4）辭兩組正反對貞，連續卜問「王夢」此一凶兆，是否祖乙施降災禍（或祖乙會賜佑嗎）？接著的是（12）（13）一組選貞，卜問侑祭祖辛抑或祖乙。是次殷王武丁的夢兆，懷疑是由祖乙引起的降災，占卜者在權衡利害，乃選擇侑祭求佑的對象是祖乙直系的兒子祖辛，以祈求武丁的平安。

又如〈丙239〉：

（5）疾齒，隹屮壱？一

（6）疾齒，不隹屮壱？一

（7）（隹）〔父〕〔乙〕？一二

（8）不隹父乙？一二

以上（7）（8）辭在右左前甲上靠千里線的兩側，亦即在（5）（6）辭的兩外側，向外書寫。二辭屬正反對貞，卜問內容應與版面並排的（5）（6）辭問「疾齒」一事有關。因此，（7）（8）辭的完整讀法，是：

（7）隹（唯）父乙壱？一二

（8）不隹（唯）父乙壱？一二

對貞句末省動詞「壱」。此言殷王武丁有齒疾，進一步卜問是否父親小乙所施降的災害。

又如〈丙508〉：

（1）貞：帚好其征，屮疾？

（5）貞：屮疾身，卻于祖丁？

（8）疾止，☐？

（9）勿出于南庚？

以上（1）（5）（8）（9）四辭為同類卜辭。（1）辭言婦好將外出，卜問有疾患否。（5）（8）辭見婦好卻有腹疾和腳趾的疾病，並連續求佑於祖先祖辛和其子祖丁。（9）辭侑祭於南庚，似與婦好之疾為同一事的占卜。

　　這種語意相承互補的問卜，又出現於甲骨的正背面卜辭。如〈丙3〉：

（11）貞：我其出囚？一（二告）二
（12）貞：我亡囚？一二
（15）今夕雨？一二三
（16）今夕不其？一二三

以上（11）（12）、（15）（16）二組正反對貞，和龜版背面〈丙 4〉卜辭有句意互補的辭例：

〈丙4〉　（1）羽〔辛〕酉其出？
　　　　　（2）其攺？
　　　　　（3）于妣己卯？
　　　　　（4）勿于妣？

〈丙 3〉（11）（12）辭在後甲上方千里線的右左側，向外書寫。二辭屬正反對貞，卜問我出（有）囚（禍）否。反面〈丙 4〉（1）辭位於後甲上方千里線的左側，恰好在正面〈丙 3〉（11）辭：「貞：我其出囚？」的相對位置，彼此語意相關，可以正背面互補。二辭整合的完整句，應是「貞：羽（翌）辛酉我其出（有）囚（禍）？」。〈丙 3〉（11）和〈丙 4〉（1）二辭都是肯定句，正面和反面緊貼著書寫，這似乎是殷商占卜和刻手書寫卜辭的習慣。「出（有）囚（禍）」和「亡囚（禍）」對貞。（15）（16）辭在後甲（11）（12）辭的正下方，向外書寫。二辭屬正反對貞，卜問今夕雨否。（16）辭應是「今夕不其雨？」的省「雨」字。反面〈丙 4〉（2）辭刻於後甲中間千里線的右側，據句意應和正面〈丙 3〉（15）（16）對貞屬互補的句型。〈丙 4〉（2）辭在〈丙 3〉（16）辭的背後稍上方，「其攺」的「**攺**」，即啟，有放晴意。「啟」和「不雨」語意相約，這裡正背甲面相對應。〈丙 3〉（16）辭的完整句意，應是「今夕不其雨，其攺？」。

　　殷卜辭的對貞、選貞，是站在句意內容來決定的。殷人迷信，會就一事多次的

尋求神靈的看法，張秉權稱之為「成套」。「成套」是根據外在形式確立的，由兆序來決定。一套就是一周次完整的貞問。一套可涵蓋單貞、對貞或選貞的內容。「成套」的多寡，是根據卜兆的順序言的。「成套」的讀法，龜版一般是由上而下、上全而下略、前繁而後省；由中而外、以右為重、先右而左、右正而左負。

　　「成套」有見於同版甲骨，包含的對貞句有各僅見一辭，兆序附於該辭之下相對應位置。如〈丙8〉：

　　　　（1）丙辰卜，㱿貞：我受黍年？一二三四五
　　　　（2）丙辰卜，㱿貞：我弗其受黍年？四月。一二三四（二告）五（圖24）

以上屬成套卜辭，為祈求種黍的豐收一事，正反的各卜問了五次。文字只見於（1）（2）辭對貞，在右左甲外側向外書寫。

　　又如〈丙157〉：

　　　　（3）叀己丑桒？一二三
　　　　（4）勿隹今己？一二三

以上（3）（4）卜辭應為同時同事所卜，詢問當日或次日進行桒（祓）祭宜否。二辭正反各詢問三次，成套同版占卜，各僅書寫一辭。

　　又如〈丙157〉：

　　　　（3）貞：于父乙㝬？一二三四
　　　　（4）勿于父乙㝬？一二三（二告）四

以上（3）（4）辭在殘甲右左前甲靠千里線兩側，向外書寫。二辭屬正反對貞各詢問四次，成套同版占卜，各僅書寫一辭。

　　「成套」有見於同版甲骨，對貞句按序數各分書兩辭，兆序亦區分為兩堆。如〈丙381〉：

　　　　（3）〔丁〕酉〔卜〕，賓貞：姄受年？〔一〕二三四
　　　　（4）〔貞〕：姄〔弗〕其受年？〔一〕二〔三〕〔四〕
　　　　（5）丁酉卜，㱿貞：我受甫耤在姄年？三月。五六
　　　　（6）丁酉卜，㱿貞：我弗其受甫耤在姄〔年〕？（五）六（二告）（圖25）

以上（3）（4）、（5）（6）四辭本是一成套的關係，這裡分書成兩組對貞句。（3）（4）辭正反先各卜問四次，（5）（6）辭正反再接著卜問兩次。二組卜辭的貞人不同，卜問內容則是同一事，而且是同時二人接續的為同事占卜。這種特例，又見〈丙 264〉（5）（6）辭。

又如〈丙 454〉：

（1）貞：自今五日至于（丙）午雨？一
（2）貞：今五日至〔于〕〔丙〕〔午〕〔不〕〔其〕〔雨〕？一
（3）自今五日日雨？二三（二告）
（4）自今五日不其雨？二（三）

以上（1）（2）辭在殘甲右左甲橋下方，由內向外書寫。二辭屬正反對貞。（3）（4）辭在右左後甲外側邊沿，向內書寫。二辭恰在（1）（2）辭的正下方，屬正反對貞。根據卜辭位置和兆序，（1）（3）辭成套，（2）（4）辭成套。二套卜辭的常態句型，應合讀作：

貞：自今日至于丙午雨？一二三（二告）
貞：自今日至于丙午不其雨？一二三

這種在兆序（一）和（二）（三）處分別正反都刻上二卜辭的內容，屬於行款書寫的特例。

又如〈丙 454〉：

（8）〔貞〕：（㞢）[illegible]于父庚：宰？一（小告）
（9）貞：㞢[illegible]于父庚：宰？二（小告）三
（10）貞：勿〔㞢〕〔[illegible]〕〔于〕（父）庚：宰？一二〔三〕

以上（8）辭在右甲橋下方向內書寫。（9）辭在右甲尾外側靠邊向下書寫。（10）辭在左甲尾外側靠邊向下書寫，局部殘缺。（10）辭否定句的兆序在後甲中由上而下見（一）和（二），而對應的兆序（三）殘缺。與（10）辭在甲尾正反相對的是（9）辭，只見兆序（二）（三），而兆序（一）則另見於稍上的右甲橋下的（8）辭。可見（8）（9）辭文字是同一套卜辭的再一次書寫。（8）（9）辭實為一辭，和（10）辭是成套兼對貞的關係。

「成套」有見於同版甲骨，對貞句按序數各分書多辭。如〈丙 174〉：

（1）貞：矞囚〔元〕〔沚〕？一

（2）貞：矞弗其囚元沚？一

（3）貞：矞囚元沚？二

（4）矞弗其囚元沚？二

（5）貞：矞囚元沚？三四五

（6）貞：矞〔弗〕〔其〕囚元沚？三四五（二告）

以上（1）（2）、（3）（4）、（5）（6）為三組正反對貞，在右左前甲、後甲、甲尾靠邊沿對應向內書寫。第（4）辭省前辭的「貞」。由兆序看，三組對貞又是成套關係，單純就貞問矞禍於元沚否一事，前後正反各占卜五次，其中只有（6）辭中的第五次卜兆有兆語「二告」。常態的成套卜辭是眾兆序只接於一組卜辭之下，本版卻分作三套對貞書寫，屬於特例。嚴格而言，（5）（6）辭釋文應作：「貞：矞囚元沚？三」、「貞：矞弗其囚元沚？三」，而另增（7）辭「四。」、（8）辭「四。」、（9）辭「五。」、（10）辭「五（二告）。」四辭。（7）（8）、（9）（10）兩組對應卜辭都全省卜辭，只剩下兆序和（10）辭的兆語。

　　又如〈丙5〉：

（1）庚子卜，爭貞：西史旨亡囚（禍），叶（協）？一

（2）庚子卜，爭貞：西史旨其虫（有）囚（禍）？一

（3）貞：西史旨亡囚（禍），叶（協）？二

（4）西史旨其虫（有）囚（禍）？二

（5）貞：旨亡囚（禍）？三（二告）

（6）旨其虫（有）囚（禍）？三

（7）旨亡囚（禍）？四

（8）其虫（有）囚（禍）？四（不啎）

（9）旨亡囚（禍）？五（不啎）

（10）其虫（有）囚（禍）？五

以上龜甲屬成套卜辭，一版中共十條卜辭分右左對應五組，由上而下在甲邊正反對貞，不斷反覆卜問西史旨的無禍否，叶（協）辦王事否？其中的（1）（2）辭對貞為完整句，餘四組對貞文字省略。殷人為同一事連續正反各卜問了五次。

　　又如〈丙7〉：

（1）丙辰卜，㱿貞：其㱿羌？一

（2）貞：于〔庚〕申伐羌？一

（3）貞：㱿羌？二

（4）貞：庚申伐羌？二

（5）貞：㱿羌？三四（二告）五

（6）貞：庚申伐羌？三四（二告）五（圖26）

以上文字見三組祭祀卜辭，屬右左選貞的關係。三組選貞由上而下刻於龜版右左外沿，向內書寫。（1）（2）辭為完整句，二辭句意互補，（1）辭的命辭省時間詞「于庚申」，（2）辭省前辭「丙辰卜，㱿」。「㱿」，由手持杖擊蛇，引申有擊殺意；「伐」為砍人首。二動詞用為殺牲法。選貞卜問是將用㱿抑或用伐的方式殺羌。（3）（4）、（5）（6）兩組選貞，都是（1）（2）辭的省略。（1）（2）、（3）（4）、（5）（6）是針對同一事占卜的成套卜辭。嚴格言，（5）（6）辭應作「貞：㱿羌？三」、「貞：庚申伐羌？三」的選貞，而另增（7）「四（二告）」、（8）「四（二告）」、（9）「五」、（10）「五」的兩組選貞。這兩組選貞全省卜辭，只保留兆序和兆語。

「成套」有見於同版甲骨，卜辭有分別書寫，但其中有完全省略的特例。如〈丙564〉：

（1）一二（二告）

（2）翌丁亥勿焚，寧？三

（3）翌丁亥（勿）焚，寧？四

（4）五

以上（2）（3）辭在殘甲左後甲的外側，分見上下書寫。二辭屬成套卜辭中的對貞否定句，刻在兆序（三）和（四）的卜兆外側。而（2）（3）辭的上方見兆序（一）（二），下內方見兆序（五），但都不刻文字。查（2）（3）辭句意連續卜問了五次，（1）（2）（3）（4）辭是成套的關係。常態的寫法，是單作：「翌丁亥勿焚，寧？一二（二告）三四五」。這裡的卜辭文字分書重出於兆序（三）和（四）旁邊，屬於特例。至於相對的對貞肯定句應在殘甲的右側殘缺處。

「成套」也經常見於不同版甲骨。如〈丙207〉：

（3）丙申卜，殼貞：來乙巳酚下乙？王固曰：「酚，隹业希。其业㕥。」

　　　　乙巳酚，明雨，伐。既雨，咸伐，亦雨。攺卯鳥星。一（圖27）

與本辭相關的句例，有：

　　〈208〉（〈207〉反）　（2）九日甲寅不酚，雨。乙巳夕帅于西。

　　〈209〉　（3）丙申卜，㱿貞：來乙巳酚下乙？王固曰：「酚，隹出希。其
　　　　　　　　出帅。」乙巳明雨，伐。既雨，咸伐，亦雨。攺鳥星。二（圖28）

　　〈210〉（〈209〉反）　乙巳夕出帅于西。

以上兩版正反是同事同辭，屬成套關係，可以互補。四辭正反都在殘甲的首甲，由
右邊向左刻寫。〈207〉（3）辭和〈208〉（2）辭正反面相承連讀。〈209〉（3）
辭和〈210〉正反面相承連讀。兩組屬成套卜辭，兆序分別為對應的（一）和
（二），內容可以互參。

　　「成套」有時又會和對貞分開刻寫的。如〈丙149〉：

　　（1）甲子卜，㱿貞：妥以巫？一二

　　（2）甲子卜，㱿貞：妥不其以巫？一二

　　（4）貞：妥以巫？三四五

以上（4）辭應直承（1）（2）辭，仍是卜問要進貢巫的人宜否。由（2）和（4）
辭同在左甲千里線的上下位置，但中間殷人留下明顯的界畫，加上二者字形大小、
字溝深淺都不相同，二者似是不同人所書寫的字。（1）（4）辭是屬於同一套卜辭
的分書。當日史官針對同一事內容的肯定句是連續卜問了五次，但由於刻手的不
同，所以才會增添一界畫以示二辭的差別。由此看來，（1）（2）（4）三辭，其
中的（1）（2）辭是正反對貞，各自卜問了兩次，而（1）和（4）辭則是同辭成套
的分兆分書，連續詢問的五次，卜辭並分開重複書寫。

　　又如〈丙217〉：

　　（1）乙巳卜，賓貞：勿衣出裌于父乙？一

　　（2）乙巳卜，賓貞：裌于父乙？二

（1）（2）辭在右左前甲兩邊，向內書寫。二辭屬反正對貞。（1）辭兆序為
（一），（2）辭對應卻刻兆序為（二），二者似是對貞兼成套的混用關係。對比
〈丙211〉的（16）（17）辭（即〈丙306〉（6）（7）辭），作：

（16）辛酉卜，𣪻貞：乙丑其雨，不唯我禍？一

（17）貞：乙酉其雨，唯我禍？二

二辭也屬正反對貞，否定句在前，肯定句在後，但兆序卻分作（一）和（二）；與〈丙 217〉（1）（2）辭相同。此可證武丁早期卜辭的對貞和成套混用或兼用的不穩定現象。

在一般習見的對貞句中，亦偶有正反對貞和選貞用法混用的。如〈丙 233〉：

（3）貞：屮于妣己𠬝？一

（4）勿屮𠬝于妣己？一

（5）屮妾于妣己？一（圖 29）

𠬝，我隸作奴。以上（3）辭在殘甲右甲橋下端，向外書寫。（4）辭在左甲尾靠千里線左側，向外書寫。二辭屬正反對貞。（5）辭則在（3）辭的內側，平行的向外書寫。對比（3）（4）辭和（3）（5）辭的關係，見對貞和選貞在同辭混用，句型常態與變異互見，早期卜辭的占卜形式和語法的不穩定如此。

又如〈丙 257〉：

（7）〔癸〕〔卯〕〔卜〕，（賓）貞：今夕用羌？一

（8）貞：勿隹今日用羌？一

以上（7）（8）辭在右左前甲的兩外側，向內小字書寫。按對應位置是一組對貞。但二辭命辭的時間詞不同，又似是正反和選擇對貞的混用，屬對貞的特例，卜問是今天傍晚用羌作祭牲，抑或不是在今天白天用羌作祭牲。

對貞一般是只由一個貞人問卜，但偶見由不同貞人針對同一事共同卜問。如〈丙 151〉：

（1）丁巳卜，亘貞：自今至于庚申其雨？一二三四五六七八九

（2）貞：自今丁巳至于庚申不雨？一二三四五六七

（3）戊午卜，𣪻貞：羽庚申其雨？一上吉〔二〕三〔四〕〔五〕〔六〕〔七〕八

（4）貞：羽庚申不〔其〕〔雨〕？一二三〔四〕〔五〕〔六〕〔七〕〔八〕（圖 30）

以上（1）（2）和（3）（4）兩組對貞都是在詢問「其雨」和「不雨」相對，而問卜的武丁貞人分別是「亘」和「㱿」，彼此是針對同一事例占卜。前者在丁巳日問「今至于庚申」三天的時間降雨否，至第二天戊午時後者則再單獨詢問明天庚申一天會下雨否。

又如〈丙264〉：

（5）辛卯卜，內貞：王出乍囚？一二三四（二告）五六七八
（6）辛卯卜，爭貞：王亡乍？一二三

本版屬武丁卜辭，首甲殘缺。（5）（6）辭在右左後甲靠甲橋下側相對，均由右而左同向直行書寫。二辭位置和內容相當，或屬正反對貞，但特別的是貞人和兆序數並不相同。武丁卜辭有兩貞人共貞的句例，如〈丙381〉見丁酉日貞人㱿和賓共同卜問在娟地受年一事，而二組對貞的兆序分別呈現（一）至（四）、（五）至（六）相延續的特例現象：

（3）丁酉卜，賓貞：娟受年？一二三四
（4）貞：娟弗其受年？一二三四
（5）丁酉卜，㱿貞：我受甫糒在娟年？五六
（6）丁酉卜，㱿貞：我弗其受甫糒在娟年？五六（二告）

兩兩對照，〈264〉（5）（6）二辭自可視同用兩貞人共同卜問一事的特例。

不同貞人針對同一事情卜問，甚至有連刻工亦有不同。由刻寫字形的大小差異明顯得知。如〈丙197〉：

（3）乙卯卜，㱿貞：來乙亥酚下乙：十伐出五，卯十宰？二旬出一日乙亥不酚，雨。五月。二
（4）勿𩵋隹乙亥酚下乙：十伐出五，卯十宰？二☒。二（圖31）

以上（3）（4）辭在右左後甲靠上方千里線兩側，相對向外書寫。二辭屬正反對貞。（3）（4）辭是龜版唯一的一組大字刻寫，餘辭皆用小字。大字填朱，小字填褐。相關對應的文例，見：

〈合集897〉　　　（癸）丑卜，㱿貞：來乙亥酚下乙：十伐出五，卯十宰？
　　　　　　　　乙亥不酚☒。

〈合集892〉（正）貞：來乙亥酚祖乙：十伐出五，卯十宰？

（反）　乙亥不酌，雨。

〈合集 897〉為殘甲，其中的「癸丑」日，比〈197〉（3）前的「乙卯」日早上兩天，似是在前後日占卜同一事例的特例。二者皆屬大字刻寫。句末的「乙亥不酌☒。」連書，應屬驗辭。〈合集 892〉則是小字書寫，正面和反面文字相靠貼，對比〈合集 897〉，可知反面的文字亦是驗辭，言乙亥日不進行酒祭，而且下雨。諸辭互較，是針對同時同事但由不同史官所刻，其中大字所書的「下乙」，和小字所書的中宗「祖乙」，無疑是同一祖先的異名。

又如〈丙 257〉：

（9）貞：于羽甲辰用羌？允用。一

（10）勿于羽甲辰用羌？三月。一（二告）（圖 32）

以上（9）（10）辭在右左前甲靠中間千里線兩旁，向外書寫。二辭屬正反對貞。（9）辭大字，（10）辭小字，二辭字形的風格和筆畫都不相同，應是不同刻工的手筆，由字溝寬窄不同，想見刻寫的工具恐亦不同。（9）辭的驗辭是直承命辭一口氣刻完。驗辭「允用」作肯定句式，刻寫在對貞的（9）辭肯定句之後，此應屬卜辭書寫位置的常例。（10）辭否定詞特別的移於句首，指「不是在明天甲辰日用羌」，與一般對貞的否定詞緊置於動詞之前不相同。本辭否定詞強調的，是否定在次日這段時間用牲。

又如〈丙 500〉：

（1）癸巳卜，韋貞：行以出自眾（邑）？一〔二〕三四五（告）六

（2）貞：行弗其以〔出〕〔自〕眾邑？一二三（二告）四（五）〔六〕

（圖 33）

以上（1）（2）辭在右左甲的兩外側，由上而下書寫。二辭屬正反對貞。「韋」是第一期貞人。「行」有用為第二期貞人。貞字（1）辭作𝌆，兩外豎筆畢直往下突出，（2）辭作𝌅，兩外豎筆與斜筆交錯相接。以字（1）辭作𝌄，人手持物作菱形狀，（2）辭作𝌃，人手持物作弧形。眾字（1）辭作𝌂，眼珠下方突出，（2）辭作𝌁，眼珠包在眼眶之內。行字（1）辭作𝌀，從二彳上見直豎筆，（2）辭作𝌏，從二彳的上方不作直豎。以上（1）（2）辭的字形都不相同，屬同版同組異形，字是否出自二人的手筆，可以進一步思考。

又如〈丙 558〉：

（1）壬子卜，殸〔貞〕：〔我〕戋冑？王固曰：「吉。戋。」旬出三日甲
　　子允戋。十二月。一二

（2）壬子卜，殸貞：〔我〕（弗）其戋冑？〔一〕〔二〕

以上（1）（2）辭屬大字，刻於右左甲千里線兩側，向外書寫。二辭屬正反對貞，
卜問我施兵災於外族冑否。內容與〈丙1〉（1）（2）（3）（4）辭所卜屬同事：

〈丙1〉（1）壬子卜，（爭）貞：自今（五）日我戋冑？一二

　　　　（2）貞：自五日我弗其戋冑？一二

　　　　（3）癸丑卜，（爭）貞：自今至于丁巳我戋冑？王固曰：「丁巳
　　　　　　我毋其戋，于來甲子戋。」旬出一日癸亥車弗戋。之夕畓甲子
　　　　　　允戋。一二

　　　　（4）癸丑卜，（爭）貞：自今至于丁巳我弗其戋冑？一二

對比的看，〈丙1〉（1）（2）辭屬小字，（3）（4）辭大字書寫。同版的
「日」、「冑」字形和筆序都有出入，屬同版異形，或出自不同刻工之手。

　　對貞卜辭一般是卜問一事的吉凶，但命辭中偶亦有一辭二卜例。如〈丙
96〉：

（1）乙丑卜，殸貞：甲子蚩乙丑王夢牧石麋，不隹囚？隹又？一

（2）貞：甲子蚩乙丑王夢牧石麋，不隹囚，隹又？三月。二（圖34）

以上（1）（2）辭屬同版成套復對貞的關係，位於首甲上的右左兩側，向中間書
寫。二辭命辭是一辭二卜例。（1）辭前辭見「乙丑」日進行占卜，命辭分為三分
句，第一分句句首的時間詞是指甲子日過渡至乙丑日的一段時間，陳述殷王武丁夢
見放牧石地的麋鹿一事。王夢事件發生的時間既然是由甲子日晚一直至乙丑日早上
殷王睡覺之間，這自然是在乙丑日占卜（一般占卜時間在傍晚進行）之前已發生的
個案。換言之，前句作為記錄具體已發生事宜的陳述句性質是無庸置疑的。（1）
（2）辭要占問的，是命辭的第二、三分句，詢問夢境這種徵兆是不會有禍害嗎？
會得到鬼神的蔭佑嗎？這（1）（2）辭第二、三分句的性質相當，用字相同，連續
的詢問句一否定一肯定，屬同文卜辭。

　　正反對貞常態是用「叀」和「勿隹」帶出肯定句和否定句，少數用「叀」和
「不隹」相對。但偶亦會用「隹」和「不隹」相對應置於句首，如〈丙420〉：

（3）王因，隹祖丁壱？

（2）不隹祖丁壱？

（5）隹父乙？

（4）不隹父乙？

以上（3）（2）辭在殘甲中間千里線的左右兩側，向外書寫。二辭屬正反對貞。
（5）（4）辭在（3）（2）二辭的外側，向外書寫。二辭屬正反對貞，句意是承接
著（3）（2）辭而卜。兩組對貞都是因應「王禍」一事而占卜，詢問是否為祖父
「祖丁」和親父「小乙」所施降的災禍。（3）（2）辭對貞，（2）辭命辭否定句
省略前句陳述句。（5）（4）辭對貞，二辭均省略前句的「王因（禍）」。兩組對
貞詢問句用「隹」和「不隹」帶出。

又如〈丙457〉：

（1）隹妣癸？一〔二〕

（2）不隹妣癸？一二

以上殘後甲屬卜問母妣的卜辭。（1）（2）辭在右左甲橋下向內書寫。二辭屬正反
對貞。「隹（唯）N」—「不隹（唯）N」的對應用法，句首語詞「隹（唯）」和
「不隹（唯）」，有強調其後帶出名詞的功能。

殷人屢用對貞占卜問神，往往只側重詢問的形式，而不重視內容的語意矛盾與
否。因此，《丙》有見若干正反對貞本身前後句的意思是相互矛盾的。如〈丙
199〉：

（11）癸丑卜，□貞：我乍（作）邑，帝弗又（有）若？一二三/四五（二
　　　告）六七/〔八〕九十十一/二三（二告）四五/六（二告）七八九

（12）癸丑卜，□貞：勿乍（作）邑，〔帝〕若？一（二告）二三/四五六
　　　七/〔八〕〔九〕十（二告）一/二三四五/六（二告）七八九（二告）
　　　（圖35）

以上（11）（12）辭在右左首甲靠千里線兩側，向外書寫。二辭屬正反對貞，作
$\begin{Bmatrix} A, & -B \\ -A, & B \end{Bmatrix}$句型。細審二辭命辭的內容，語意似是矛盾不通的。（11）辭言我（指
我們）乍（作，興建）邑（城邦），卜問帝（上帝）弗又（有）若（順諾）？其中
的前句正面陳述興建城邦，後句詢問句問上帝不順諾嗎？在語意上是沒有問題的。

但（12）辭言「（我們）勿乍邑，〔帝〕若？」，前句是負面表述不興建城邦，後句卻詢問上帝順諾嗎？既然是已不準備興建城邦，本就沒有順諾不順諾的問題，甚至根本就無需占問。句子前後內容矛盾。事實上，對貞的功能是強調正反對立的形式，而不在乎於內容。（11）（12）辭前句一「作邑」、一「勿作邑」，正反相對；後句一「弗有若」、一「若」，也是正反相對；滿足了占卜對貞形式的要求。殷人進行占卜，是卜問鬼神順應某些念頭否，認同哪一條卜兆，至於實質的內容前後意是否矛盾，其實是並不深究的。

又如〈丙313〉：

（5）□□〔卜〕，□〔貞〕：〔王〕〔隹〕〔帝〕〔好〕（令）（从）（沚）（戛）伐巴方，受（虫）又？一二三〔四〕〔五〕六七八九〔十〕

（6）貞：王勿隹帝好从沚戛伐巴方，弗其受虫又？一二三四五六七八九十

以上（5）（6）辭在右左甲橋中下端向內書寫。二辭屬正反對貞。二辭的句型作 $\begin{Bmatrix} A, & B \\ -A, & -B \end{Bmatrix}$，站在單純的上下文語意看，否定句作 $\{-A, -B\}$ 句是矛盾的，既然是不伐印方，自然就沒有佑不佑的詢問必要了。殷人貞卜，強調的是在形式上正反的對對成組貞問，透過卜兆觀察鬼神的取捨，而並不執著於卜辭中前後句意之間的衝突與否。整組對貞是殷王命令婦好聯合附庸沚、戛討伐印方一事，這裡用正反的方式卜問有受鬼神的保佑否。

就整版龜甲刻寫行款位置言，一般卜辭會先在前甲右上側，用單貞發問，接著有在下半甲詢問人事，繼而在上半甲分別依序向不同神靈求佑。上半甲屬神事區域，下半甲是人事區域，整塊龜版隱隱已有二分習慣的可能。如〈丙334〉：

（1）貞：虫疾身，隹虫老？一二

（2）庚戌卜，亘貞：王其疾囚？一（小告）二三四

（3）庚戌卜，亘貞：王弗疾囚？王固曰：勿疾。一二三（二告）四

（4）帝弗其囚凡虫疾？一〔二〕三四

（5）帝好囚凡虫疾？一二三

（6）貞：帝贏？一二三

（7）不其贏？一二三

（8）貞：乎子賓邵父乙，曹氐，舞，卯宰？一

（9）乎子賓邵父乙？一二

（10）貞：勿乎子賓邵父乙？一二

（11）于妣己？一

（12）勿于妣己？一

（13）貞：十〔及〕于祖辛？一

（14）勿十及于祖辛？一

（15）貞：四及于祖辛？一二三

（16）勿四及于祖辛？

（17）貞：出于祖辛？一二

（18）貞：于羌甲卯？一

（19）勿于羌甲卯？一（圖36）

以上是一版經綴合的較完整龜版。首先是（1）辭單獨在右前甲上角，卜問殷王武丁患有身疾的「有壱」否。接著是集中在後甲中間的（2）（3）辭對貞，卜問王疾的「禍」否。然後，再在（2）（3）辭的正下方刻有（4）（5）辭對貞，卜問婦好「骨凡有疾」。最後，又在（4）（5）辭的右左外側有（6）（7）辭對貞，卜問婦好「嬴」否。這一堆問疾卜辭的書寫流程，呈現殷人在甲骨問卜形式的次序。除了（1）辭開宗明義在上甲點出問疾主題外，餘辭都對應的刻在龜版的下半甲。此外，其他甲文都是向祖妣求佑的卜辭，如在前甲左上和中甲右左下方的賓父乙，右左前甲的侑祖辛，右左後甲外側的侑羌甲，右左前甲靠中間千里線的祭妣己，整體的作冂形在後甲上半甲至兩邊甲橋分散刻寫。如果一版甲骨，豎立的作為殷人宇宙觀的天地來看，以甲橋中間的橫畫為界，上為天，下為地；上為祖靈，下為人間。（1）辭在前甲右上側，向外側書寫詢問，是作為人間帝王向上天的發問，冀求神祇的命題所在。接著是集中在下半甲作為人間區域有關王疾、婦疾的記錄。然後出現的，則是在上半甲向天上諸神祇的求佑。在卜問祖妣的內容中，無疑又以（8）（9）（10）一組賓迎武丁親父小乙的卜辭最為詳細，其中的（8）辭刻於前甲上側，與右前甲上側的卜王卜辭相對，先以單辭用人牲、羊牲祭拜小乙，接著是（9）（10）辭用正反兼成套的方式詢問。其後才是對稱的祭祀祖辛、沃甲、妣己等祖妣。這版甲骨的刻寫空間方位，隱約得知殷人在卜問人事和神事，已有二分的習慣。

　　殷人貞問不同的事類時，在甲骨上亦似有各自成組獨立刻寫的空間區隔。如

〈丙 26〉：

> （1）貞：王从沚馘伐印？一二
>
> （2）王勿从沚馘印？一二
>
> （3）王往出？一二三四
>
> （4）王勿往出？一二三（小告）四
>
> （5）羽乙巳屮祖乙？一
>
> （6）貞：降？一（圖 37）

以上（1）（2）、（3）（4）、（5）（6）辭理論上是三組對貞，分別刻在龜甲的上外、下外和中內三處，明顯有故意的區隔。（1）（2）辭在右左前甲上方，（3）（4）辭在右左甲尾外側，屬兩組正反對貞。（5）（6）辭在前甲右左中間千里線兩邊，向外書寫，應有對應的關係。（1）（2）辭是征伐卜辭，（3）（4）辭是出巡卜辭，（5）（6）辭是祭祀卜辭。

又如〈丙 55〉：

> （1）□亥卜，瑴貞：〔王〕叀易白轰从？四
>
> （2）□亥卜，瑴貞：〔王〕勿隹易白轰从？四
>
> （3）貞：王叀侯告从正人？六月。四
>
> （4）貞：王勿隹侯告从？四
>
> （5）己巳卜，瑴貞：我受年？四
>
> （6）貞：我不其受年？四（圖 38）

以上（1）（2）辭在殘甲右左前甲上外側，向內書寫。二辭屬正反對貞。二辭兆序僅有一（四）。（3）（4）辭在右左前甲下方靠甲橋位置，向外書寫。二辭屬正反對貞。（1）（2）和（3）（4）辭為同組的征伐卜辭，分別卜問殷王武丁聯同易伯轰和侯告征伐人方的吉否。兩組對貞的貞卜日應同是「□亥」日。兩組對貞都是移位句，將殷王聯同出擊人方的人名前移，肯定句用「叀」和否定句用「勿隹」相對。（5）（6）辭在右左後甲上方靠甲橋下，向外書寫。二辭亦屬正反對貞。（5）（6）辭為己巳日貞卜的農業卜辭，卜問我受鬼神降佑得享豐收否。

又如〈丙 86〉：

> （2）癸丑卜，瑴：隹兄丁？一（二告）二

（3）癸丑卜，㱿：不隹兄丁？

（4）王隻鷹？允隻。一

（5）不其隻？一

（6）貞：毕麋？一二

（7）貞：弗其毕麋？一二（二告）

（9）王弗其隻兕？一

（10）王隻兕？一二

（11）甲寅卜，㱿貞：袁于出土？一

（14）出宰，出一人？一

（15）出犬，出羊，出一人品？一（圖39）

本版見祭祀卜辭（2）（3）、（11）、（14）（15）在龜版的上方中間和下方靠右甲，田狩卜辭（4）（5）、（6）（7）、（9）（10）都擠在龜版的中間向兩外側書寫。殷人占卜和刻寫，似乎已有在甲骨不同位置分開詢問和記錄不同義類的習慣。

　　總上所述，概見殷武丁時期王卜辭的相關特殊用例，整體的刻寫形式穩定多變，先是多樣自由而漸趨於固定一致。

十三、非王卜辭的特色：以花園莊東地甲骨為例

　　1991年10月河南安陽殷墟花園莊東地（簡稱花東）出土H3一坑儲藏的甲骨，屬非王卜辭一類，主人是子，一般學界稱作「花東子」，是殷王武丁的子輩。學界有認為「花東子」即文獻中殷武丁早逝的兒子「祖己」，僅備一說。

　　花東甲骨經整理有字甲骨561版，至2003年12月正式出版。原整理者根據陶片形制、坑層研判屬武丁中期以前的甲骨，這是目前所知最早的一坑完整甲骨坑，也是繼YH127坑、小屯南地甲骨以後最重要的一批出土殷商甲骨。

　　一般的王卜辭都是靠在卜兆坼文外旁垂直書寫，而花東卜辭卻有先橫書圍兆再直行書寫的習慣。這批屬於非王卜辭的發生形式，往往是先占卜某事，由炙 11 龜問神而產生一批相鄰或對應的卜兆，其後應用某些判斷方式選取了其中的特定若干

兆，並在坼兆爆裂的豎橫紋夾間刻上數目字，記錄是次用兆的先後次序，是為兆序。花東卜辭文字的刻寫，通常是在兆序（一）的兆橫紋上方開始，朝直紋方向跨越直紋，再垂直貼著直紋的外圍書寫。文字至直紋底端後或繞向兆的橫紋下方回筆橫書，或對稱的在直紋之外朝外作第二三行的直書。

這種自兆（一）圍兆書寫的形式也有例外。如〈花481〉版（2）辭：「乙亥：歲祖乙：黑牡一又牝一，叀子祝？用。又皀（簋）。（一）（二）」一句，文字刻寫卻是先在兆序（二）的上方開始，由中間千里路左向外橫書，直至「牡」字的一半時轉向直行下方，再繞向左下兆（一）的上邊橫書。這種特例明顯是占卜者先選定了兆序（二）之後，以兆序（二）所卜問的內容為優先而進行書寫。這與常態的根據兆序（一）依順序刻寫不同。而〈花481〉（2）中的「牡」字是先書左邊的「士」，再下垂接著寫右邊的「牛」旁，二部件中間有兆的直紋加以區隔。字的刻意分書，無疑是由於殷商已有避兆，不讓文字壓兆書寫的習俗有關。

又如〈花463〉版（3）辭的「甲辰：歲祖甲：牡一、牝一？在麗。（一）（二）」一句，本辭是連續貞問的成套卜辭。兆序見（一）（二），在兆序（一）和兆序（二）之間另見一獨立卜兆，但沒有兆序記錄。二兆序有明顯的距離。而卜辭是由中間千里路向右橫書，先在兆序（一）的上方書寫，至「牡一」二字後卻無故的中斷，卜辭句末的「牝一？在麗」四字則跳接橫寫在兆序（二）的上方，並至兆的直紋外旁繼續直書。這種一辭分書於二兆的特別現象，足見花東卜辭的寫字習慣，是緊跟著有兆序的卜兆外圍書寫的。

總括而言，花東甲骨是先經修治、占卜炙龜，就既有鑽鑿的爆裂而呈現甲面卜兆若干，卜人在其中選取部分的卜兆，刻上兆序，成為是次卜問的特定選項。兆序有單一排數字的順序，也有成組對應數字的順序。接著是在具兆序的卜兆中決定其中的一條或多條卜辭內容可以為鬼神接受或不接受。刻工或史官在選定的相關卜兆旁刻上卜辭，文字書寫習慣與王卜辭有明顯不同。一般是先在兆上方圍兆書寫，先橫而直。再在卜辭命辭之後會書上「用」或「不用」，做為用辭的標記。用辭復會獨立書寫於兆下。而驗辭（占卜後所見的結果）則有記錄在用辭之後。

卜辭文字的刻寫並不全然是史官所為，另有全職刻工。刻工有老手，也有些是初學者。有關問卜的具體內容，目前懷疑是有先另寫在簡冊之上。在甲骨占卜之後，卜人或刻工會將部分問卜的內容按一定形式謄錄在相關兆序的位置上。但這種轉錄過程，會隨著刻工的書寫能力和敬業水平有出現差錯。如〈花430〉版（1）辭，字刻在右背甲朝外的邊沿位置，屬於特例，三個兆序由下而上但居然是不順序

的（一）（三）（二）。（1）辭刻於兆序（一）直紋的右邊，垂直書寫「旬貞亡多子囚」，其中的「亡」「囚」字復倒書，文意又完全不能通讀。根據習見文例，卜辭應是「貞：旬多子亡囚（禍）？」的移位。此辭刻寫位置獨特，文字無疑更是刻工的粗疏，隨意「搬字過紙」的誤書。

花東卜辭呈現殷武丁初期非王一類的獨特風格，書寫一般已經精確成熟，但偶亦有上述行文粗心大意的情況，宜分別觀之。

花東甲骨文多見卜兆、兆序和卜辭三合一成組出現。花東卜辭的刻寫一般是跟著兆序走的，只有少數卜辭所依附的卜兆不見有兆序，這可能是單卜的辭例，不需要書寫兆序，亦可能由於省略或殘漏的原故。

花東卜辭有以單一句式貞問，亦有用成套或對貞詢問吉凶，或用選貞詢問事情的取捨。占卜較重要的個案，會先以單句卜問事件的大致方向可行否，再用對貞或成套的方式作細部的詢問鬼神。這和王卜辭基本上是相同的，只是單貞的位置並不都在前甲上。例：

　　　　（a）〈花 181〉（8）己卜：叀多臣卲（禦）往于妣庚？一
　　　　　　　　　　　　（9）己卜：叀白豕于妣庚又鬯？一
　　　　　　　　　　　　（10）己卜：叀牝于妣庚？一（圖 40）

本版（8）（9）（10）三辭同組，（8）辭在左甲下先卜問多臣禦祭妣庚一事宜否，接著的（9）（10）二辭在左右甲上對應刻寫，屬選貞卜辭，進一步卜問祭妣庚時的祭品是用「白豕又鬯」抑或是「牝又鬯」。

　　　　（b）〈花 236〉（3）丁卜：酓伐兄丁，卯宰又鬯？一二
　　　　　　　　　　　　（4）酓伐兄丁，告妣庚，又福？一
　　　　　　　　　　　　（5）酓伐兄丁，告妣庚，又歲？一
　　　　　　　　　　　　（6）酓伐兄丁，告飲一牛妣庚？一
　　　　　　　　　　　　（7）酓伐兄丁，告妣庚，又伐妣庚？一（圖 41）

本版（3）辭在右甲上單獨成套，連續兩次先詢問酒祭兄丁用殺牲和用鬯酒宜否。接著的是（4）（5）、（6）（7）對應的在左甲上各自為一組選貞，卜問酒祭兄丁用伐牲的同時，告祭妣庚，適合用什麼祭儀（福或歲）和祭牲（牛或伐）。

　　　　（c）〈花 241〉（1）壬寅卜：子又（有）屮（擒）？子占曰：其又（有）

                        毕（擒）。一
                  （2）其又？一
                  （3）亡？一
                  （4）其又？二
                  （5）亡？二

本版（1）辭獨立的在右甲下端，先卜問花東子的狩獵有擒獸否，子親自判斷的占
辭是肯定是次狩獵將會有收穫的。接著的是在甲中位置左右對稱的（2）（3）辭和
（4）（5）辭，連續兩組正反對貞，進一步再三冀求鬼神能確認是次狩獵的結果。

        （d）〈花267〉（3）甲辰卜：又（有）祭祖甲，叀子祝？一
                  （4）甲辰：又（有）祭祖甲：友（又）牝一？一
                  （5）甲辰：又（有）祭祖甲：友（又）牝一？二

本版（3）（4）（5）辭屬同組占卜，（3）辭在左甲下方，首先交代用祭的方式和
祭祀對象是祖甲，接著卜問主禱人由花東子親自擔任宜否。（4）（5）辭在右甲上
下對應，屬成套關係，緊接著兩次卜問是次的祭祖甲用母羊一頭可否。

    花東卜辭的成套關係，有單獨見於一條卜辭。如：

        （a）〈花150〉（2）己酉夕：明召妣庚：黑牡一？一二三四五（圖42）

本辭單獨見於龜版的右邊靠甲橋處。兆序由下而上，連問了五次。五次合為一套。
卜辭特別的是由兆序（五）反向繞兆書寫，文字刻在（五）（四）（三）兆的外
圍。

        （b）〈花86〉（1）丙辰卜：征眔商，若？用。一二三四五

本辭單獨見於右甲。兆序由上而下，連問了五次。五次成套。卜辭由兆序（一）順
向繞兆下行書寫。

    成套關係有分見於二辭。如：

        （a）〈花132〉（2）辛亥：歲妣庚：鷹、牝一，齒卯，歸？一
                  （3）辛亥：歲妣庚：鷹、牝一，齒卯，歸？二（圖43）

本版（2）（3）二辭見於左龜版的下上方，各自獨立。卜辭分別由中間的千里線向

外圍兆書寫。

（b）〈花338〉（2）甲辰：歲祖甲：覓一友（又）彘？一

　　　　　　　（3）甲辰：歲祖甲：覓一友（又）彘？二三

本版（2）（3）辭成套，連續卜問三次，分見於龜版中間的左右方。（一）兆位置
稍偏下，見當日問卜順序是先下而後上。

（c）〈花493〉（7）甲午：歲祖甲：狂一，隹（唯）蚁？一

　　　　　　　（8）甲午：歲祖甲：狂一，隹（唯）蚁？二三四

本版（7）（8）二辭成套，卜問至少四次，分別見於龜版上方左右相對。
　　成套關係甚至有分見於三辭。如：

〈花181〉（11）歲：牡于妣庚又彫？一

　　　　　（12）歲：牡于妣庚又彫？二

　　　　　（13）歲：牡于妣庚又彫？三（圖44）

本版三辭集中在龜版的右甲中下方，分書圍繞在三條卜兆的外面，各自由橫而直刻
寫。
　　花東的成套卜辭又常見與對貞混用，這些現象和王卜辭是一致的。如：

（a）〈花146〉（4）庚戌卜：其匄稱宁？一

　　　　　　　（5）庚戌卜：弜匄稱？一

　　　　　　　（6）庚戌卜：其匄稱宁？二（圖45）

「稱宁」即「宁稱」的移位，意指宁地的稱。本版（4）（5）（6）三辭同組，其
中的（4）（5）在龜版的左方上下對應，屬正反對貞，而（4）（6）辭同文作斜角
上下相對，是成套的關係。

（b）〈花493〉（3）庚寅：歲妣庚：牡一？一

　　　　　　　（4）庚寅：歲妣庚：牝一？在狄。一

　　　　　　　（5）庚寅：歲妣庚：牡一？三

本版（3）（4）（5）辭位於龜版的右下方，觀察四周卜兆，相關的卜問至少超過
十次，但只見刻有此三辭。其中的（3）（4）為選貞，卜問歲祭妣庚的祭牲用公羊

一頭抑母牛一頭。而（3）（5）辭則似屬於成套關係。

　　（c）〈花 249〉（8）重牛歲妣庚？一
　　　　　　　　　（9）妣庚：宰？在𡪢。二
　　　　　　　　　（10）歲妣庚：宰？在𡪢。三

本版（8）（9）（10）三辭兆序相承，三辭都靠在右甲邊上由下而上分別刻寫，自成一類，是屬於成套關係，而（8）與（9）（10）又可理解為選貞卜辭。

　　而正反對貞和選擇對貞亦見有混用的特例。如：

　　（a）〈花 264〉（4）己未卜，在𢧵：子其呼射告眾我南征，唯昃若？一二
　　　　　　　　　（5）弜呼眾南，于〔之〕若？一二（圖 46）

本版（4）（5）辭在龜版中間的左右相對，二辭命辭的前句「其呼」與「弜呼」是正反對貞，後句的「昃」時與「于此」則屬選擇對貞的關係。

　　（b）〈花 293〉（3）辛未卜：子其告舞？用。一
　　　　　　　　　（4）辛未卜：子弜告奉？不用。一

本版二辭在甲尾左右相對。命辭既屬正反，亦兼作祭儀的「舞」和「奉」選擇性對貞。

　　花東卜辭對貞的肯定句一般用「重」字帶出，與王卜辭用法同，但也有用「隹（唯）」作為語詞的。如：

　　〈花 293〉（4）辛未卜：丁隹（唯）多丰臣令从白（伯）或伐卲？一

　　花東卜辭原則上是一辭卜問一事，但偶亦見一辭二卜例。如：

　　〈花 259〉（2）辛巳卜：子重宁見（獻）？用；逐？用。隻（獲）一鹿。
　　　　　　　　一（圖 47）

本辭分別貞問花東子進獻於宁地宜否和子追逐獵物順利否。進貢和田狩二事共卜。句末的驗辭只針對後一卜問記錄結果。

　　花東復見單一條卜辭分開以三辭作三段落方式書寫的特例。如：

　　〈花 419〉（1）戊卜：子昃？

（3）其乍（作）宮東？

（5）一牛？（圖48）

本版（1）辭見於右甲中間卜兆上，（3）辭見於右前甲頂端卜兆上，（5）辭見於
左甲橋邊的卜兆外。三辭應為單一條卜辭辭意的分書。全辭完整句應讀作：

戊卜：子炅其乍宮東：一牛？

以上三辭的三個卜兆，應為同套的關係。同版（4）辭的「用。（一）」獨立的刻
在右甲尾一卜兆旁，與（1）（3）（5）辭亦應有關連。花東「乍」字有與祭祖用
牲意相關，如「乍賓」〈花236〉、「乍祝」〈花286〉是。本版言戊日卜問子炅
將在宮以東用一牛祭奠宜否。卜辭的用辭是肯定此一活動的。

　　對比花東甲骨中刻寫卜辭內容的類別，有在同一塊龜版中卜問單一事類，如
〈花226〉版全十條卜辭都屬祭祀類、〈花367〉版全六條卜辭都在卜問獻馬和用
馬事、〈花5〉版16辭，其中多達13辭都與「配史婦好」一事相關。花東甲骨亦
見在同一龜版中分別卜問不同性質的事例，如〈花237〉版15辭，其中的（1）至
（5）、（7）至（13）辭是祭祀卜辭，（6）辭為征伐卜辭，（14）（15）辭屬納
貢卜辭。後二類卜辭基本上混雜在祭祀卜辭之間。

　　花東甲骨對於不同貞問的內容，亦有嘗試作版面的區隔。如：

　　〈花63〉版上下版面區隔，分為祭祀（5）（6）（7）和進貢（2）（3）
（4）二類卜辭。（圖49）

　　〈花264〉版上中下三分，區隔祭祀類（1）、問疾類（2）（3）和征伐類
（4）（5）三類卜辭。（圖50）

　　〈花60〉版上下區隔，分別卜問武丁來訪（2）和宰殺馬牲（3）（4）（5）
（6）（7）二類卜辭。（圖51）

　　花東甲骨有在同一條卜辭中，敘述和卜問不同性質內容的特例。如：

　　（a）〈花176〉（1）丁丑卜：子卲于妣甲，曹牛一又罍一，亡災？入商，
　　　　　　彭？在麗。一二三四五六七八九十（圖52）

本版見花東子出巡在外，親自禦祭妣甲，詢問在此地無災禍否，並接著追問入商地
後舉行酒祭宜否。此屬一辭二卜例，連續問卜了十次，可想見當日花東子對此卜事

內容的重視。

　　　　（b）〈花 125〉（1）丁卜：子令庚又（侑）：又（有）女；乎（呼）希
　　　　　　　　　　　　（祟）西鼒子人？子曰：不于戊，其于壬；人。一

本辭命辭詢問二事，一是花東子出令在庚日侑祭，卜問用女牲宜否，二是子呼令祈
求降災西鼒子的群眾。由占辭見分別對上述二事作出判斷。

　　　　（c）〈花 16〉（1）丙卜：子其往呂，攺；乃飲，于作呼簋，迺來？一
　　　　　　　　　　（2）丙卜：子往呂？曰：有祟。曰：往呂。一

本版（1）辭見命辭卜問花東子將出發至呂地此一行動時應攺殺祭牲否，接著詢問
進行連串的祭儀後才返回適合否。由對貞的（2）辭占辭又見一辭二占的特例，
「曰」是「子占曰」之省，分別就前一問卜「子往呂」否判斷出二個可能的結果，
一是有禍害，另一是會前往呂地。

　　　　（d）〈花 366〉（1）乙丑卜：皂☒宗，丁采，乙亥不出狩？一二三
　　　　　　　　　　（2）乙丑卜：丁弗采，乙亥其出？子占曰：庚、辛出。一
　　　　　　　　　　　　二三

本版（1）辭命辭作三分句，一屬祭祀，一屬農耕，一屬田獵，而（1）（2）辭是
正反對貞，（2）辭針對的是（1）辭的第二、三分句相對貞問。而武丁此時的務
農，與花東子出狩與否顯然有對應的利害關係。

　　而在同一個卜問事例中，亦偶見有不同的判斷語。如：

　　〈花 384〉（1）壬卜：子有祟？曰：往呼皂（簋）。一
　　　　　　　（2）壬卜：子有祟？曰：見（獻）丁官（館）。一
　　　　　　　（3）壬卜：子有祟？曰：呼人入。一（圖 53）

本版在左下甲靠中間千里路處，漏列一辭。該辭由內往左外橫書再直書，與原卜辭
（1）（2）辭成組，應增列作（3）辭，加插於原（1）（2）辭之後，讀為：「壬
卜，子又（有）希（祟）？曰：乎（呼）人入。一」。本版（1）（2）（3）辭同
日占卜花東子有災害否，分別在占辭中判斷花東子有三個不同的反應行動。一般王
卜辭的占辭是由殷王親自判斷卜兆而得見的結果，習見文例是用「王占曰」帶出判
斷語；花東卜辭的占辭則是由花東甲骨的主人花東子來親占，常態用作「子占

曰」。但本版單稱「曰」，而要判斷的是花東子本人的吉凶。因此，這裡「曰」的主語很可能是另由花東的史官代言。對比〈花 294〉（1）的「子曾告曰」、〈花475〉（9）的「丁令子曰」，「曰」字亦有作為上位者的誥命用法。

以上用例，足見花東卜辭貞問形式的多元和混雜，此亦反映殷商初期非王一類貴族的占卜實況，仍處於一測試、不固定的階段。

[附]〈殷墟花園莊東地甲骨特殊的字、詞、句和文化現象〉（節錄）

花東甲骨刻辭正處於中國文字剛剛進入比較成熟書寫的階段，對於字形的掌握，仍有許多不確定性和有待漫長約定俗成的測試。依照個人刻寫的習慣，加上缺乏文字書寫的外在嚴格約束，花東甲骨出現大量的一字異形，這反映文字早期靈活多變（相對也可以說是隨意而不穩定）的特色，也滿足了刻手在書寫時求美避重複的豐富想像空間。花東甲骨都是龜版，而龜版上的異體字，由於多用於對貞卜辭的記錄，文字有機會兩兩相向對稱書寫，呈現正書、反書的差別，如〈花 278〉的豕字作 作 ，〈花 384〉的卜字作 作 ，〈花 297〉的往字作 作 ，〈花 367〉的新字作 作 ，〈花 338〉的歲字作 作 等，這都可想見當日刻手已有意識的將一字正反書寫，並擁有對稱美觀的版面審美認知。

以下，針對結構不同的異體字例，先進行分類，再整體分析花東甲骨文異體的特殊性。有關花東文字的異體字，形式變化多樣而繁雜，可以細分為 14 類：

1. 圖畫與線條

鹿作 〈花 14〉，作 〈花 35〉，燎作 〈花 286〉、作 〈花 286〉，逐作 〈花 108〉、作 〈花 108〉。

2. 單筆與雙鉤

地支子作 作〈花 2〉、作 〈花 2〉（照本見三豎筆呈雙鉤狀），吳作 〈花 436〉、作 〈花 450〉。

3. 直筆與弧筆

牛作 〈花 345〉、作 〈花 401〉，弗作 〈花 14〉、作 〈花 290〉。

4. 圓筆與尖筆

戾作 〈花 218〉、作 〈花 218〉，出作 〈花 426〉、作 〈花 221〉。

5.筆順改變

　　匕作〔花 115〕、作〔花 115〕，子作〔花 475〕、作〔花 475〕，勿作〔花 239〕、作〔花 239〕，舞作〔花 181〕、作〔花 391〕，大作〔花 478〕、作〔花 184〕（大字作二入形書寫）。

6.全形與局部

　　麗作〔花 37〕、作〔花 354〕，雨作〔花 180〕、作〔花 256〕，飲作〔花 92〕、作〔花 355〕。

7.倒書與正寫

　　心一般倒作〔花 409〕、偶作〔花 416〕，至作〔花 144〕、作〔花 5〕，祖一般作〔花 17〕、有作〔花 34〕，禍一般作〔花 113〕、有倒作〔花 430〕。

8.增省虛筆

　　庚作〔花 384〕、作〔花 34〕，用作〔花 198〕、〔花 198〕、〔花 24〕、〔花 24〕、〔花 81〕、〔花 6〕，自作〔花 4〕、〔花 257〕、〔花 525〕，告作〔花 28〕、作〔花 85〕，西作〔花 4〕、作〔花 4〕，羊作〔花 409〕、作〔花 409〕，卣作〔花 7〕、作〔花 34〕、作〔花 149〕、戾作〔花 492〕、作〔花 478〕（照本），癸作〔花 464〕、作〔花 78〕、作〔花 464〕，于作〔花 3〕、作〔花 400〕。

9.增省意符部件

　　翌作〔花 108〕、〔花 276〕、〔花 124〕，貯作〔花 7〕、作〔花 7〕，戾作〔花 175〕、作〔花 290〕，新作〔花 7〕、作〔花 181〕，福作〔花 226〕、作〔花 181〕、作〔花 248〕，黍作〔花 379〕、作〔花 379〕，餗作〔花 178〕、作〔花 178〕，商作〔花 309〕、作〔花 130〕、作〔花 36〕（描本漏口），邵作〔花 239〕、作〔花 247〕、作〔花 275〕，艱作〔花 240〕、作〔花 286〕、作〔花 75〕，燎作〔花 286〕、作〔花 257〕，擒作〔花 35〕、作〔花 9〕，復作〔花 21〕、作〔花 416〕，暮作〔花 265〕、作〔花 451〕，昔作〔花 35〕、作〔花 295〕。

10.增省聲符部件

歲作▨〈花 4〉、作▨〈花 114〉，增從步聲；璧作▨〈花 180〉、作▨〈花 490〉，增從辛聲。

11.意符轉增聲符

駼作▨〈花 367〉、作▨〈花 386〉從束聲，要作▨〈花 3〉、作▨〈花 286〉從司聲，身腹字由一般王卜辭的▨改作▨〈花 240〉從复聲。

12.部件移位

左右移位：死作▨〈花 60〉、▨〈花 60〉，狐作▨〈花 108〉、▨〈花 108〉，獲作▨〈花 113〉、▨〈花 113〉

上下移位：改作▨〈花 384〉、▨〈花 384〉

內外移位：貯作▨〈花 7〉、▨〈花 60〉

左右與上下移位：鴛作▨〈花 349〉、▨〈花 349〉，涉作▨〈花 28〉、▨〈花 429〉。

13.部件改變結構

璧作▨〈花 180〉、▨〈花 180〉，商作▨〈花 130〉、▨〈花 36〉，莫作▨〈花 179〉、▨〈花 247〉，疾作▨〈花 3〉、▨〈花 69〉，羌作▨〈花 137〉、▨〈花 178〉、▨〈花 215〉，龏作▨〈花 95〉、▨〈花 320〉從中，鬼作▨〈花 279〉、▨〈花 113〉從女。

14.變形

婦作▨〈花 37〉、▨〈花 5〉，乍作▨〈花 16〉、▨〈花 286〉，辛作▨〈花 132〉、▨〈花 132〉，子作▨〈花 17〉、▨〈花 17〉。

由於上多達 14 類異體字例，特別是大量見於同版異形的例子，足見花東甲骨異體的結構普遍多變和不穩定。這階段的漢字書寫，一方面呈現花東甲骨非王字形本身的獨特堅持，另一方面又看見刻手勇於嘗試的開創精神。花東甲骨中除擁有若干新出字和原始風格的文字外，還出現許多特殊結構的字形，與一般王卜辭寫法完全不同。如：祭字作▨〈花 267〉、作▨〈花 226〉（與王卜辭的▨不同），戉字作▨〈花 240〉（與王卜辭的▨不同），好字作▨〈花 63〉（與王卜辭的▨不同），各字作▨〈花 276〉（與王卜辭的▨不同），俎字作▨〈花 86〉（與王卜辭的▨不同），改字作▨〈花 113〉（與王卜辭的▨不同），心字作▨〈花 409〉（與王卜

辭的❍不同），帝字作❖〈花5〉、作❖〈花215〉（與王卜辭的❖不同），从卩的令〈花409〉、奴〈花290〉、卲〈花32〉等字从手形都呈拋物線式的下垂寫法（與王卜辭的❖不同）。無論是位置經營，抑或是部件組合，都顯現花東甲骨獨樹一幟的創意多變精神。而花東甲骨刻手的多元書寫，在在挑戰我們過去僵硬的文字斷代觀念。早自董作賓先生撰寫《甲骨文字斷代研究例》，提出十個甲骨斷代標準，文字斷代分期便成為研治甲骨以至所有古文字的方便法門。然而，研契者強調文字斷代，常會不自覺的一刀切地看待字形與字形的關係，從而拓大分期字形對立的差異，往往也忽略了文字演變之間本該擁有大幅的模糊過渡地帶。因此，董先生的五期斷代，優點是清楚明確的區隔甲骨的時代，但缺點也是在於過度的清楚明確與文字的演進真相並不絕對配合。當然，根據殷商帝王在位的時間來作斷代分期，自然也與甲骨刻手真實的書寫時間上下限並不完全相同，更何況刻手掌握的所有字形與目前僅見的甲骨文字亦不會完全一致的。因此，文字不是甲骨斷代的絕對標準，文字斷代的成果更需要依據不斷新出土的材料而有所調整。古人寫字會產生構形的差別而出現不同的異體，主要是與字形結構本身的組合有關。有些字形結構單純，凝聚力強，表意的組合一開始即完滿或獨特，自始至終都不容易或不需要產生異體的書寫，但有些字的結構鬆散，與字用表達的內涵又有落差，加上刻手個人的美感創意書寫和文字形近意近筆畫的自然混用或區隔要求，遂產生出許多異體的字形。花東甲骨文異體的多樣性，遠遠超過我們過去所認識的王卜辭。這批非王而屬於較早期的甲骨刻辭，也提供我們修訂甲骨文字斷代知識的機會。如：

（一）曰字作❖〈花5〉、❖〈花5〉、❖〈花267〉，今字作❖〈花87〉、❖〈花324〉。早期文字書寫的短橫屬靠邊抑或處於中間，與斷代分期無關。

（二）曰字作❖〈花3〉、❖〈花400〉，其字作❖〈花3〉、❖〈花3〉、❖〈花60〉、❖〈花7〉、❖〈花289〉，不字作❖〈花255〉、❖〈花379〉、❖〈花3〉，告字作❖〈花28〉、❖〈花85〉、各字作❖〈花34〉、❖〈花34〉、先字作❖〈花154〉、❖〈花154〉，月字作❖〈花337〉、❖〈花159〉，夕字作❖〈花6〉、❖〈花146〉。早期文字增省橫筆、豎筆書寫，與斷代分期不見得相關。

（三）狩字作❖〈花480〉、❖〈花11〉，爵字作❖〈花93〉、❖〈花449〉，麗字作❖〈花2〉、❖〈花354〉。早期文字的繁簡結構，與斷代分期無涉。

（四）隉字作▢〈花 26〉、▢〈花 198〉、射作▢〈花 37〉、▢〈花 264〉、▢〈花 37〉、黍作▢〈花 379〉、▢〈花 379〉，賓作▢〈花 236〉、▢〈花 173〉，艱作▢〈花 240〉、▢〈花 75〉，暮作▢〈花 265〉、▢〈花 451〉。早期文字部件的增添或省略，與斷代分期亦無必然關係。

（五）過去公認「晚出」的字例，亦混雜於花東甲骨的異體字中，無疑同屬花東的異體字。如：

五字作▢〈花 54〉〈花 178〉、另作▢〈花 86〉，于字作▢〈花 400〉〈花 411〉、另作▢〈花 400〉、▢〈花 411〉，庚字作▢〈花 146〉、另作▢〈花 146〉〈花 163〉〈花 493〉、▢〈花 163〉〈花 493〉、▢〈花 163〉、▢〈花 493〉、▢〈花 125〉，王字作▢〈花 480〉、另作▢〈花 420〉，歲字作▢〈花 4〉、另作▢〈花 7〉、▢〈花 223〉、▢〈花 114〉。

其中第（五）項過去所謂「晚出」的字形，在花東甲骨中都屬於偶見的測試性創新用字。這種創新用字，在武丁中期以前某特定地域曾短暫使用流通，形成花東甲骨中的一種奇特異體字例。隨著文字由繁雜而趨於統一簡潔書寫的穩定要求，這些測試性創新用字很快遭到自然淘汰或人為刪除的命運，而在第二期（祖庚、祖甲）、第三期（廩辛、康丁）的官方集團用字中自然不會受到這些創新字例的影響，直到第四、五期（武乙迄帝辛）才個別遭重新提出，為大眾接受。

透過以上花東甲骨異體字的整理，直覺發現這一坑非王甲骨異體字出現的頻率，遠遠多於過去所見的其他出土的甲骨。這呈現的是早期甲骨普遍書寫的特徵？抑或只是花東子貞人集團的獨特刻寫風格？又或者是二者兼而有之？目前仍有待進一步觀察。無論如何，花東甲骨文中出現大量的異體，代表著殷武丁早期階段甲骨文字在區域性活潑創新的獨特風格。相對於同時的平常用字，異體字有許多增省虛筆、增省部件和部件位置更易的罕見寫法。對比於同時期的王卜辭，花東的異體字形顯得奇特異常。所謂「奇特異常」，一是針對形構言，一是相對於近人斷代研究的成果看。前者是指字形的結構奇特，如：帚作▢〈花 5〉、子作▢〈花 17〉、鼎作▢〈花 34〉、牛作▢〈花 345〉；字形的組合奇特，如：改作▢〈花 401〉、獲作▢〈花 113〉、祭作▢〈花 255〉、涉作▢〈花 28〉；字形的筆序奇特，如：大作▢〈花 184〉、匕作▢〈花 53〉、女作▢〈花 205〉；字形的位置奇特，如：心作▢〈花 409〉、弘作▢〈花 206〉、舁作▢〈花 257〉。這些字形刻意調整，有異於常態的寫法，如不是特有所指，就是刻手求新求異的測試新字，但可惜大部分都經不起時代的考驗而遭受到淘汰。至於後者指出現時期的奇特，過去被認為是晚商帝

乙、帝辛時期的字形，如：于作 ![字] 〈花 400〉（字其實已見於其他的非王卜辭，如
〈合集 21661〉已有此字形）、王作 ![字] 〈花 420〉、賓作 ![字] 〈花 173〉、告作 ![字] 〈花
85〉、未作 ![字] 〈花 395〉、![字] 花〈395〉、午作 ![字] 〈花 261〉、庚作 ![字] 〈花 87〉、癸作
![字] 〈花 240〉、羌作 ![字] 〈花 215〉、燎作 ![字] 〈花 257〉、歲作 ![字] 〈花 114〉。這些
異體字例有偶爾僅一二見，亦有已用為花東的常用字，如一些干支字形，但其實都
屬於花東甲骨時的創新字形。細審這些字例形構相對呈現繁雜，結構變化較大，與
同時一般通俗的寫法不同，因此，在文字要求單純一致的風氣下逐漸退出正規的書
寫舞台，與前一類眾多結構奇特的字例同樣遭受到時代的淘汰。

統合以上二類奇特字例，發現花東甲骨大量出現的異體字，承受著一種文字演
變的自然規律：「創新─測試─淘汰」，無法面對這種規律壓力的字例，率皆被棄
用。當然，這些異體字在武丁中期以前已曾出現和短暫應用，只能視為同時同一平
面中的一種地域性的多元開創字形，不應再被界定為殷王卜辭中所謂的「晚期字
形」。今後對於字形斷代的標準，應就完整的特殊字詞用法重新檢討，不宜輕易的
就文字單一部件或點畫的變化來判斷。而花東甲骨的異體字例，可以提供不同坑位
的地域差異對比研究，或作為非王一類寫法與王卜辭同期字形互較。花東異體字有
若干成功的保存沿用，有若干則經過創新、測試而失敗棄用，一直至後來才因不同
需求再重新提出測試並獲得流通，而被誤解為後代才新創的「晚出字形」。至於花
東甲骨文字形是否適合直接與王卜辭的中晚期字形作縱線的對比系聯，恐怕又是另
一值得通盤思考的課題。

有關花東甲骨的特殊用例。

殷墟花園莊東地甲骨是一坑早出的甲骨儲存坑，相對於殷墟 YH127 坑、小屯
南地甲骨，花東甲骨無論在占卜形式、書寫行款、字形、語法、句式等，都呈現豐
富的變異組合。這代表著文字剛開始發生時尚未完全約制的測試階段。

以下，由不同角度來觀察花東甲骨文字的特例變化。

1.倒文例。

花東甲骨對於若干祭祀對象的名稱，在書寫時會將前後順序顛倒，如〈花
37〉（1）的「祖甲」，寫作「甲祖」；〈花 76〉（2）的「子癸」，寫作「癸
子」；〈花 157〉（3）的「祖甲」寫作「甲祖」，但在（4）中卻仍見「祖甲」一
常態寫法。可見這種將死者天干稱謂移前的書寫方式，是刻手隨意自由的產物。

2.逆書例。

　　花東甲骨有將個別文字字形或部件上下倒著書寫，借此增加文字形體的變化和主觀的美感。如〈花 34〉（6）的「祖乙」見常態的合文寫法，但在（5）中卻分書，而且「祖」字倒書作 ∂ ；〈花 144〉（2）的「至」字倒書作 ∦ ；〈花 208〉版的「至」字兼有正寫和倒書的字例；〈花 145〉版的「子貞」二字倒書；〈花 430〉（2）的「亡囚」一詞，其中的「亡」字倒書，「囚」字的從口部件倒書，從卜部件仍屬正書。

3.分書例。

　　花東甲骨偶見將字的部件刻意分開書寫，有因為避免字形壓兆的關係，如〈花 29〉（2）的「祝」字，〈花 37〉（2）的「牡」字，都是由於卜兆恰處於字的中間而被逼將兩邊部件拉開。但〈花 169〉（2）的「牡」字是先書一「士」旁，再在左下方分書寫上「牛」字，卻與卜兆無涉；刻手可能考慮到該辭書寫環繞包著二卜兆的所謂「美感」需求，遂刻意的將文字拉開書寫使然。

4.誤書例。

　　花東甲骨若干部件或筆畫，有書寫錯誤的例子。如〈花 181〉（16）的「牡」，從羊豎筆穿頭，應為刻手誤寫；〈花 292〉（1）的「大」字，照本見寫作「文」，也是刀刻之誤。〈花 65〉（2）原誤書作「乙」，刻手其後在原字上改書為「丙」，「乙」「丙」二字形的第一刀見重疊。〈花 449〉（3）（4）二辭選貞，其中的（4）前辭干支後誤書「卜」字，其後再在「卜」字之上補刻一「貞」字。這些特例，無疑是刻手個人的疏忽所做成的。

5.補刻例。

　　花東甲骨有漏刻的字例，刻手會用橫書、小寫或輕筆等不同方式，補書於常態行款上方的邊沿位置。如〈花 122〉（2）的「子炅貞」的「炅」原屬漏寫，獨立書在「子」旁，而不在正常行款之中，明顯是後來才添加上去的；〈花 379〉（2）的「炅」字，壓縮的寫在「子」字右下，亦是補刻的字例；〈花 123〉（1）（2）二辭對貞，其中的（2）前辭原漏寫一「炅」字，見刻手將字故意縮小斜書於句子之上；〈花 236〉（19）將「弜」字縮小輕筆的刻在「家」「庐」二字之間；〈花 255〉（5）在句上補刻「呼」字；〈花 324〉（3）在句上補刻「叀」字；〈花 474〉（4）在句上補刻「告」字；〈花 490〉（11）在句上補刻「老」字；〈花 516〉在「丁」字上補寫一「卜」字。以上諸例，都可概見花東甲骨補寫漏字

的習慣。

6.漏刻例。

花東甲骨若干文字或部件，因刻手的粗心而漏刻，事後亦並沒有更正或補回。這種漏刻會形成後人理解上的困難或誤解。如〈花 265〉（6）的兆序，拓本見：（一）（二）（三）（四）（四）。末一數字確為只有四橫畫的「四」字，然此字應為「五」字之譌，字少刻了一橫。對比〈花 178〉五字作五橫的 ，而同版又另見「五」字作「 」。可知〈花 178〉版的「五」字二形重出，是數目字「五」由五橫筆過渡到兩斜筆交錯書寫的過渡橋樑，意義重大。〈花 365〉（10）的飲字，右邊從它虫旁的蛇頭兩刀漏刻；〈花 304〉（3）的「乙卜：弜又于庚？一。」，其中的「庚」字前漏書一「妣」字；〈花 113〉（12）至（15）有「多尹」例，其中的（14）尹字作 ，但明顯是尹字漏刻一豎筆，姚萱女士誤釋為「多左」，這都是由於偏執於字形，而忽略了應先由句子的句意宏觀來理解所產生的錯誤解讀。

7.衍文例。

花東甲骨有若干字詞因刻工粗心而重複書寫，屬於多出來的增文，應刪。如〈花 103〉（4）的「子子占曰」，刻手多寫了一個「子」字，〈花 400〉（2）的「子占曰占曰」，刻手多寫了「占曰」二字。這種單純的承上衍文，卻也會引起讀者的誤解，如〈花 103〉（4）原釋文將第一個「子」字連上讀，改讀為「巳」，遂誤解了原有的意思。

8.習刻例。

花東甲骨亦見學徒習刻或依樣臨摹的字形，如〈花 236〉在龜版左下方的「子」、「往」、「魚自」、「弜屮」、「卲」諸字，都明顯見字形粗糙，筆順怪異，文例可議，應是習刻的一堆字形，並不屬於真正的卜辭。這些習刻例宜分開處理，不應混於正常的辭句中。

9.卜兆對應不規律。

花東甲骨常見對貞、成套混用，呈現占卜方式不穩定的狀態，而對應的卜兆刻寫位置亦並不固定。如〈花 239〉（1）（2）成套卜辭，（1）在龜版左下，（2）在龜版右上，（3）（4）成套卜辭，（3）在龜版右上，（4）在龜版右下。〈花 198〉（2）（3）選貞卜辭，（2）在龜版左下，（3）在龜版右下，（4）（5）選

貞卜辭，（4）在龜版左下，（5）在龜版左上。對應成組的卜辭但並沒有固定對應的書寫位置。

10.文字行款不規律。

花東甲骨文字書寫，並不見得都是一字一格，刻手偶有將一些成詞壓縮成一方格的空間書寫。如〈花 261〉（2）「豼一」隨行款橫列橫書為二字，（1）的「豼一」二字卻是直書，僅佔一格的位置。其他如〈花 7〉的「丁未卜」，〈花 9〉的「牝一」，〈花 34〉的「一鬯」，〈花 37〉的「己卯卜」，〈花 63〉的「白豕」，〈花142〉的「一白牛」，〈花171〉的「三豕」，〈花256〉的「三日」、「五日」，〈花 321〉的「小宰」，〈花 430〉的「多子」，〈花 459〉的「白豼一」，〈花 459〉的「祖乙」等，均在橫書的行款中濃縮成直書一格的形式書寫。刻手無疑是對某些成詞或特殊短語視作一獨立的書寫單位來看待。

11.語序不固定。

花東甲骨行文語序多變，特別是數詞和形容詞的位置多不固定。如〈花 34〉（6）的「衩鬯一」，在（3）中則作「衩一鬯」，（7）的「大爯」，對比的（8）則見作「爯小」；〈花 318〉有「二鬯」，同版又用作「鬯三」；〈花 236〉的否定詞「弜」字在（15）見於句首主語之前，亦用於（19）主語之後；〈花 451〉見同版的雙賓語移位：（4）「庚辰：歲妣庚：豼一？」、（6）「壬午夕：歲犬一妣庚？」。

12.同版異詞。

花東甲骨對用語的掌握仍不穩定，同意詞偶有互用的例子。如〈花 247〉版詢問句中有兼用「若永」（2）和單用「若」（8）、「永」（5）；〈花 247〉有卜問「弗艱」（10）、「亡災」（14）和「亡壱」（13），三者語意亦相類。

13.一辭二卜。

花東甲骨多以對貞、成套的方式占卜事例，亦有用單辭貞問。一般一條卜辭只會詢問一事的吉凶，但花東甲骨卻有見一條卜辭連接的占問二事的特殊句例。如：

〈花 16〉（1）丙卜：子其往呂，饮；乃畣，于乍乎皀，迺來？

（2）丙卜：子往呂？曰：又（有）希（祟）。曰：往呂。一

按：（1）辭分言二事，一是子將要去呂地，卜問有禍害嗎？二是卜問先進行「呼

簋」的祭儀，然後才返回來一事宜否。（2）辭見命辭之後有二占辭，一是對應「改」合而判斷言卜「有祟」，一是對應「來」否而判斷言「往」。

〈花 56〉辛丑卜：卯丁于祖庚至〔兆〕一，曹羌一人、二牢；至妣一，祖辛卯丁，曹羌一人、二牢？

按：命辭分別卜問祭二祖的宜否。辛日祭祀祖辛（小辛）為主祭，而先言的祭祖庚（盤庚）則為陪祭。

〈花 176〉（1）丁丑卜：子卯于妣甲，曹牛一又豕一，〔亡〕災？入商，酉？在麗。

（2）丁丑卜：子卯妣甲，曹牛一、豕一？用。

按：（1）（2）辭對貞。花東子在麗地親自禴祭妣甲，先卜問己身亡恙否，然後再問入商地進行酒祭宜否。

〈花 259〉（2）辛巳卜：子叀宁見？用；逐？用。獲一鹿。

按：命辭先問子獻於宁地宜否，再問追逐獲獸否。句末驗辭是據後一詢問句的結果補述：「獲一鹿」。

　　透過上述列舉的：倒文、逆書、分書、誤書、補刻、漏刻、衍文、習刻、卜兆對應不規律、文字書寫不規律、語序不固定、同版異辭、一辭二卜等許多特殊用例，散見於花東區區 561 版有字甲骨中。於此，足見花東甲骨文字的書寫狀態並不算嚴謹，但刻手亟具勇於嘗試的開創精神，為後來的甲骨占卜形式和字詞應用留下許多備參的寶貴資料。

　　有關花東甲骨的對貞和成套卜辭。

　　殷墟王卜辭特別是在武丁時期，習慣用兩兩成組的對貞方式問卜。殷王卜辭中的對貞和成套卜辭是兩種不同的問卜方式，二者區隔大致算是清楚。反觀花東甲骨則是一批較早期的非王一類甲骨，占卜過程多有混用成套及對貞的句例。透過花東對貞和成套卜辭內容的互較，可清楚了解對貞句的功能：

　　（一）能較完整的掌握甲骨句組的詢問意思。如：

〈花 3〉（10）辛卜，貞：往鳶，疾，不死？一

（11）辛卜：子弗艱？一（圖54）

按：互較〈花 3〉版（10）（11）二辭的對貞句，可知（11）詢問句之前省略「往
鳶，疾」二陳述分句，句意是指花東子前往鳶地，患有疾病，卜問他不會遭受到
艱困嗎。對貞句的互較，常態的不省句能夠幫助客觀的了解省略句的句意。

　　　　〈花 3〉　（5）歲妣庚：牡？一
　　　　　　　　（6）己卜：叀豕于妣庚？二
　　　　　　　　（7）己卜：叀牝于妣庚？三

按：由卜兆兆序見〈花 3〉版（5）（6）（7）三辭屬同一組成套卜辭，卜辭內容
為選貞，言己日占卜，詢問歲祭妣庚，用的祭牲是公牛抑豕抑母牛。三辭互較，見
（5）省略前辭「己卜」，（6）（7）辭命辭是變異的移位句，並省略祭祀動詞
「歲」，完整的應是「歲妣庚：豕」「歲妣庚：牝」二常態句的讀法。

　　（二）由不省句印證省略句的內容。如：

　　　　〈花 14〉（1）乙酉卜：子又之阞南小丘，其罘，獲？一二三四五
　　　　　　　　（2）乙酉卜：弗其獲？一二三四五（圖 55）

按：（1）（2）辭為正反對貞，（2）辭命辭省略前二分句，據（1）的內容得以參
證。

　　　　〈花 248〉（2）癸丑卜：子禶新圉于祖甲？用。
　　　　　　　　（3）癸丑卜：子禶？二

按：（2）（3）為成套卜辭，（3）辭命辭屬省略句，由（2）辭的完整句可以補充
（3）辭卜問的省略內容。

　　　　〈花 236〉（27）壬卜：盟于室？一
　　　　　　　　（28）壬卜：子弗取骨？二

按：（27）（28）二辭是相關的成套卜辭，應是「壬卜：盟于室，子弗取骨？一」
「壬卜：盟于室，子弗取骨？二」之省。

　　（三）由常態句明白移位句的正確意思。如：

　　　　〈花 157〉（3）甲戌卜：祝圉甲祖一？用。
　　　　　　　　（4）甲戌卜：祝圉祖甲二？用。（圖 56）

按：祭祀對象的「甲祖」為「祖甲」的移位，而（3）（4）二命辭又是「祖甲：叔
鬯一？」「祖甲：叔鬯二？」一組常態選貞的移位。

〈花178〉　（4）癸卯夕：歲妣庚：黑牝一，在入，陟盟？一二三四五
　　　　　　（5）陟盟？用。一

按：對應同版（8）辭的「己酉夕：伐羌一？在入。」，（4）的「在入」為句末在
某地貞卜的記事刻辭，而「陟盟」一句屬於命辭，應移前。（4）（5）二辭為正正
對貞，（5）辭省略命辭的「歲妣庚：黑牝一」和應移置於句末的「在入」。

〈花264〉　（2）己未卜，貞：宁壴又（有）疾，亡征？
　　　　　　（3）己未卜，在�：其征，又（有）疾？

按：（2）（3）屬正反對貞。（2）是常態句，（3）的命辭應理解為前後句互易。
卜辭占問宁族的壴有疾病，要否離開一事的吉凶。「有疾」是陳述句，（2）（3）
的詢問句分別正反作「亡征」和「其征」，因此，（3）辭是屬於變異的移位句
型。

　　一般的對貞，主要是正反對貞（用一正一反的語句來詢問神的取捨），其次是
選擇對貞（提出兩種以上的可能透過卜兆來看神的取捨），偶然也有正正對貞和反
反對貞。王卜辭刻寫的對貞組合，基本上都在同版相對應位置，而且書寫對稱都清
晰而有系統。至於成套卜辭，是根據卜兆的序數依次排列，有置於同版，有分見於
不同龜版，但刻寫過程也是單純整齊復依序相承的。花東甲骨亦普通應用對貞和成
套的方式占卜問神，但無論是對貞抑或是成套，在花東的用法都顯得繁雜糾結而多
樣，形式上比王卜辭分歧。花東甲骨的占問形式混雜瑣細，除了單句貞問外，同一
版上的對貞句會出現不同組別的正反對貞和選貞等。花東甲骨特殊的對貞句式，
有：

　　（一）先進行大類的對貞，再接著細部的對貞。如：

〈花241〉　（7）丁未卜：子其疾，若？用。一二三四
　　　　　　（8）勿疾？用。一二三四
　　　　　　（9）隹（唯）之疾子腹？一二
　　　　　　（10）非隹（唯）？一二（圖57）

按：（7）（8）正反對貞詢問花東子有疾病否，（9）（10）正反對貞則進一步詢

問疾病的部位。

（二）有在同一組對貞中會同時混用正反對貞和選貞的組合。如：

〈花 264〉（4）己未卜，在𩁹：子其乎（呼）射告眔我南正（征），隹昃
　　　　　　　　若？一二

（5）弜乎（呼）眔南，于〔之〕若？一二（圖 58）

按：相對於（4）命辭中的前句（陳述句），（5）的「弜乎眔南」，應是「子弜其
乎射告眔我南正」之省，其中的「射告」「我南」是子呼令的對象，（5）命辭的
前句是省略的否定句，只剩下連詞「眔」和「南」字，兼語後的動詞「正」（征）
亦遭省掉。相對於（4）辭命辭中的後句（詢問句）「唯昃若」，（5）辭的「于之
（此）若」是選貞關係，詢問是傍晚的時間順利，抑或是當下這段時間順利。兩兩
相對，可見（4）（5）辭的前句是正反的關係，後句則是選擇的關係。

（三）有正正對貞和選貞見於同組占卜，如：

〈花 181〉（20）辛卜：其钔子而于妣庚？一

（21）叀奴钔子而妣庚？一

（22）辛卜：其钔子而于妣己眔妣丁？一（圖 59）

按：（20）（21）為正正對貞；而（20）與（22）則屬選擇對貞，卜問是次禳祭求
佑於妣庚，抑或是妣己和妣丁。

（四）花東的對貞卜辭有分見在兩版占卜刻寫。如：

〈花 178〉（8）己酉夕：伐羌一？在入。庚戌俎一牢？彈。一（圖 60）

〈花 376〉（3）己酉夕：伐羌一？在入。庚戌俎一牢？彈。一（圖 61）

按：〈花 178〉（8）見於龜版的右上甲旁，〈花 376〉（3）則見於龜版的左上甲
邊上。二者兩兩異版相對同文，屬正正對貞。至於「庚戌俎一牢彈」一段屬性仍不
清楚，如理解為驗辭，但內容與己酉夕占卜無對應關係；如屬卜辭中另一組卜問的
句子，則是一辭二卜，但終究亦是特例。「彈」用為貞人名移於句末。二版中的
「伐」、「羌」、「庚」、「俎」等字形寫法互不相同。

〈花 53〉（18）己卜：叀丁乍，子興尋丁？一

（19）己卜：叀子興往妣庚？一

〈花 409〉　（20）己卜：叀〔丁〕乍，子興尋丁？一

　　　　　　（24）己卜：叀丁興往妣庚？二

按：上引二版是就同時同事占卜。〈花 53〉（18）與〈花 409〉（20）為正正對貞
的對應關係，而〈花 53〉（19）與〈花 409〉（24）由兆序知為成套卜辭的前後關
係。

〈花 218〉　（1）丙辰卜：子炅叀今日卲黍于帝，若？用。一

〈花 379〉　（1）丙辰卜：子其卲黍于帝，叀配乎？用。一

按：〈花 218〉（1）見於龜版右下靠甲橋邊，〈花 379〉（1）見於龜版左下靠甲
橋邊。二辭字皆填朱色。由文意看是同日同事的占卜，分見於二版甲骨。

　　以上諸例都是異版對貞的關係，在花東甲骨中屬於特例，更罕見於王卜辭之
中。

　　花東甲骨的成套卜辭，在形式上也顯得混雜。

　　（一）成套占卜有見於單一卜辭，兆序見連續卜問兩次以至六次的附於單一卜
辭書寫，如：

〈花 291〉　（2）甲申：歲祖甲：小宰、叔岜一，子祝？在麗。一二

〈花 280〉　（2）癸巳：歲妣庚：一宰，子祝？一二三

〈花 37〉　（22）壬子卜：子以歸好入于狀，子乎多卭正見于婦好，攺緗
　　　　　　　　　十，往黌？一二三四五

〈花 451〉　（2）庚午：歲妣庚：黑牡又羊，子祝？一二三四五六（圖 62）

　　（二）兆序有分別刻寫於兩條卜辭的成套關係，如：

〈花 286〉　（25）己卜：暮飲，卯三牛妣庚？一

　　　　　　（26）己卜：暮飲，卯三牛妣庚？二

〈花 252〉　（1）乙亥：歲祖乙：黑牡一又尤又昌，子祝？一

　　　　　　（2）乙亥：歲祖乙：黑牡一又尤〔又〕〔昌〕，子祝？二三

〈花 493〉　（7）甲午：歲祖甲：狂一，隹蚑？一

　　　　　　（8）甲午：歲祖甲：狂一，隹蚑？二三四

〈花 13〉　（6）乙巳：歲祖乙：尤〔一〕，子祝？在 **利**。一二

　　　　　　（7）乙巳：歲祖乙：尤一，子祝？在 **利**。三

〈花67〉　（1）乙亥夕：歲祖乙：黑牝一，子祝？一二

　　　　　（2）乙亥夕：歲祖乙：黑牝一，子祝？三四

〈花291〉　（3）乙酉：歲祖乙：小宰、狀、衩卣一？一二

　　　　　（4）乙酉：歲祖乙：小宰、狀、衩卣一，子祝？在麗。三四〔五〕

〈花237〉　（9）乙亥：歲祖乙：宰、幽鷹、白狀、衩二卣？一二三

　　　　　（10）乙亥：歲祖乙：宰、幽鷹、白狀、衩卣二？四

〈花450〉　（4）丁卯卜：子其入學，若永？用。一二三

　　　　　（5）丁卯卜：子其入學，若永？用。四五六（圖63）

〈花270〉　（1）己巳：俎羖一于南？一二三四

　　　　　（2）己巳：俎羖一于南？五

（三）兆序有分別書寫於三辭的成套關係。如：

〈花226〉　（2）丁酉：歲妣丁：羖一？一

　　　　　（3）丁酉：歲妣丁：羖一？二

　　　　　（4）丁酉：歲妣丁：羖一？三（圖64）

〈花496〉　（1）丙卜：其將妣庚示，歲祾？一

　　　　　（2）丙卜：其將妣庚示？二

　　　　　（3）丙卜：其將妣庚示？三

（四）成套占卜亦有分見於兩版甲骨。如：

〈花32〉　（1）庚卜，在麗：歲妣庚：三羖又卣二，至卯，曹百牛又五？一（圖65）

〈花27〉　庚卜，在麗：歲妣庚：三羖又卣二，至卯，曹百牛又五？〔二〕三四（圖66）

按：〈花32〉（1）與〈花27〉版的卜兆兆序分屬（一）和（二）（三）（四）。〈花27〉版兆序（二）見於右下甲，原描本漏書。

〈花35〉　（1）壬申卜：子往于田，從昔斨？用。畢（擒）四鹿。一

〈花395〉　（5）＋〈花548〉壬申卜：子昔往于田，從昔斨？用。二

按：〈花 35〉（1）和〈花 395〉（5）＋〈花 548〉二版的兆序分見（一）和
（二）。

　　〈花 6〉（2）乙丑卜：又（有）吉丂，子具虫，其以入，若，永，又長
　　　　　值？用。一二三四

　　〈花 333〉乙丑卜：又（有）吉丂，子具虫，其〔以〕入，若，永，又長
　　　　　值？用。五六七八

按：〈花 6〉（2）和〈花 333〉的兆序分見（一）（二）（三）（四）和（五）
（六）（七）（八）。

　　花東的成套一般最多只分刻於兩版甲骨，與王卜辭的成套習見於多版甲骨中有
明顯的差別。

　　花東甲骨的成套占卜，復有多見與對貞混雜出現。如：

　　〈花 3〉（2）〔丙〕卜：丁不征，樓？一
　　　　　　　（3）丁征，樓？一
　　　　　　　（4）丁不征，樓？二（圖 67）

按：本版（2）（3）是正反對貞，而（2）（4）則屬成套（一）（二）相承的關
係。

　　〈花 146〉（4）庚戌卜：其匄稱宁？一
　　　　　　　（5）庚戌卜：弜匄稱？一
　　　　　　　（6）庚戌卜：其匄稱宁？二

按：本版（4）（5）是正反對貞，而（4）（6）屬成套（一）（二）兆序相承接。

　　〈花 236〉（16）己卜：家其又（有）魚，其屰丁，永？一
　　　　　　　（17）己卜：家其又（有）魚，其屰丁，永？二
　　　　　　　（18）己卜：家其又（有）魚，其屰丁，永？三
　　　　　　　（19）己卜：家弜屰丁？一

按：本版（16）與（19）是正反對貞，而（16）至（18）則為成套的關係。

　　〈花 181〉（32）歲子癸：小宰？一

（33）歲子癸：小宰？二

（34）叀豕于子癸？一

按：本版（32）（34）為選擇對貞，而（32）（33）為成套卜辭。

〈花53〉　　（12）己卜：叀豕于妣庚？一

（13）己卜：叀豙妣庚？一

（14）己卜：叀牝于妣庚？一

（15）己卜：叀牝于妣庚？二

（16）己卜：叀宰于妣庚？〔一〕

按：本版（14）（15）屬成套關係，而（12）（13）（14）（16）則為選貞。

〈花198〉　　（10）癸巳卜：叀璧改丁？一

（11）子改丁璧〔一〕？用。二

（12）癸巳：叀戉改丁？不用。一

按：本版（10）（11）屬成套關係，（10）與（12）則屬選貞。

　　以上諸例見花東甲骨的成套占卜，多有與正反對貞或選擇對貞混列一起，充分呈現占卜初期的不穩定形式。這和王卜辭一般機械的一組組依序對應並排置於不同版面占問的方式並不相同。

　　花東甲骨復有見先作單句占問，再接著以對貞或成套方式詢問第二個動作宜否的形式占卜。如：

〈花241〉　（1）壬寅卜：子又（有）屮（擒）？子占曰：其又（有）屮

（擒）。一

（2）其又（有）？〔一〕

（3）亡？一

（4）其又（有）？二

（5）亡？二（圖68）

按：本版（1）獨立作單句卜問，接著（2）（3）、（4）（5）先後分別作正反對貞，強調詢問擒獲的有無。

〈花181〉　　（8）己卜：叀多臣卲（禦）往于妣庚？一

　　（9）己卜：叀白豕于妣庚又彭？一
　　（10）叀牝于妣庚？一

按：本版（8）為單句卜問多臣祭祀妣庚，接著的（9）（10）進一步用選貞方式詢問祭妣庚的用品是白豕和彭抑或是牝。

〈花475〉　（5）庚戌卜：子叀彈呼見丁眔大，亦燕（宴），用戾？
　　　　　　（6）庚戌卜：丁各，用夕？一
　　　　　　（7）庚戌卜：丁各，用夕？二三

按：本版（5）辭卜問子呼令彈獻於丁（武丁）的流程，（6）（7）為成套卜辭，進一步詢問接著丁來臨於夕時宜否。

　　透過觀察以上這些特殊句例，見花東的對貞句和成套卜辭的形式與王卜辭基本大同小異，較王卜辭稍雜亂而不穩定。花東甲骨中充滿許多測試性的新出字詞，呈現早出甲骨文形體和語言的靈活多變；相對的互較花東的占卜句型，亦同樣領悟花東卜辭具備獨立開創的測試風格，其應用時間是屬於草創階段，比一般王卜辭句型的成熟固定體系要早。

　　有關花東甲骨中的特殊文化現象。

　　殷商卜辭區分作王卜辭和非王卜辭二類，花東甲骨又是非王卜辭中屬於花東子專屬的一批獨特甲骨，其中呈現許多具備花東子部族特色的生活習慣。以下，選取：（一）祭祀、（二）占卜、（三）政權三方面，簡要的說明花東與王卜辭的差異。

（一）祭祀

　　花東甲骨大部分都是屬於祭祀類卜辭。殷人祭祖主要是一日祭一祖，而花東已有連續祭祀的習慣，即在甲日祭祀某甲，接著乙日祭祀某乙，而在祭某乙的同時仍續祭某甲。例如：

〈花4〉　（1）甲寅：歲祖甲：白牡一、祝彭一，叀自西祭？一
　　　　　（2）甲寅：歲祖甲：白牡一？一二
　　　　　（3）乙卯：歲祖乙：白牡一、叀自西祭；祖甲祉？一
　　　　　（4）乙卯：歲祖乙：白牡一、叀自西祭；祖甲祉？二

按：（1）（2）二辭並非對貞，昰屬於兩組的卜辭，分別卜問甲日歲祭祖甲的用牲。（3）（4）則是同一組成套的卜辭，共同卜問乙日歲祭祖乙的用牲，句末另一分句「祖甲征」，是指乙日祭祖乙（小乙）的同時，依然延續祭祖甲（陽甲）。此屬花東祭祖的一種特殊習慣，甲日祭祖的祭品，於次日仍置於祭壇上持續供祭神祇。

　　亦偶有在同一條卜辭問卜祭祀兩個祖先，例如：

〈花 56〉　辛丑卜：禦丁于祖庚，至〔牝〕一、曹羌一人、二宰；至牡一，祖辛禦丁，曹羌一人、二宰？

按：王國維《殷周制度論》：「商人祀其先王，兄弟同禮。」本版見辛日卜祭祀先祖庚（盤庚）和祖辛（小辛），以求佑時王武丁。其中主祭對象是祖辛，陪祭的是祖庚。主祭在後，陪祭在前。這種禳祭的形式，和王卜辭中後期習見的「賓某祖爽某妣」的用法性質相當。如：

〈合集 23314〉　王寅卜，行貞：王賓大庚爽妣壬，咎亡尤？

〈合集 36251〉　甲申卜，貞：王賓祖辛爽妣甲，翌日亡尤？

有同辭祭祀三個祖先，例如：

〈花 115〉（3）甲寅：歲祖甲：牝，歲祖乙：宰、白豕，歲妣庚：宰，祖甲汜蚁卯？二

按：花東習慣占卜日與祭祀對象的天干名相配，因此，甲日主祭的是祖甲（陽甲），而祖乙（小乙）和妣庚夫婦為陪祭。卜辭進行歲祭，分別祭祀祖甲、祖乙和妣庚，由祭牲見祖甲用母牛，而祖乙和妣庚只用圈養的羊，可見是次祭祀對於祖甲的重視。末句「祖甲汜蚁卯」是強調祭拜祖甲殺牲的細部方式：汜，即鑾，用牲放血，以血塗几的殺生方式；蚁，或為持斧斬殺的另一殺牲方式，或為「又」字的繁體，用作連詞，有「和」的意思；卯，即卿，指對剖的殺牲方式。此言歲祭祖甲，分別用鑾、蚁、卿的方式屠殺母牛以獻祭。

　　同時祭祀諸祖先，中間會有主從之別。同日祭祀相同天干的祖先，則以祖先出現的先後順序為次。例如：

〈花 487〉（4）甲戌：酚上甲，旬歲祖甲：牝一，歲祖乙：牝一，歲妣庚：牝一？一二三四五六

按：甲日先進行酒祭祭祀始祖上甲（甲日殷祖先之首），接著在甲戌的一旬進行歲
祭，先祭祖父輩排甲日的祖甲（陽甲），再祭祀近血親的祖父母：祖乙和妣庚。祖
甲、祖乙同屬男性，祭牲相同，妣庚屬女性，則改以獵獲的野豕為祭牲。

　　殷人不單有遠祖、近祖的觀念，而且已有對始祖或重要祖先崇拜的習慣。花東
甲骨亦多見在傍晚間占卜，詢問次日祭祀相同干日名的祖先，並祈求祖先的保佑。
例如：

〈花 6〉　（1）甲辰夕：歲祖乙：黑牡一，叀子祝，若，祖乙永，明召？
　　　　　　　用。一

按：甲辰日在「夕」的一段時間問卜，卜問的是次日歲祭祖乙。「歲祖乙」一分句
在前後語意得知，是於句首省略時間詞「翊」。

　　至於殺牲祭祖的時間有在次日「日出」的一段時段。例如：

〈花 426〉　（1）癸巳卜，翊甲歲祖甲：牡一、叙豕一，于日出？用。一
　　　　　　（2）甲午：歲祖甲：牡一、叙豕一？一
　　　　　　（3）甲午卜：歲祖乙：牡一，于日出攷？用。一二
　　　　　　（4）甲午卜：歲祖乙：牡一，于日出攷？用。三
　　　　　　（5）乙未：歲祖乙：牡一、叙豕一？一二（圖69）

按：（3）（4）為成套的兩條卜辭。相對於（1）辭的癸巳卜問次日甲午歲祭祖
甲，於「日出」之時段進行，（3）（4）辭也是卜問翌日（乙未）歲祭祖乙。因
此，（3）（4）是省略句首時間詞「翊乙」，而（1）是省略末句「于日出」的祭
祀動詞「攷」。攷，屬殺牲的方法，指用擊殺的方式殺牲。而（2）辭的甲午歲祖
甲、（5）辭的乙未歲祖乙，則應是祭祀當天的占卜。

　　花東甲骨迎神的流程，是先殺牲口，並在固定的地點賓迎鬼神的降臨，例如：

〈花 236〉　（1）丁卜：攷二牛，禦伐，作賓妣庚？一
〈花 276〉　（1）乙卜，其又（有）伐，于呂作，妣庚正（各）？一
　　　　　　（2）乙卜：其又（有）伐，于呂作，妣庚正（各）？二
　　　　　　（3）乙卜：其又（有）十豕妣庚？一
　　　　　　（4）乙夕卜：歲十牛妣庚，叙豕五？用。在呂。一
　　　　　　（5）乙夕卜：叀今攷妣庚？一

（6）乙夕卜：于朙改妣庚？三

按：〈花 276〉（1）（2）（3）是乙日白天迎神的活動。（1）（2）屬成套卜辭，命辭的第一、二句是陳述句，「其有伐」是挑選砍首的人牲，其中「有」是詞頭，修飾「伐」，「于呂作」是到呂地進行殺牲迎神的活動，明白的點出殷商迎神會選用某特定的地點。第三句「妣庚各」是詢問句，指祖先妣庚降臨，語意與〈花 236〉末句的「舉行賓迎妣庚的儀式」相當。（1）（2）辭用成套的方式肯定鬼神迎接到人間一事，（3）辭言用十杯香酒提供迎神時神靈飲用的儀式，「十鬯」是置於呂地的酒器，作為靜態的迎神貢品。接著的（4）（5）（6）三辭是在乙日傍晚進行，正式舉行歲祭祭拜妣庚，過程是用殺十牛和灑奠香酒五杯，並卜問用改殺的方式殺十牛是在今日當下，抑或是明天。本版見花東子在同一天由迎神的禮儀，到正式祭神問卜的過程。

　　花東一般在占卜的當天晚上才舉行正式的祭儀祭拜鬼神。花東甲骨中，祭拜時所用的祭品是先動物而後容器。所見的祭品內容，一般是先羅列祭牲而後接盛酒水的鬯和盛食的簋。偶亦有例外，如：

　　〈花 63〉癸丑卜：歲食、牡于祖甲？用。

相對於〈花 4〉版歲祭祖乙所用的「白豝一、叔鬯一、岂自西祭」，「食」可能是「岂」（簋）字的異體。

　　祭祀容器則包括有簋和鬯。如：

　　「白豕又簋」〈花 21〉
　　「小宰、牡又簋」〈花 25〉
　　「牡、叔鬯」〈花 26〉
　　「白麀一又簋」〈花 29〉
　　「牢、叔鬯一」〈花 34〉
　　「牡、叔鬯一」〈花 63〉
　　「十宰又十鬯」〈花 95〉

動物一般是先用牛或羊，再配以豕。如：

　　「二牢、白豕」〈花 278〉
　　「叀小宰、白豝」〈花 278〉

「叀二宰、白豕」〈花278〉

豕在花東是一種常用的祭牲，花東子又特別看重用馬來作祭祀，例如：

〈花196〉（2）戊申卜：日用馬，于之召？一二

〈花191〉（2）戊卜：其日用騙，不又之（此）卜？一

這些都與王卜辭的用牲主要以牛和羊的習慣明顯不同。花東甲骨又見「障俎」〈花26〉（9）、「酻俎」〈花113〉（26）連用，似是以酒肉合祭的意思。例如：

〈花26〉　（9）戊子卜：子障俎一于之（此），若？一

　　　　　（10）戊子卜：子障俎二于之（此），若？一

〈花113〉（26）傳五牛酻〔俎〕，彈以〔生〕于庚？四

按：〈花26〉二辭為選貞，卜問要用酒肉一份抑或是二份來祭祀。〈花113〉（26）一辭原釋文漏「俎」字，據照相本隱約見殘筆，備參；末句的「庚」為「妣庚」之省。

花東子亦偶會將用祭的酒、肉刻意分開書寫。例如：

〈花395〉（6）壬申卜：母戊祉（祭）？一

　　　　　（7）壬申卜：福于母戊，告子齒疾？用。

按：同一天分別卜問用肉、用酒祭獻母戊，祈求花東子的齒患無恙。

由祭拜用牲的不同，知殷人祭祀已有重男輕女的差別，這是進入父系社會重視人力的一種常態行為。如同版祭祀祖乙（小乙）用牛，祭祀祖乙的配偶妣庚則只用豬。例如：

〈花49〉（1）丁丑：歲妣庚：牝一、卯豚？

　　　　　（3）丁丑：歲祖乙：黑牝一、卯豚？

同時，殷人祭祖，亦有直系重於旁系的等差觀念。如同版祭祀直系祖先的祭品量會多於其他的旁系祖先。例如：

〈花291〉（1）庚辰：歲妣庚：小宰，子祝？在麗。一

　　　　　（2）甲申：歲祖甲：小宰、祤邑一，子祝？在麗。一二

　　　　　（3）乙酉：歲祖乙：小宰、牝、祤邑一？一二

　　　　（4）乙酉：歲祖乙：小宰、𥐟、𠬶𢍊一，子祝？在麗。三四五

按：本版庚日歲祭妣庚、甲日歲祭祖甲、乙日歲祭祖乙，明顯見花東甲骨占卜，習慣在某天干日祭祀相同天干稱號的先祖妣。互較三者所用的祭品，妣庚只有圈養的「小宰」，祖甲除「小宰」外，另有「𠬶𢍊」一杯，而祖乙不但有「小宰」、「𠬶𢍊」，更有講究的公豕一頭。可想見花東子在此對祭拜祖乙最為看重。而妣庚是武丁的母親，花東子的祖母；祖乙應是小乙，妣庚的配偶，花東子的直系親祖父；祖甲應是陽甲，小乙之兄。由祭品用牲的多寡，可見花東子重視直系的男性祖先，其次是旁系的男性祖先，最後才是女性的親祖母。這反映殷人有重男輕女之習，並已具有直系大宗的觀念。由用兆狀況觀察，本版（1）庚日祭妣庚只卜問了一次，（2）甲日祭祖甲卜問了兩次，而（3）（4）乙日祭祖乙則連續卜問多達五次，亦可由此得知花東子對祭拜祖乙一事的慎重。由字形看，本版花東子的「子」字出現異體，祭拜妣庚、祖甲的「子祝」，都寫作一般的「子」，唯獨在祭祖乙時，「子」的用字則改為繁雜而獨特的「𢀙」形，後者的書寫相對的有較莊嚴正規的意味。

　　一般占卜的干日，與祭祀的男性祖先用干稱號都是相對應的，但對於女性祖先卻並不嚴格。例如：

　　〈花296〉　（6）甲辰：歲祖甲：羊一？二三
　　　　　　　　（7）乙巳：歲祖乙：白彘又𤉲？一二
　　　　　　　　（8）丁未：歲妣庚：𠤳一、𤉲？一二三

按：本版甲日祭祖甲、乙日祭祖乙，但祭拜妣庚卻在丁日。而歲祭妣庚則特別強調用母豬一頭。

　　同時，花東多講究用牲的公母差別，遠比殷王室重視，這也是花東部族生活特色之一。殷人用公牲祭祀男性，例如：

　　〈花354〉　（1）乙亥：歲祖乙：小𧘚，子祝？在麗。一

按：本辭用牲特別強調屬公的小宰，可能有特殊的祭拜用意。

　　用母牲祭祀女性，可能是花東集團首開的一種祭牲傾向。當然，現實生活的用牲取捨並沒有那麼絕對，花東卜辭中亦見不少以母牲祭拜男性祖先的例子。

　　由於花東子面對丁（武丁）和婦好，一直存在戒慎小心的心態，這也反映在花

東卜辭的祭祀內容。花東甲骨有許多單獨祭拜妣庚而求降佑的例子，甚至有見主祭妣庚，而以配偶祖乙陪祭的實錄。例如：

〈花311〉庚午：歲妣庚：牢、牝，祖乙征，皯？在狀。一二三

按：本版「征」、「皯」明顯分書，宜為二分句。「祖乙征」，指小乙接著妣庚持續進行祭拜。庚日祭妣庚，本辭主祭的對象無疑是妣庚，而祖乙的接著祭祀，在本日而言自是陪祭。詢問「皯」否，是指歲祭妣庚用牲：牢和牝的殺牲方式是以皯（敲殺）宜否。

妣庚是武丁之母，花東子的親祖母，花東561版有字甲骨中，祭祀妣庚的竟多達123版，這數字遠遠超過妣庚的配偶祖乙（僅見64版）和其他的妣某，如：妣甲（只見4版）、妣丙（只見1版）等。這反映花東子對於這位直系母親的親暱，也無疑是一種討好時王武丁的間接行為。同樣的，花東甲骨有先祭拜妣庚，再入貢武丁的句例。例如：

〈花401〉（14）戊卜：其俎牛？一
（15）戊卜：其先皯歲妣庚？一
（16）戊卜：其俎牛？二
（17）戊卜：其皯豕，肉入于丁？一

按：（15）（17）為選貞卜辭，卜問先以擊殺的方式殺豬，用來歲祭妣庚，然後再將祭肉入貢給武丁的宜否。

這種先祭祀，然後才獻牲於上位者的流程，不管是否當日的慣例，但都足以證明花東子大量的祭祀行為，恐怕是有一定的政治目的和現實考量。

有關花東祭神的程序，是先確定祭儀和祖先名，再細部問卜祭祀內容和數量。例如：

〈花267〉（3）甲辰卜：又祭祖甲，叀子祝？一
（4）甲辰：又祭祖甲：友（又）羌一？一
（5）甲辰：又祭祖甲：友（又）羌一？二

按：（3）（4）（5）三辭為同日同時同組的占卜。（3）首先單貞，卜問祭祀祖先祖甲時，禱告人為花東子宜否。（4）（5）為成套卜辭，連續兩次占問祭祀祖甲用母羊一頭宜否。由此可見殷人占卜祖先的流程，一是先確定祭儀、祭拜對象和主禱

者，接著才是詢問用祭物品的具體內容和用量多寡。

至於祭儀的陳述，是先大祭，後小祭；先祭儀，後殺牲的方式。例如：

〈花 226〉（5）丁巳：歲祖乙：牡一；召祖丁彡？

　　　　（6）戊卜：往酉，酚伐祖乙，卯牡一，礿鬯一；祭伐？

　　　　（8）庚申：禦豎目癸子，曑伐一人，卯宰？

　　　　（9）辛酉：俎剢牝眔豎牡，晨飲？

　　　　（11）庚辰卜：召彡妣庚，用牢又牝妣庚，永？用。

按：由本版祭儀和殺牲用法的順序，可歸納如下表：

祭儀（大）		祭儀（小）	用牲法
歲 歲 酚 卯	 曑	召 彡 祭	 卯 俎、飲 卯

在祭祀的同時，花東偶會舉行一「稱冊」獻神儀式。例如：

〈花 29〉（1）丙寅卜：其卯，唯宁見馬于子癸，叀一伐、一牛、一鬯曑，
　　　　　夢？用。一二

〈花 53〉（7）戊卜：子其洫，晏舞，曑二牛妣庚？

〈花 27〉庚卜，在麓：歲妣庚：三牡又鬯二，至卯，曑百牛又五？

以上，是花東卜辭所呈現的祭祀風格，大的方向和王卜辭差別不多。

（二）占卜

花東甲骨是一坑主要屬於龜版的儲存坑，有字的龜甲比較大型，主要是用腹甲。有許多在甲橋處鑽穿圓孔，具捆縛成組串聯的功能，如〈花 37〉、〈花 38〉。卜辭行款雜亂，《殷墟花園莊東地甲骨》〈前言〉23 頁分 H₃ 坑龜甲的行款排列共17 種形式。文字一般是繞著卜兆書寫，有的甚至成圈狀，在規律中顯現變化。花東甲骨的主人是子，但刻手另有其人。刻寫的工具應是一種斧斤類的尖形器：

〈花 35〉（1）壬申卜：子往于田，从昔骬？用。罕（擒）四鹿。

按：本辭與〈花 395〉（5）相同，應屬同一天占卜的成套卜辭。「从昔骬」，〈花 295〉版作「从曰昔骬」，意指根據原舊有鑿骨問卜的內容。骬，从斧斤鑿伐牛胛甲骨，或象刻寫甲骨之形。其中的斤形器正是當日刻鑿甲骨的工具。

花東甲骨文習見由內而外、由上而下圍兆刻寫，經圍兆後末段文字復有成行列的直書狀態。花東刻手一般有避兆的習慣，避的是原卜辭所呈現的兆。例如：〈花 29〉（2）的「祝」字，因不願意壓著卜兆兆紋書寫而刻意的將「示」旁拉開，〈花 37〉（2）「牡」字从「士」與从「牛」二部件分離，也是要避開兆紋的緣故。而〈花 255〉（1）辭整條卜辭靠甲邊作橫書，是因為與卜兆直紋太長有關，〈花 259〉（2）「辛巳卜」的「卜」字小寫，似乎亦因為刻手不願意讓字形壓著兆紋。至於卜辭書寫誤壓著兆序的數字，卻是偶見的，如〈花 123〉（1）在右甲的「牝」字，由照相本見「牛」旁的下端穿過兆序（二）的兩橫畫。可見殷人避兆，一般只避卜兆兆紋，而原則上是不避兆序的。卜辭中的前辭「卜」字，絕大部分都依卜兆兆紋爆裂方向在龜版左右朝中間千里路書寫；但偶也有例外。

花東占卜有以甲骨的中橫線為界，區分下上兩組以上各自詢問不同的事例。這種有意識的區隔，和王卜辭是相同的。例如：

〈花 63〉　（1）辛亥卜：叀彈見（獻）于婦好？不用。一
　　　　　（2）辛亥卜：子其以婦好入于狀，子呼多卯正見（獻）于婦好，攺紐十，往瞿？一
　　　　　（3）辛亥卜：彈攺婦好紐三，蠱婦好攺紐二，往瞿？用。一
　　　　　（4）癸丑卜：歲食、牝于祖甲？用。
　　　　　（5）乙卯卜：叀白豕祖甲？不用。一二
　　　　　（6）乙卯：歲祖乙：狂一、礿嚳一？一二（圖70）

其中的（1）（2）（3）三辭為一類，屬卜問納貢於婦好的卜辭，都刻在龜版中橫線之下方，而（2）（3）辭為對應關係；（4）（5）（6）三辭為一類，屬歲祭祖甲、祖乙的祭祀卜辭，明顯的刻在龜版中橫線的上方，而（5）（6）辭亦為對應的關係。又如：

〈花 114〉　（1）丙卜：子其魃于歲，卯事？一
　　　　　　（2）丙卜：子其弜魃于歲，卯事？一

（3）己卯卜，在█：子其入旬，若？一二

其中的（1）（2）辭為祭祀卜辭的正反對貞，刻寫於龜版中線下方的左右兩邊；（3）為子出巡卜辭，見在龜版的左上方。

花東或呈現下上對貞的狀態。例如：

〈花 176〉　（1）丁丑卜：子钔于妣甲，岊牛一又█一，〔亡〕災，入商，
　　　　　　　　　彡？在麗。一二三四五六七八九十
　　　　　　　（2）丁丑卜：子钔妣甲，岊牛一、█一？用。一

按：（1）辭為成套占卜，而又與（2）辭屬正正對貞。二辭在龜版右方下上對應書寫。這種句例又見〈花 67〉、〈花 132〉等版。

也有以龜版中間的直線（千里路）為界，中分左右兩組相關占卜事例。例如：

〈花 14〉　　（1）乙酉卜：子又之陁南小丘，其眔，獲？一二三四五
　　　　　　　（2）乙酉卜：弗其獲？一二三四五（圖71）

按：（1）（2）辭在版面上方左右對貞。這種句例又見〈花 9〉、〈花 168〉、〈花 305〉、〈花 319〉、〈花 378〉等版。

當然，這只是總的方向，例外的或不規律的句例亦有許多。

花東形成卜兆的鑽鑿一般具備規律的對稱形成，且屬先鑿後鑽，而炙龜的部位都在圓鑽上，如〈花 62〉版，屬〈H₃：212〉龜腹甲的反面。本版共有 64 套鑽鑿，自千里線中分左右對稱整齊。本版右甲橋中間簽署的人名「叺」應刻寫於鑽鑿完成以前。版面上的鑽都疊在鑿上，可見二者關係是先有鑿而後有鑽。而卜兆因炙龜而生裂紋，炙龜的部位都在鑽的正中，而並不見在鑿成鑽鑿交接的地方。這應該是花東甲骨處理卜兆的基本方法。這似乎是花東卜人用兆的方法；與王卜辭的呈尖鑿形、鑽鑿偶爾分開的形式和炙處往往壓在鑽鑿之間的位置稍異。

花東卜辭多以對貞形式詢問鬼神吉否。對貞復有與成套卜辭相混用。對貞句中有繁省句相對成組的寫法，其中全寫的繁句可能與刻手或詢問者心裡主觀屬意的取向有關。例如：

〈花 321〉　（5）甲子卜，貞：妃中周妾不死？一二
　　　　　　　（6）甲子卜：妃其死？一二

按：（5）（6）二辭屬正反對貞，（5）句的「中周妾」一短語修飾「妃」，句子較繁，語意完整。（6）句為省略句。占卜者的心理傾向是「妃不要死」的一辭內容。

〈花 351〉　（3）戊子卜，在🔲貞：不子🔲又（有）疾，亡征，不死？一二三

　　　　　　（4）戊子卜，在🔲貞：其死？一二三

〈花 275〉　（1）己巳卜，貞：子利〔妨〕，不死？一

　　　　　　（2）其死？一

按：以上兩版對貞句例相同。占卜者企圖要肯定的都是前一辭（繁句）「不死」的內容。

花東甲骨中若干刻寫文字的字溝，有填上白、黑、紅色的顏料，用意不詳。例如：

〈花 76〉　（1）乙卯：歲祖乙：剢，叀子祝？用。

　　　　　　（2）乙卯卜：其卯大于癸子，曹牡一又💠？用。又（有）疾。一
二三

按：本版屬祭祀卜辭，（1）辭歲祭祖乙，（2）辭祭祀子癸，求佑「大」其人免除疾患。但由驗辭見結果：「大」是有病。二辭中「祖乙」二字有填朱紅色，「💠」和「疾」字的從人部件有塗上黑色，「用」「又」和「疾」字從爿部件則被塗上白色的顏料；原因不明。

以上，是花東部族使用占卜的特色。

（三）政權

花東子為殷王武丁的兒子，位高權重。花東卜辭是以花東子為占問核心的甲骨，但其中有許多有關丁（武丁）和婦好的記錄，亦間接浮現出花東子謹慎陪侍的心態。花東子一再占卜親自進貢和令某官員呈獻武丁和婦好的吉否，例如：

〈花 198〉　（10）癸巳卜：叀璧改丁？一

　　　　　　（11）子改丁璧〔一〕？用。二

〈花 203〉　（11）丙卜：叀子覵（見）💠用眾緝，再丁？用。一

〈花 202〉　（8）庚卜：子其見丁鹵以？二

〈花 237〉　（14）弜告丁，肉弜〔入〕丁？用。

〈花 195〉　（3）辛亥卜：呼䖵、涓見于婦好？在𢧜。

　　　　　　（4）辛亥卜：子改婦好叔，往罍？在𢧜。

〈花 63〉　（2）辛亥卜：子其以婦好入于𢧜，子呼多卸正見于婦好，改綢
　　　　　　　　十，往罍？一

無疑花東子應有獨立的封土和擁有一定的物質資源及部屬。他有權號令殷王集團的官員，甚至自身有設置職官的能力。例如：

〈花 410〉　（2）壬卜，在霝：丁曰：余其改子臣？允。二

按：「丁曰」，指武丁頒佈誥命。此言武丁正式賦予花東子擁有「臣」的職官。

　　花東子所貢獻的物品，除了一般的祭牲、玉器、禮器外，復見有貢獻兵器的記錄，例如：

〈花 38〉　（4）壬卜：子其入鷹、牛于丁？一

　　　　　　（5）壬卜：丁聞，子呼〔見〕（獻）戎，弗作樓？一

按：戎字从人手持戈盾，在這裡用為貢品。

　　此或可推知花東子已有製造戈盾等殺傷武器的實力。

〈花 391〉　（10）甲午卜：子作戊，分卯，其告丁，若？一

　　　　　　（11）甲午卜：子作戊，分卯，子弜告丁，若？用。一

按：戊，即鉞。此言花東子鑄造戊器工具，用於分割對剖祭牲之用。在占卜時強調「作戊」只是「分卯」的功能，並非武器，但仍須告知武丁。由此可知，殷商時期兵器的鑄造，應屬中央統一管轄，一般子族或諸侯不能僭越私製。

〈花 5〉　（16）癸巳卜：子夢，弖告，非艱？一

按：本辭「子夢」，必非吉夢，因此持弓告祖，以示威武提防災害之意。「弖告」，即「告弖」的移位句。殷人獻弓以祭神，亦可知花東子掌握製造弓箭的能力。對比花東卜辭大量占問田狩的內容，花東子擁有並能製造射器，是不容置疑的。

　　同時，花東子有實質指揮勞動人力的權力，並帶領群眾狩獵，例如：

〈花 14〉 （3）乙酉卜：子于暊丙求阹南丘豕，轟？

　　　　　（4）以人轟豕？

按：「以人」，即率領群眾。「人」為殷商時期勞動者的單位名稱。花東子帶領「人」赴阹地捕獸，無疑已有掌握勞動人口的指揮權力。

　　花東子並代替武丁帶兵征戰外邦。例如：

〈花 275〉 （3）辛未卜：丁〔唯〕子〔令〕从白或伐邵？一

　　　　　（4）辛未卜：丁〔唯〕多〔宁〕□从白或伐邵？一

〈花 237〉 （6）辛未卜：丁唯好令从白或伐邵？一

〈花 449〉 （1）辛未卜：白或再冊，唯丁自伐邵？一

按：以上三版應是同一日占卜的事情。卜問武丁命令子或多宁或婦好或自己親自征伐外邦邵族的吉凶。對外征伐，應是武丁作為帝王的主權，相關事誼也應該是由王的史官卜問才對。但是役為何要由花東子的甲骨來詢問此事？是否花東子早已知悉此一將要發生的征伐，丁（武丁）會選擇此三人中的任一人來主導戰爭，才會先行占卜？不管如何，花東子對此次征伐非常看重，連續用三甲來占卜此事。由此看來，花東子似乎有權能代武丁占問鬼神，可想見其人與武丁的親密關係，非比尋常。

　　「國之大事，在祀與戎」，花東子居然可以擁有祭祀問卜殷王直系和旁系祖先之權，復能指揮官員、代行征伐之事。當日的花東子，無疑是權傾朝野，位極人臣。而花東子對於武丁和婦好，一直維持著戒慎小心的態度，也展示在花東甲骨之中。例如：

〈花 366〉 （1）乙丑卜：皀□宗，丁采，乙亥不出狩？一二三

　　　　　（2）乙丑卜：丁弗采，乙亥其出？子占曰：庚、辛出。一二
　　　　　（圖 72）

按：（1）辭命辭有三個分句，一屬祭祀，二屬農耕，三屬田獵。其中第二分句的動詞，从人手持禾穗，有收成意。采，《說文》：「禾成秀，人所收者也。」俗作穗。採收禾穗的主語是丁（武丁）。商王親自從事農作收割。第三分句是卜問十天後不出外田獵，主語似應屬省略的花東子。商王在國內從事農耕勞動，「丁采」一事需要一段日子，估計長達十天，「丁」作為帝王，無疑是一位勤政勞動親民的表

率。此辭末句卜問作為兒子的花東子宜否在十天後出外打獵。顯然，花東子對於個人娛樂活動的安排，需要顧慮和配合武丁的一些觀感。（2）辭對貞後的「子占」，見花東子判斷不適合在十天後的「乙亥」日外出，認為應該再推延五日後的「庚辰」或「辛巳」日，比較適合。花東子明顯不想在武丁勤勞國事之際安排外出，二人既親密復緊張的心態，於此可見。

> 〈花 296〉　（3）癸卯卜：其入瑪，永？用。二
>
> 　　　　　（4）癸卯卜：子弜告婦好，若？用。一
>
> 　　　　　（5）癸卯卜：弜告婦好？用。一

按：（3）（4）（5）三辭同日占卜，（3）的主語是「子」，入貢的對象或為「丁」、或為「婦好」。（4）（5）二辭為一組反反對貞，一再占卜強調「花東子不稟告於婦好」一事的順否。而答案都是「可從」的用辭。可見當日花東子的心態，一方面入貢於武丁，一方面又希望與婦好保持一定的距離，不願意同時稟告婦好。

當日花東子的短命早死，似乎也與這種微妙的君臣關係有關；詳參拙文《殷墟花園莊東地甲骨論稿》。

十四、村南甲骨的特色：以小屯南地甲骨為例

1973 年安陽工作隊先後在小屯村南公路轉彎處進行了兩次發掘，連接的開采矩形探方共五排 21 個，發掘面積 430 平方米。根據《小屯南地甲骨》（簡稱《屯南》）甲骨整理者的統計，發現有刻辭甲骨 5041 片（綴合前），其中有卜甲 70 片、卜骨 4959 片、牛肋條 4 片、未加工骨料 8 片。1980 年出版《小屯南地甲骨》，拓片順序號共收 4589 片。甲骨的出土，主要見於儲存坑、廢棄坑、人殉坑和骨料坑四種類型。

《屯南》整理者在書的〈前言〉根據地層和陶器形制分期，將小屯南地甲骨地層區分為早、中、晚三期文化層，早期有𠂤組、午組、賓組的卜辭，時代相當於殷王武丁前後，中期大致屬康丁、武乙、文丁時代，晚期大致進入帝乙時代。此足見這並排的 21 個探方坑穴使用時間頗長，所埋存的甲骨可以由第一期武丁卜辭一直至第五期的帝乙卜辭，前後長達兩百年，應是當日殷人定都之後長期固定放置甲骨

的地方。然而,《屯南》整理者認為坑穴中不存在祖庚、祖甲、廩辛時期的甲骨,原因為何?並沒有進一步的說明。有關其中屬於「歷卜辭」甲骨的時間,整理者介定在第四期卜辭,而李學勤、林澐、黃天樹等目前的主流意見則調整為第一期至第二期祖庚卜辭,真相如何?學界仍無完全一致的看法。《屯南》中有非王卜辭的存在,這些非王一類甲骨的時間又為何?也沒有較系統的討論。由於《屯南》發表的甲骨拓本多不清晰,形成許多文字判讀的紛紜說解、筆畫審核的不確定,並導致了許多甲骨斷代分期也無法精確判定。這無疑是《屯南》一書編印最遭學界惋惜的地方。

檢視《屯南》可供斷代的甲骨,如:

1、〈屯 910〉版有「甗示」一詞,記錄是經由「甗」其人獻祭的甲骨。(圖73)「甗」是武丁時期習見的貞人,這裡作為進獻甲骨的人名自是特例,但不管如何,這一詞例的刻寫時間,可以暫定在第一期武丁時所書。

2、〈屯 2663〉版有貞人「旬」。「旬」其人在過去的甲骨辭例都用為武丁時人,在這裡則作為貞人名,也屬特例。本版亦可擬定為第一期武丁卜辭。

3、〈屯 2342〉版有祭拜殷王「父丁」、「小乙」、「祖丁」三人(圖74),相接的見於同版,應是相承的父子三代。對照殷王世系表,「父丁」自是武丁。因此,本版可介定是第二期的祖庚、祖甲卜辭。

4、〈屯 657〉版有祭拜先王「兄辛」一詞(圖 75)。「兄辛」,無疑是指「廩辛」。因此,本版當屬第三期康丁時所卜。

5、〈屯 1055〉版有祭拜先王「祖丁」、「父庚」、「父甲」,其中的「父庚」、「父甲」同輩,按理應即「祖庚」和「祖甲」。因此,本版當是第三期廩辛、康丁的卜辭。

6、〈屯 2538〉版有祭拜「妣辛」,指的是「武丁」配偶;另有祭拜「母戊」,可理解是「祖甲」的配偶。因此,本版宜定為第三期廩辛、康丁卜辭。

7、〈屯 4023〉版有祭拜「妣戊」。「妣戊」也是武丁的配偶。因此,本版可推為第三期廩辛、康丁卜辭。

8、〈屯 2281〉版有祭拜「父辛」(圖76)。「父辛」,即指「廩辛」,可知本版確是第四期武乙卜辭。

9、〈屯 4331〉版有祭拜「自上甲十示又三」和「父丁」,按祭祀順序由「上甲」往下推算十三位直系大宗,其後的「父丁」,即指「康丁」。因此,本版自是第四期武乙卜辭。

10、〈屯 2617〉版有詢問句「王受有佑」，這是第四期武乙、文丁和第五期帝乙、帝辛卜辭的習用句例。因此，本版可推定在第四、五期時所卜。

11、〈屯 3564〉版有「于武乙宗」和「王受有佑」的用法（圖 77），祭拜「武乙」的宗廟，本版當是第五期帝乙卜辭。

以上諸辭例，是根據「稱謂」和習見「文例」的用法，判斷《屯南》出土甲骨，分別有屬於第一、二、三、四、五期斷代的卜辭，而其中又以第三、四期卜辭出現最多和最集中。我們曾透過《屯南》「歷卜辭」的文例、稱謂系聯分析，亦認定「歷卜辭」的斷代分期，可由第二期末的祖甲卜辭延伸至第四期文丁卜辭，最為合理。由於「歷卜辭」跨越的時間頗長，近世主張由字形細分組類的朋友，認為歷組字例是自自組一直過渡到無名組卜辭，才會提出有所謂：「自歷間 A 類、自歷間 B 類、歷一類、歷二類（又分歷二 A、二 B 甲乙、二 C 類）、歷草體類、歷無名類」等許多繁雜、瑣碎不堪的類別區隔。（參劉風華《殷墟村南系列甲骨卜辭整理與研究》）

《屯南》發掘的甲骨，分別是在相連排列的 21 個矩形探方灰坑出土的。諸坑置放甲骨的時間，多有相互重叠的共時關係，如〈屯 9〉一版是經由 H1 和 H2 二坑甲骨相綴合的結果。另，〈屯 9〉版又和 H17 坑的〈屯 636〉版屬於成套卜辭的關係。因此，H1、H2、H17 三個坑穴有同時儲放甲骨的可能。又，〈屯 1050〉版屬 H34 和 H37 二坑甲骨的綴合，〈屯 1132〉版屬 H24 和 H38 二坑甲骨的綴合。同版甲骨有因自然破裂或因坑位遭打破而破裂，分置於不同坑穴之中，顯然不是孤證。而〈屯 1122〉版是 H24 坑的甲骨，和〈屯 182〉（H2）是屬於異坑同文例；〈屯 1138〉版是 H24 坑的甲骨，和〈屯 2361〉（H57）也是屬於異坑同文例。由此看來，《屯南》甲骨的時間推定，也可以透過同坑的上下堆叠，和異坑的同文、成套、綴合內容相互系聯彼此的關係而論。至於一些習用語、特殊字詞的書寫，無疑也可作為在不同坑穴而屬於同時甲骨的一種尋覓方法。如：卜辭習見的「今歲」一詞，H85 坑的〈屯 2629〉版誤寫作「今戌」，這種訛誤的特例，卻也遍見於 H2、H3、H17、H24、H47、T53 多個探方坑穴之中。這可以作為系聯異坑甲骨刻寫時間的參考依據。

《屯南》甲骨一般屬於殷王直系的王卜辭句例，但偶然混雜有非王一類的卜辭。如：〈屯 16〉（圖 78）和〈屯 3124〉版的「子」字異體寫法，和非王卜辭、武丁中期以前的花東卜辭寫法相同。〈屯 129〉版的「父戊」、〈屯 748〉版的「父己」，都不是殷王直系的名稱，也可認定屬於非王一類貴族的卜辭。〈屯

2671〉（圖 79）版有「午石甲」一句例，其中的「午」是「禦」字之省，字形獨特，祭祀的「石甲」，陳夢家認為是「午組卜辭」的祭祀對象，亦相當於武丁時期的非王一類。〈屯 2673〉版又見「午母庚」一句，和〈屯 2671〉版相同，也應是一版非王卜辭。又，〈屯 2623〉（圖 80）版是晚期卜辭，其中的「改」字從它倒書，寫法卻和花東卜辭全同。如此，本版可能是屬於晚期的非王一類卜辭。〈屯 4078〉版有祭「父戊」，而詢問句作「王受有佑」，這又是另一版晚期非王卜辭的句例。

殷墟小屯南地出土的，多屬卜骨，只有極少數卜甲。殷人似乎有分開儲存卜用龜甲、牛骨的習慣。這批甲骨經陸續置放或廢棄的時間相當長，可有由第一期過渡到第五期卜辭，但大都集中在第三期廩辛、庚丁和第四期武乙、文丁之間。卜骨的卜辭多由下而上、由外而內分段刻寫，這也反映當時問卜和讀兆的方式。《屯南》卜骨的所屬，主要是殷王直系大宗的王卜辭，間也有儲存少量非王的刻辭。

《屯南》卜辭有單貞、對貞和成套的句式。對貞句中，常見正反對貞和選擇對貞，偶有正反和選貞混用於一條卜辭的，如〈屯 2623〉：

（2）弜用黑羊，亡雨？

（3）叀白羊用于之，又大雨？（又見圖 80）

按：卜骨由下而上分段讀，但觀察（2）（3）二辭正反對貞的內容，又似先（3）辭而後（2）辭。（3）（2）辭卜雨的「亡雨」和「又（有）大雨」自是正反對貞的關係，但由二辭的前句看，「叀」和「弜」、「白羊」和「黑羊」對應，又兼具選貞的用法。此組卜辭屬選貞、對貞的混用例。可見當日占卜方式仍有處於混雜的狀態。（3）辭前句是「用白羊于之（此）」的移位。「之」，讀此，用為代詞，強調用牲地之所指。

一般卜辭只會卜問一事，偶有「一辭二卜」，如〈屯 3011〉、「一辭三卜」，如〈屯 256〉的特例：

〈屯 3011〉辛，王叀🔥田，亡戈？畢？（圖 81）

按：卜骨殘，「辛」字作為天干，其後有一斜出裂紋，未審是否「卜」字的連筆書寫，理解為前辭；備參。「🔥」，從火燒羌形，字為「羌」字演變至晚期卜辭，改用為地名的異體。「亡戈」，即「無災」至晚期的寫法。「畢」，即「擒」字初文。這裡用為「一辭二卜」的特例，卜問此行時王「亡災」否和有擒捕動物否。命

辭前句「王叀𧺆田」是一陳述句，乃「王田𧺆」的移位，因強調句中的田狩地而前移。

　　〈屯 256〉（3）丁丑卜：翌日戊，〔王〕異，其田，弗每？亡𢦔？不雨？（圖 82）

按：（3）辭命辭的次日「戊」是「戊寅」之省。「異」，即禩，祀字的或體，見《說文》示部。「王異，其田」是陳述句，言時王先進行祭拜，並將要田獵，「田」，用為田狩動詞。其後的「弗每」、「亡𢦔」、「不雨」三個分句，都是詢問句，是一辭三卜問的特例。「每」，讀敏，有順利意，屬正面語意。「弗每」，是卜問上述殷王連串活動有不順利嗎？「亡𢦔」，再卜問殷王沒有災禍嗎？「不雨」，最後卜問次日不會降雨嗎？

《屯南》甲骨多屬祭祀類卜辭，另有田狩、征伐、出巡、告令、受禾、求佑、卜生育、卜時間（某天或時段）、卜放晴、卜風、卜雨（降雨或寧雨）、卜易日、卜四方等類。同版卜辭有單一卜問一類事情，也有兼問不同事類的，如〈屯1128〉版分見有祭祀、田狩和卜雨卜辭（圖 83）。《屯南》祭祀卜辭多見泛祭如「侑」和「禦」、專祭祭名如「歲」和「酻」、殺牲方式如「伐」和「彝」。卜辭中多用單一祭名，如常見的「歲」斬殺之祭，有用一大祭接連帶出若干小祭或殺牲法的，如「酻𠮷歲」〈屯 11〉（圖 84）、「酻𠮷伐」〈屯 739〉，又多見不同的祭儀連續在同一條卜辭的前後依序進行，如「燎、沈、俎」、「奉、燎、沈」、「奉、燎、卯」、「禦、燎、卯」、「又、燎、俎」等是。祭祀卜辭中祭拜的主要對象是先祖。其中一般是帶出某祖先的專名稱謂；有泛指眾祖先的，如〈屯3157〉的「高」（圖 85）；有帶出一系列祖先名，如由遠而近的「陽甲、盤庚、小辛」〈屯 738〉（圖 86）、「父庚、父甲」〈屯 1055〉，有由近而遠的「父丁、小乙、祖丁、羌甲、祖辛」〈屯 2342〉（圖 87）。另有祭祀先臣的「伊尹」〈屯3033〉；有祭祀自然神的「河」、「岳」〈屯 4397〉、「土」〈屯 726〉；復見有祖先和自然神並祭的，如〈屯 916〉。殷祖有分作「大示」、「下示」、「小示」三類別〈屯 4331〉。祭祀時有獻冊的活動。祭祀的用牲，有方、羌、伐、由、妌、牛、羊、牢、宰、犬、豬等。

《屯南》征伐卜辭中記錄外邦出沒的，有召方、土方、盧、𢾭方、人方等，殷附庸將領有子方、沚或、望乘、𢀛、竹、王族、犬侯等，殷的職官復見多射、戍、馬、尹、工、宁、卜、史、亞等。這些資料的系聯和校讀文獻，對於殷商的戰爭史

和制度史有一定的了解。《屯南》甲骨有一些特殊的詞組實錄，如「月戠」、「于一人」、「出入日」、「今來歲」、「帝五丰臣」等，可作為研究這批甲骨的斷代分域用例。《屯南》甲骨的出土，對於重建上古文化和社會制度，無疑提供無比重要的線索。

《屯南》卜辭命辭中的變異句型，多屬於移位句，如「父丁其歲」〈屯1126〉（圖88）、「于岳禾」〈屯2105〉、「雨戊」〈屯2525〉等是；又有大量省略句，如「其七十羌」〈屯1115〉（圖89）、「于宮」〈屯2711〉、「其鹿」〈屯4511〉、「王叀田省」〈屯2531〉等是。偶有移位和省略句兼用的，如「弜唯茲用」〈屯2666〉（圖90）是。這些實例，都可以作為研究古漢語源頭的重要對應資料，復可見殷人在這階段應用書面語的靈活或不固定。

《屯南》在同一版甲骨之中，有見同一字出現不同的書寫形構和方式。這些異形見於同版，甚至有在同套或同組對貞之中，彼此自是在同一時空的書寫。這反映書手在寫字上的隨意和不穩定，也可以反證近人強調的「字形斷代」並不是絕對的斷代標準。

《屯南》同版異形主要可區分：更易意符、增省部件、顛倒部件、正訛部件、增省筆畫、調整結構、改變筆序、筆畫長短不同、單複筆之別、漏刻等十類現象。分述如次：

1.更易意符

凡 2 例。同版異形有改換全然不同的表意部件，但例並不多見。目前明顯而習見的只有：災、吉兩個字例。

a.災。

「災」字有從戈和從水兩系統的字形，字的本義一是兵災、一是水災。《屯南》見二字形同版互用例：

〈屯660〉作：　、　

〈屯2172〉作：　、　、　

〈屯2323〉作：　、　、　

《屯南》甲骨「災」字形在同版中並不固定，同屬水災形的，有增省水紋，如〈屯2178〉作　、　、〈屯2306〉作　、　；同屬兵災形的，有增省從戈的橫筆，如〈屯2386〉和〈屯4073〉分別有　、　二形。「災」字另見有兵災字形省聲符橫筆，訛從屮，如〈屯3666〉的　；有水災字形省聲符作　〈屯4327〉、

〈屯 4447〉；有兵災字形全省意符作 ♦〈屯 1128〉；有聲符移位作 ♦〈屯 298〉；有意符「戈」改从「斤」作 ♦〈屯 344〉。

b.吉。

「吉」字有从橫置的斧戉形和倒置的戈頭形二大類，表示兵器解下並置放於容器之中，強調不動干戈，引申為吉祥的用法。兩系統的「吉」字形其後有混同从「士」。「士」符似是由斧戉的「王」形由複筆簡化為單筆而來的。同版異形例：

〈屯 678〉作：♦、♦

〈屯 743〉作：♦、♦

此外，同版中更易形近或意近的部件，另還有三例：

〈屯 4516〉受字作 ♦、♦，見从爪、从手形在同版同字互用。

〈屯 2682〉杏字作 ♦、♦，見字下从的方形和圓形部件混同，圓形似作日形。

〈屯 1122〉伊字作 ♦、♦，見从人、从卩在同版同字互用。

2.增省部件

凡 8 例。同版同字異形的增省關係，見於個別部件的全形。其中增加的有屬重疊的或次要的部件，省減的亦只是較次要的部件。這種增省變化並不影響全字構件要表達的意義。例：

〈屯 496〉翌字作 ♦、♦；有增从日。

〈屯 606〉奠字作 ♦、♦；有增从示。

〈屯 663〉畢字作 ♦、♦；有增从隹。

〈屯 636〉蠱字作 ♦、♦；有增从几。

〈屯 2688〉囧字作 ♦、♦；有增从卜。

〈屯 618〉糞字作 ♦、♦；♦。字上从米，有省米形下的三點，以求部件的平
　　齊美觀；也有全省米而增从示，強調由登獻的內容轉而為登獻的對象，此字
　　例亦可以補入上述「更易意符」例中。

〈屯 644〉蠚字作 ♦、♦；有省被蛇咬的止。

3.顛倒部件

凡 3 例。同版異形字例僅見「止」符和「勹」字字形上下位置的顛倒，反映文字書寫仍殘留隨意和不固定的狀態。例：

〈屯 756〉止字作 ♦、♦

〈屯 742〉老字作 ⟨glyph⟩、⟨glyph⟩

〈屯 1102〉「勾（鰲）牛」的勾字作 ⟨glyph⟩、⟨glyph⟩

4.正訛部件

凡 10 例。同版同字中的部件，有因形近而誤書的特例，例：

〈屯 755〉牢字作 ⟨glyph⟩、⟨glyph⟩。；〈4347〉牢字作 ⟨glyph⟩、⟨glyph⟩。從牛部件訛作木形。

〈屯 610〉牢字作 ⟨glyph⟩、⟨glyph⟩；相同的同版異形見〈817〉、〈2364〉。從牛部件訛作倒人的屰形。

〈屯 484〉旬字作 ⟨glyph⟩、⟨glyph⟩；相同的同版異形見〈457〉。旬字訛作云。

〈屯 2667〉沈字作 ⟨glyph⟩、⟨glyph⟩。從牛部件亦訛作屰。

〈屯 135〉乘字作 ⟨glyph⟩、⟨glyph⟩。從大部件訛作入形。

〈屯 4583〉先字作 ⟨glyph⟩、⟨glyph⟩。從止部件訛作心形。

5.增省筆畫

凡 22 例。同版甲骨同字見有增省一些不能獨立、屬於次要的筆畫，且不影響全形意義的異形。這種個別筆畫的增省變化，有：

a.增省橫筆。例最普遍：

〈屯 606〉其字作 ⟨glyph⟩、⟨glyph⟩

〈屯 2861〉其字作 ⟨glyph⟩、⟨glyph⟩

〈屯 740〉叀字作 ⟨glyph⟩、⟨glyph⟩

〈屯 771〉叀字作 ⟨glyph⟩、⟨glyph⟩

〈屯 3731〉叀字作 ⟨glyph⟩、⟨glyph⟩

〈屯 636〉用字作 ⟨glyph⟩、⟨glyph⟩

〈屯 610〉吉字作 ⟨glyph⟩、⟨glyph⟩

〈屯 1091〉用字作 ⟨glyph⟩、⟨glyph⟩

〈屯 774〉子字作 ⟨glyph⟩、⟨glyph⟩

〈屯 740〉商字作 ⟨glyph⟩、⟨glyph⟩

〈屯 856〉歲字作 ⟨glyph⟩、⟨glyph⟩

〈屯 997〉往字作 ⟨glyph⟩、⟨glyph⟩

〈屯 1054〉囨字作 ⟨glyph⟩、⟨glyph⟩

〈屯 457〉囧字作 ▨、▨、▨

〈屯 1047〉壴字作 ▨、▨

〈屯 1055〉麂字作 ▨、▨

〈屯 2707〉祖字作 ▨、▨

〈屯 2845〉貞字作 ▨、▨

b.增省豎筆。例：

〈屯 961〉燎字作 ▨、▨

c.增省虛點。例：

〈屯 726〉燎字作 ▨、▨

d.增省 H 符。例：

〈屯 4516〉歸字作 ▨、▨

e.增省 X 符。例：

〈屯 4516〉子字作 ▨、▨

6.調整結構

凡 20 例。這和文字書寫的風格和習慣有一定的關聯。同版異形的主體結構不變，但局部筆畫的書寫有所改動。

a.尖頭/平頭

〈屯 421〉貞字作 ▨、▨

〈屯 484〉貞字作 ▨、▨

〈屯 935〉貞字作 ▨、▨

b.單斜筆/交叉書寫

〈屯 618〉叀字作 ▨、▨

c.斜筆/曲筆

〈屯 734〉未字作 ▨、▨

〈屯 1055〉餗字作 ▨、▨

d.斜筆/橫書

〈屯 815〉卑字作 ▨、▨

〈屯 2174〉叀字作 ✹、✹

〈屯 323〉叀字作 ✹、✹

e.橫書/弧筆

〈屯 2172〉王字作 王、王

f.曲筆/浪筆

〈屯 728〉每字作 ✹、✹

g.分書/連筆

〈屯 679〉吉字作 吉、吉

〈屯 812〉吉字作 吉、吉

h.單筆/三角形

〈屯 8〉王字作 王、王

〈屯 644〉不字作 不、不

i.平列/突出書寫

〈屯 8〉雨字作 雨、雨

〈屯 2174〉雨字作 雨、雨、雨

〈屯 2966〉雨字作 雨、雨、雨

〈屯 3183〉雨字作 雨、雨

j.平底/尖底

〈屯 2861〉其字作 ✹、✹

7.改變筆序

凡 10 例。與上述「調整結構」一項相類似，但主要是書寫筆序和運筆習慣由常態過渡至特殊寫法的差異，字的形體並沒有明顯的不同。例：

a.兩斜筆→橫筆

〈屯 657〉牛字作 ✹、✹，相類的同版異形見〈屯 608〉、〈屯 3673〉

〈屯 2297〉牢字作 牢、牢

〈屯 2170〉告字作 告、告

b.直筆→斜筆

〈屯 4100〉酚字作⌐、⌐

c.起筆連書的位置不同

〈屯 2618〉从字作⌐、⌐

d.橫筆→兩斜筆

〈屯 4516〉子字作⌐、⌐

e.斜筆分書→斜筆連書

〈屯 2756〉貞字作⌐、⌐

f.橫畫獨立書寫→橫畫連直筆

〈屯 2172〉其字作⌐、⌐

8.筆畫長短不同

凡 3 例。同版異形的筆劃佈局，由方正平齊而改為外突的寫法。這似是文字書寫隨意或求字形變化美觀的差別。

〈屯 985〉庚字作⌐、⌐

〈屯 1119〉庚字作⌐、⌐

〈屯 2105〉亥字作⌐、⌐

9.單筆、複筆之別

凡 2 例。同版異形在於筆畫的單線和雙鉤的差異。一般是由雙鉤書寫簡省做單筆的形體。例：

〈屯 935〉午字作⌐、⌐

〈屯 2707〉猴字作⌐、⌐

過去的經驗，午字作⌐、⌐形分別屬於早、晚期卜辭的斷代字例，《屯南》的同版互見無疑模糊了這種文字時限二分的說法。

10.漏刻

凡 3 例。同版異形見屬於書寫上的筆劃疏漏。例：

〈屯 1118〉牢字作⌐，有漏書羊耳作⌐。同版的牢字作⌐，復有漏書牛首作⌐。

〈屯 4465〉庚字作⌐，有漏橫筆作⌐。

歸納上述十項《屯南》同版異形多達 85 組個案，同版字形書寫的差異以「增

省筆畫」、「增省部件」、「調整結構」三項為主，其次是寫錯字的「正訛部件」和不固定書寫的「改變筆序」例。而其中有明顯字形改易的「更易意符」例常見的只有 2 個字例。

分析《屯南》甲骨的同版異形字例，反映殷文字的筆畫、書寫順序、書寫風格，甚至是對於字的次要部件要求都不穩定，這和當日書寫字形並不被嚴格要求有關。然而，換一個角度來看，這批文字的主要結構已經有固定而明確的辨識組合，代表《屯南》甲骨已是一批成熟書寫的文字。其中筆畫結構較繁複、或較罕有不常出現的字，其字形基本上都沒有特別的變化，理論上只有單一種的寫法；而舉凡有異形的，一般都屬於普通的常用字。《屯南》文字筆畫書風的自由調整，或只是刻工隨意書寫、避重的結果。

學界過去曾提出斷代分期的甲骨字例，如：王作 王、王，不作 丕、丕，歸作 𨑒、𨑒，貞作 𠙴、𠙴，午作 8、丨 等，這些筆畫和結構的差異，一般會認為有早晚期或不同組類的區別，但卻都出現於《屯南》甲骨的同版書寫，且並不是孤證。明顯的，這些同版的異形字例，只能視作同時、同區域，甚至同刻工書寫的文字。因此，文字字形可以提供文字流變先後的一個參考佐證，但不可能一刀切的用作判別時期或組類的「絕對」和「唯一」標準。

以上《丙》、《花東》、《屯南》三批出土甲骨資料，正可以提供殷墟王卜辭與非王卜辭、村北甲骨與村南甲骨、早期甲骨和晚期甲骨立體對比研究一重要的參考依據。

非王的《花東》甲骨，以龜甲為主。無論是字、詞、句的形式都處於一不穩定多變的狀態。早期創新、圖畫意味濃厚的字形多，成套、對貞和選貞等組合混雜，卜辭中出現大量移位、省略的變異句型，反映殷商貞卜初期形式的隨意和擬測。當時文字的刻寫，大多仍在一勇於嘗試的階段。《花東》甲骨刻寫的內容，限於一區域子家族的祭祀為主，偶亦牽涉到和中央帝王祖妣的關係。

《丙編》多屬王卜辭，甲骨以龜甲為主。文字大開大闔，展示一安定大國的氣度。武丁在位 59 年的雄圖和個人的迷信，也反映在這批王卜辭的刻寫上。當時王集團的刻寫行款趨於穩定，甲骨字形基本都是固定書寫，大量習見的詞彙、句式一再出現，卜辭前辭、命辭的書寫也趨於一慣常的形式。《丙編》甲骨成為了解殷商上層社會文明的一手材料，是古漢語最早源頭而量多的記錄，其重要性不言而諭。

至於村南的《屯南》甲骨，則是以牛骨為主。《屯南》諸坑甲骨儲存的時期跨

庤長，同坑文字字形的差別也較大，但總的而言，甲骨的時間偏集中在殷商中晚期。《屯南》字、詞、句表達成熟，占卜形式有趨於機械，也呈現許多中期偏晚的特徵。甲骨刻寫行款，亦反映出中晚期的風格。《屯南》同版字形較混亂，這和殷商中期以後字形書寫不嚴謹有一定的關係。

十五、未來十年研究甲骨文的課題

甲骨學研究的氛圍，自甲骨四堂後，人才輩出，如于省吾、胡厚宣、陳夢家、張政烺、徐中舒、商承祚、胡小石、嚴一萍、金祥恆、張秉權等，可謂「百花齊放」，鼎盛一時。及至 1999 年「甲骨發現百年」時期，整體研究攀上一歷史的高峯，然後就一直緩級而下，大陸學界接受李學勤、裘錫圭、林澐等學人合力的影響下，面對甲骨的考釋、隸定和分類方式率趨於一致，不容易有突破的看法，而研究熱點復漸轉進於新興的戰國文字，至近年甲骨學的研究雜音偶起，才改變為一盤整的階段。

我評估未來十年研究甲骨文的熱門課題，將不再是甲骨綴合，也不會是甲骨字形組類細分，更不可能是所謂「兩系」的問題。在沒有新出土甲骨的前提底下，甲骨文的探討會逐漸通俗化、普羅化，表面仍保留著靠近上古「字原」、「字根」的優勢，權美化為推廣漢字的招牌，但深層的研究已不容易持續。

未來十年，學界不再是「一言堂」，研究的自由度會提高，並將持續肯定王國維的「二重證據法」和重新評估董作賓的「十個斷代標準」、「五期斷代分期」等貢獻，研究方向首先會清查迄今擁有的研究成果，由「破」的角度、「對比」的方式，檢討並過濾現有的各種矛盾異同課題。未來持續討論相關的甲骨學議題預測，我認為至少會有如下幾項：

1.甲骨字形隸定的商榷整合，建構出合理的隸定方式。

2.甲骨文過去個別字考釋的總批判。

3.甲骨卜辭作為問句的再思考。

4.甲骨字形斷代的批判。

5.花東甲骨早晚出字形的重新檢討。

6.甲骨詞彙的分期分域研究。

7.甲骨文作為語料和文字字形分析的優劣差異。

8.甲骨正面和背面文字系聯研究。

9.武丁以前卜辭和帝辛卜辭的尋覓。

10.歷卜辭屬早期抑中晚期甲骨的決議，貞人集團的重新整理。

11.殷王卜辭和非王卜辭的對比研究。

12.周原和周公廟甲骨的對比研究。

13.殷周甲骨和文明的對比研究。

14.甲骨文和青銅文字的對比研究。

15.甲骨文和《說文》的對比研究。

十六、學習甲骨文字的時代意義

　　一般所謂「古文字」，是指殷周至秦漢的文字。相對而言，「今文字」是漢魏以下的文字。前者大宗的細分有四：甲骨文、金文、竹帛文、篆文。甲骨文，包含商甲骨和西周甲骨，主要的是殷商文字，可以掌握中國文字、文化的源頭和印證殷商歷史。金文，含殷金文和周金文，主要的是兩周文字，能呈現兩周文史和制度實況。竹帛文，即竹簡帛書文字，一般見屬於戰國及秦漢文字，可供對比先秦的文獻和律令制度。篆文，即小篆，是秦統一後的官方文字，能了解秦漢的文化現象，並借此批判隸楷書的字形字用。每宗古文字的重點內容和風格都不相同，反映文化的意涵亦不盡一致。而甲骨文在古文字當中最具開源和批判的重大意義。後者一般是指隸書、楷書和一些俗字。

　　「時代」，是一相對的概念，時有古今，不同時代會有不同的文字字形和字用。正常言，學習甲骨文字是為了要了解古字的音義源流，學習今文字是要明白現在文字的音義。下面主要是談談學習甲骨文字在現今社會的意義和價值。

　　文字是語言的記錄，是既實用又具精神含義的文明產物，它不能純用物質斤量的角度來論其輕重。甲骨文字是過去的文字，但並不是死去或中斷的文字，古今文字環環相扣，一脈生成，前後有密切的關係。有關甲骨文字的功能：

　　一、實用求真的層次。甲骨文字距離上古文字開創的時間不遠，仍多保存文字的原形，較能正確的掌握文字形音義的原貌。利用甲骨文字的知識，又可下開周金文、戰國竹帛文字和《說文》字形，檢核先秦文獻的內容，還原文獻可能存在訛缺的地方，並重建古代歷史文明的真面目。

　　二、精神求善的層次。甲骨文字的掌握，可以提升專業知識和文化素養，幫助國人了解文化、熱愛文化。法國哲學家笛卡爾說：「我思，故我在」，面對龐大出土的甲骨文字，我們也需要說：「我懂，才會熱愛」。

　　以下，我們分幾項談談學習甲骨文字的時代意義：

（一）古為今用，強化楷書的認識

　　由「古而開今」，是我一直提倡的研究方法。以古為根本，可以拉出一條字形和字用流變的縱線。任何問題，都可用這種點、線、面的立體方式從事研究與學習。至於古如何為今所用？學習古文字如何認識現代？現代人有需要明白古文字嗎？這都是一般人不易了解和容易忽略的問題。現代人學習時缺乏「誠敬之心」和對自我的冀許，輕忽的心態引致大量寫錯字、拆錯字、誤解文字而不自覺，儘管每天都在寫字、打字、用字，但對於文字卻往往是疏離的。如：

　　「行」，本義是甚麼？所從的兩個部件怎樣讀？是真的嗎？

　　「亞」，字形結構是甚麼意思？查楷書筆畫索引正確要查幾畫？

　　「馬」，字下面四點一般都說是四條腿，是對的嗎？為甚麼「魚」和「燕」又
　　　　從四點？

　　「大」，原形是甚麼？和「立」字有甚麼關係？和「文」字又有甚麼差別？

　　「仁」字的起源在甚麼時候？「道」字如何轉用為文獻「道德」的意思？

　　「旗」，字形應該怎麼拆？部件又怎麼讀？

　　「去」，本意是甚麼？上面是從土嗎？

　　「草」和「艸」，是一字抑兩個字？原來有甚麼分別？

　　「東」，本意是甚麼？在甚麼時候理解錯了？從「日」中間的一橫應和兩邊相
　　　　接嗎？

　　以上隨意列舉的楷書問題，都需要有甲骨文字的知識才能解決。

　　文字，是解決一切書面載體問題的基礎資料。因此，我們對字的了解必須精確，才能確保書面內容的無誤。而楷書的字形字義是上承古文字的，要先了解古文字，才好正確的運用楷書。相對的，我們學習漢字漢語的順序，大方向也是「由字溯詞，由詞而溯句」。字是所有行文成篇的最小單位。因此，要學好中文，首先要了解文字；而要學好文字，明白楷書的對錯，又先要掌握一些甲骨字字原的知識。

（二）提供認識漢字之美

　　東西方文明的發展，文字的發生無疑都是一個重要的指標。上古甲骨文字形成的一刀一筆，隱含著民族生存維艱的投影，堪供後人借鑒和珍惜。有關甲骨文字的發生，除了方正美觀的需求外，復有如下的特色，可以體認文字本身結構之美，值得我們注意。

　　1.流動。甲骨文字字形的形成，自然是各自因實用的需要而獨立發生，但也有是由一連串、樹狀式依序分裂，或經相對呼應而衍生出來的。如：

（1）　

（2）　

（3）　

（4）　

（5）　

（6）　

（7）　

（8）　

以上是先民造字時，經過參考相互形意的關係，「對應」改變、調整或增省部件，才轉出新的文字。字和字之間，在形義上有密不可分割的因承示意關聯。因此，學習甲骨文字，不只是利用六書來逐字定點的認識，也要注意不同的字和字之間的發展和系聯過程。這種動態而活潑的學習，更能品味古人發生文字的聰慧和文字線條變化的優美動態感觀。

　　2.約定。甲骨文字在開始發生階段，就已具備漫長「約定」的測試。透過人和人的約定，部族和部族的約定，文字由矛盾、衝突而調和、歸於一。「約定」的背

後，有一深層意識，可以窺探古人思維中抽象的哲思。像「三，取其多也」，是早在甲骨文字剛發生時，已然取得的約定概念。例如：

　　山作 ⛰、手作 ⼿、止作 ⽌ 、眾作 🔅、眾作 ⽫、小作 ⼩

以上字例，固定（常態）簡約的用三個部件或符號組合而成，來泛指眾、多的觀念。

　　另外，甲骨文字三個相同結體的組合，又常見約定以倒三角的方式呈現。如：轟作 🔅、麤作 🔅、森作 🔅、鱻作 🔅、品作 🔅。這種上二下一的構型，呈現古人審核文字結構之美的特殊認知。

　　透過以上「流動」、「約定」的特色，再配合方塊字一般所謂「對稱」、「方正」、「朝中線」的凝聚書寫，對漢字之美的形成，能有更多的體悟。如此，回來再看我們今天的楷書，又有不一樣的對比認識。中國文化自始強調「中」（恰到好處）、「和」（平衡），以「守中」為人的內化、調和思想，早已在甲骨文字組合中看出端倪。

　　以上種種的文字特色，都是珍貴的文化遺產，也是書寫漢字的人的驕傲，應該知曉和正確的留傳。

（三）由文字了解文化，增加對文化的認知

　　文字，作為文化的具體表達方式之一。每一個文字，都代表著一個活潑的生命體，隨著實際需要而發生，亦因實用功能的消失而死亡。透過甲骨文字字形的客觀排比，可明白字的源頭和發展縱線。甲骨文字刻寫於珍貴稀有的出土文物之上，足以反映在不同時期的文化實錄，是我們品味民族精神文明的重要平台。例如：

　　甲骨文保留大量殷商文明的記載，如「象」字，見河南中原一帶在上古時期仍有「象」的活動痕跡。「朝」「暮」字，呈現在平地草原所見日出、日落的實況。「京」字，屬於挑高的建築物，是洹水之濱殷人居住的實錄。「上帝」一詞，已見於甲骨，用為祭拜的神中之神。卜辭中大量祭儀，如「禦」、「侑」、「燎」、「酒」、「沈」、「奉」、「埋」等，足見文獻記載的殷人尚鬼，確屬信史。「伐」字，配合殷墟的殉葬坑，可見殷商殺戮的方式。「奴」、「羌」、「執」、「妾」等大量人牲，和「王」、「侯」、「臣」、「小子」等不同職官，反映殷人階級社會的落差現象。其他，如周金文中大量發明從「金」偏旁的用字，見青銅金

屬鑄造和使用的興盛。周金文的內容可以如實的反映真正的周禮制度。戰國郭店竹簡以降，出現大量從「心」部件的字，又轉見古人開始對精神內心的重視，並賦予獨特的哲思。這和先秦文獻反映的觀念又可以一一互較。同樣的，秦小篆能反映秦漢時期的社會文化現象。隋唐碑石文字，又能作為認識隋唐史文獻以外的新佐證。這些，都是應用地下材料印證文獻，了解文明的實例。

上述用文字字形投射去看歷史文化的方法，無論在學習或研究上，今後都應該重視。至於用楷書俗字來分別研究今日中、港、台文化的差異，迄今似乎還未全面開始哩！

（四）啟迪精神文明和民族自信

今日工商業社會的功利導向，嚴重忽視人文素養的培訓和教育，一般人的志（理想）容易迷失殆盡。然而，精神的學問，才是救國強國、經世致用之本。時代愈混濁，愈應堅持自我的文化主體。文字，是直接且正確開啟國族文明的鑰匙。甲骨文字作為中華民族獨特、無可取代的一種重要發明，也是在全球學術競賽之中，我們有絕對優勢領先於東西方的一門國際學問。目前出土的甲骨文字字形，還沒有一個是經由外國朋友認出來的。台灣大學傅斯年校長早年的宣言，「要科學的東方學之正統在中國！」，企圖將世界漢學重鎮由西方的巴黎、倫敦、柏林和日本的京都移回中土的豪語，憑藉的，正是當時中央研究院史語所挖掘殷墟的甲骨文字。因此，學好甲骨文字，能夠重新肯定整個民族的自信心。

近代西方的思想文化，一直衝擊著中國。經過鴉片戰爭、洋務運動、戊戌變法、辛亥革命、新文化運動……，中西文化之爭迄今不斷。時至今日，許多國人的觀念已全然西化，固有的文化主體逐漸遭剝落拋棄，民族已經稀釋了原有傳統的精神和價值。如何維持中華特色的文化，讓中國人還是中國人，是今天我們需要面對的課題。譚嗣同當年曾說：「滅其國，先滅其史」。同樣的，「滅其國，必先滅其文字、文化」。因此，認同文字，才能認同國本。要了解一個文化的載體文字，才能體會一國的文化精髓。就如同我們不通曉英文，甚至中古英文，又如何能真正了解英國這個國家和文化是一樣的。學習甲骨文字，掌握楷書真正的源頭和出處，無疑兼具有強化文化命脈的時代意義。

（五）古文字下鄉，進入生活

　　單音節的方塊書寫，是作為中文的獨特風格。國人學習中文，面對的不只是一種冷冰冰的實用工具，應存有一份溫情崇敬之心和使命感。甲骨文字的研習，能夠讓我們平實的擁有此一使命感。讓不懂文字的人，透過對字形謹慎的科學驗證訓練，正確的認識一個又一個漢字的前世今生，是讀書人和文化人當仁不讓的責任。

　　由古文字發展開來的甲骨學、金文學、竹帛學、說文學、碑石學和相關科目如考古學等先後建立，各自獨立成為國際的學科。近百年來最優秀的一批讀書人，紛紛投入甲骨文字的研究，將甲骨文字建構成一嚴謹的學科，對古文字學作出重大的貢獻。然而，學問不能只停留在學院殿堂專業之內，撒種普羅的推廣工作也必須不斷的進行。任何學問都要有優良的傳承和博大的基礎，更何況攸關文化源頭、影響我們每一天書寫的學科？甲骨文字必須重新包裝，用最簡單的語言、淺易的方式，有計畫分階段的走入民間、走進中小學的教室，讓甲骨文字貼近我們的生活，使正確的知識和科學的方法能在基層生根成長。由此，整體國民對文字、文化的品味水平才得以提升。這也是今後古文字研究和中華文化要走的方向。

　　綜合上述的「古為今用」、「認識漢字之美」、「了解文化」、「啟迪民族自信」、「進入生活」幾項，粗略的勾畫出甲骨文字在今後能夠掌握的實用價值，僅供同道參考。

附 圖

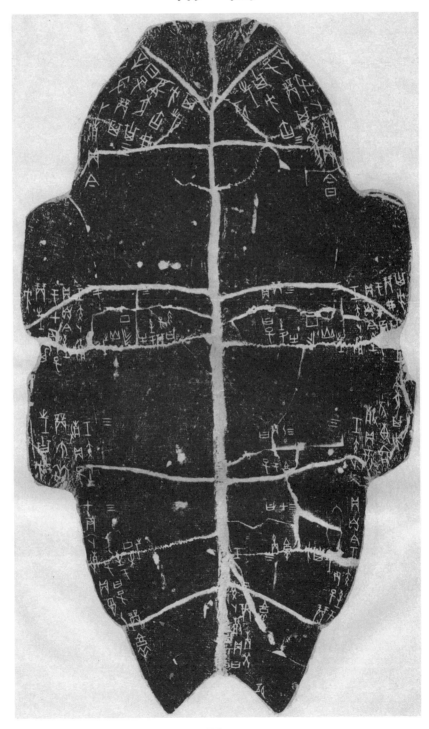

圖 1

圖 2（局部）

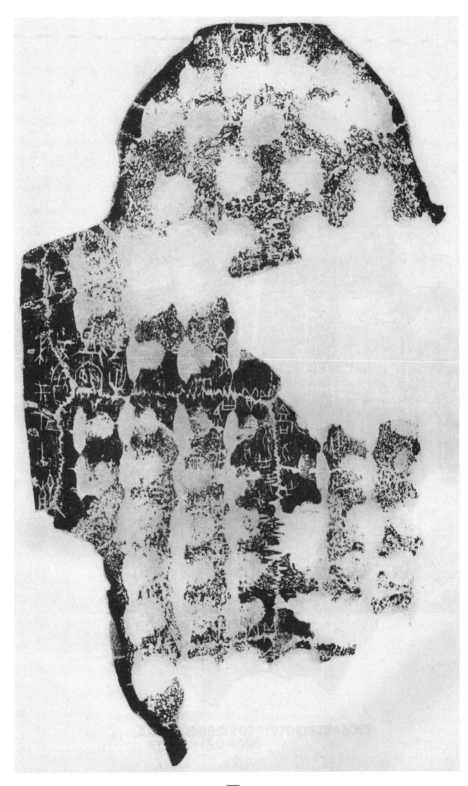

圖 3

圖 4（局部）

圖 5

圖 6

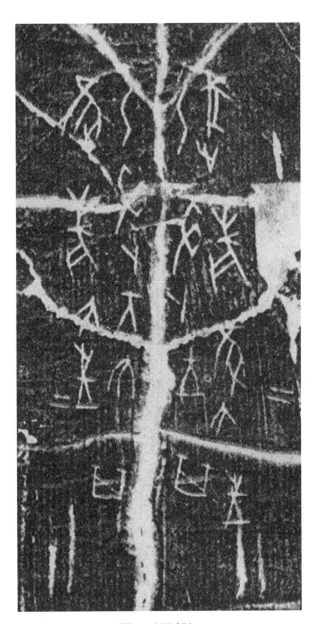

圖 7（局部）

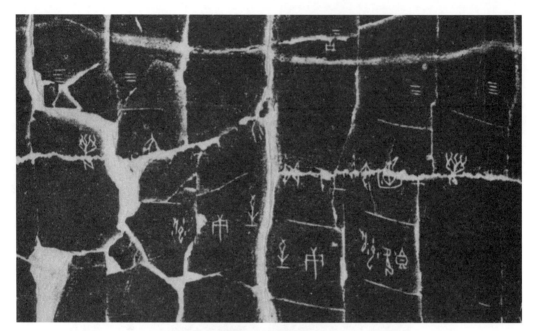

圖 8（局部）

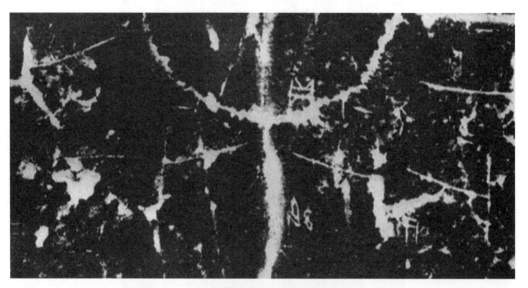

圖 9（局部）

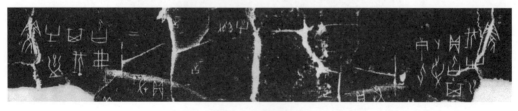

圖 10（局部）

圖 11

圖 12（局部）

圖 13（局部）

圖 14（局部）

圖 15（局部）

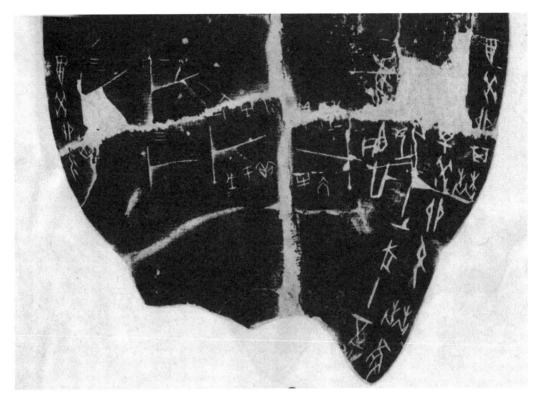

圖 16（局部）

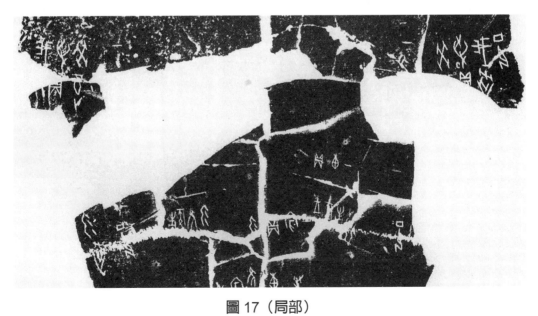

圖 17（局部）

圖 18（局部）

圖 19（局部）

圖 20（局部）

圖 21（局部）

圖 22

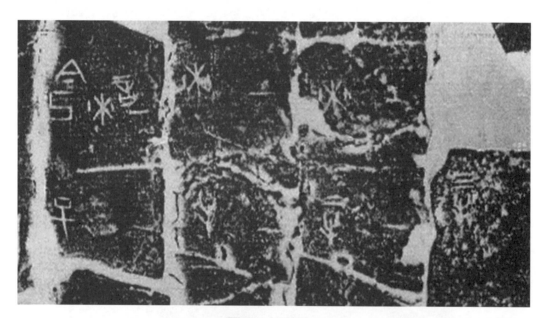

圖 23（局部）

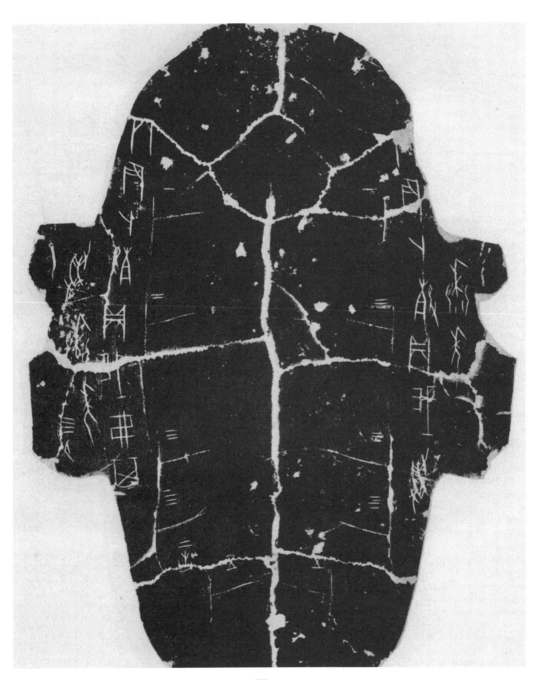

圖 24

875+897+3
4306+6576
+7236+13.0
13.0.1747+1
+無號碎甲
13.0.1663+13.0
13.0.6760+13.
13.0.10029 13.
13.0.10048 13
+13.0.13838+13
13.0.14564 13.

圖 25（局部）

圖 26

圖 27

圖 28

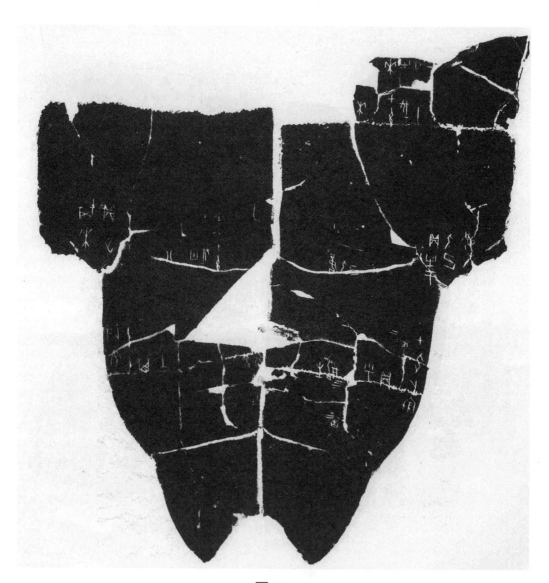

圖29

圖 30

圖 31（局部）

圖 32（局部）

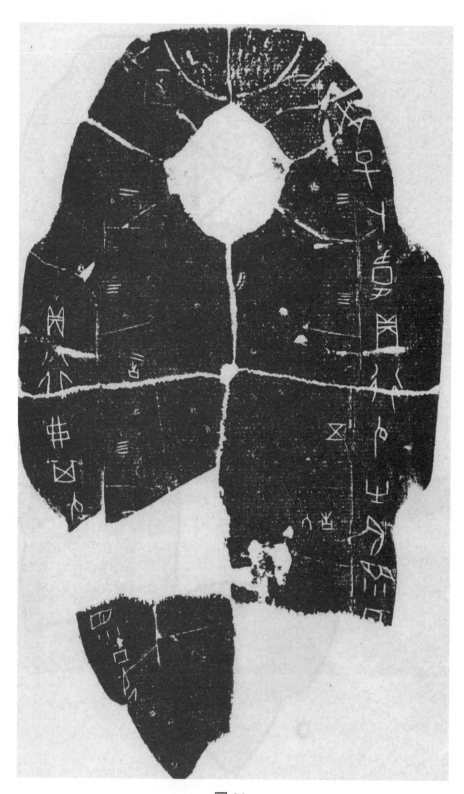

圖 33

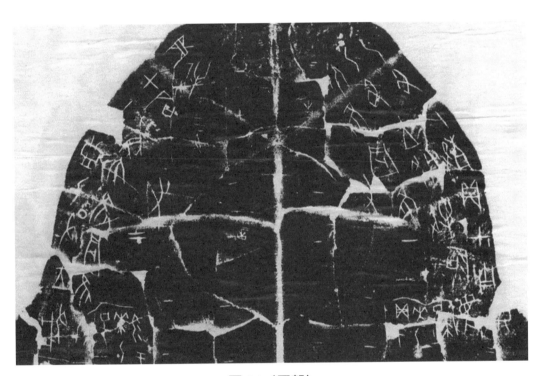

圖 34（局部）

圖 35（局部）

三三四

738+1056+1337
+正1364+2054+
2145+2316+2334
+2375+正7070+7099
+7163+7212+7452
+8028+13.0.1532+
13.0.1551+13.0.1553+
13.0.4390+13.0.4755
13.0.4757

13.0.1250 13.0.1256 13.0.1260 13.0.
1265+13.0.2088+13.0.2816+13.0.2882
13.0.2894+13.0.4231+13.0.4383+13.0.

圖 36

圖 37

圖 38

圖 39

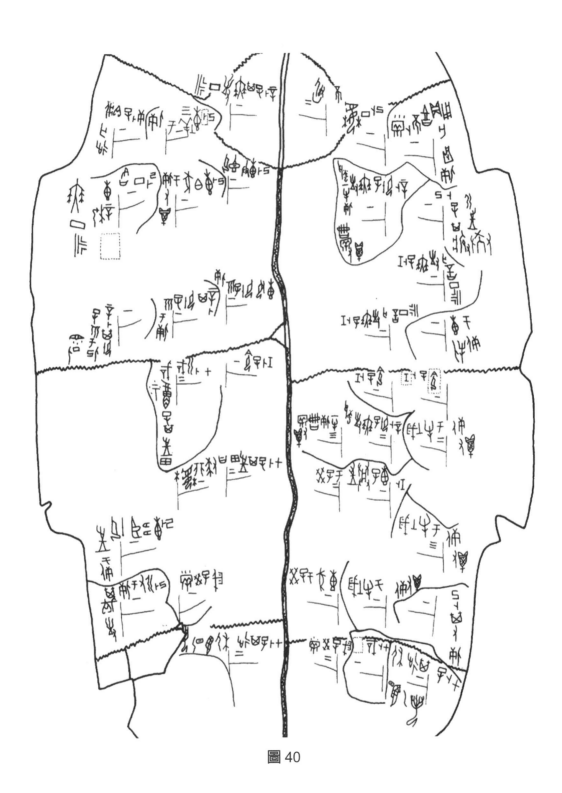

圖 40

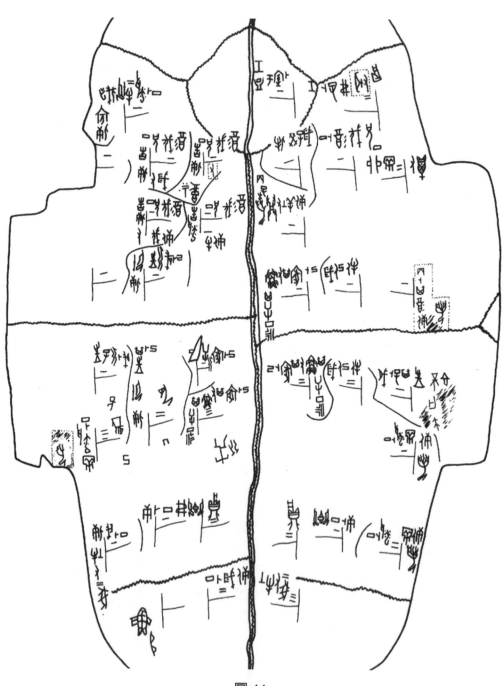

圖 41

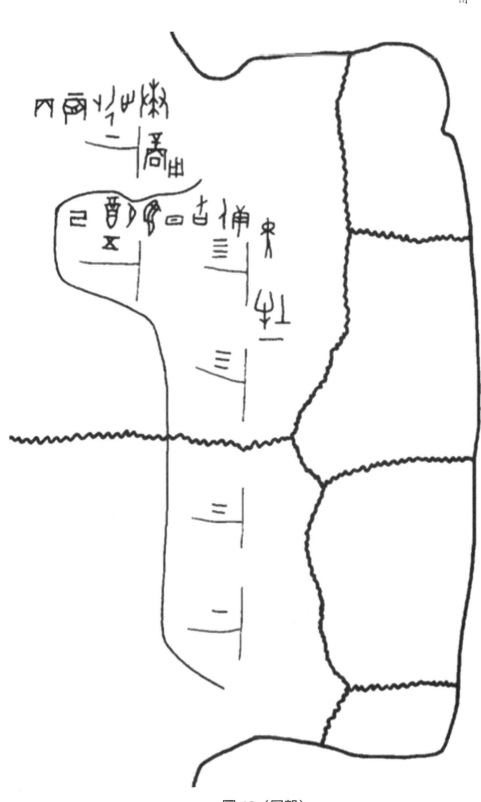

圖 42（局部）

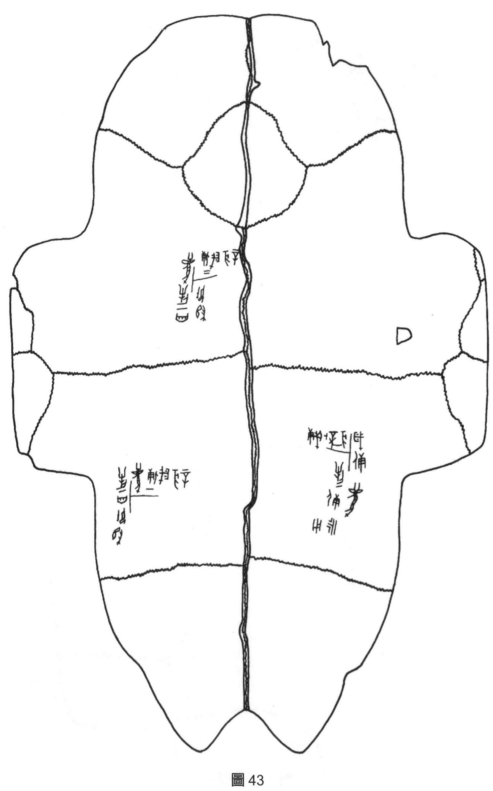

圖 43

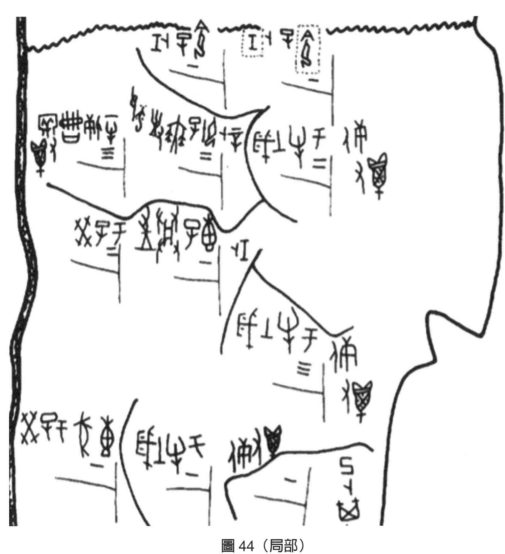

圖 44（局部）

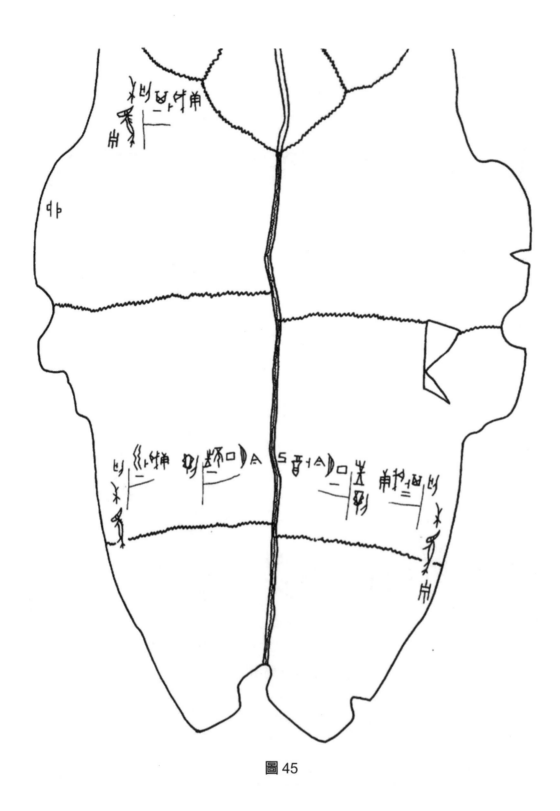

圖 45

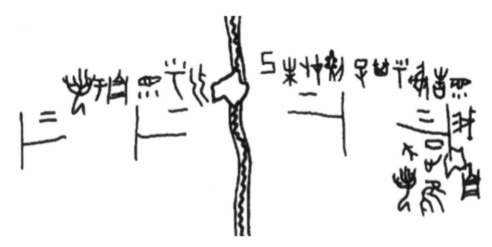

圖 46（局部）

圖 47（局部）

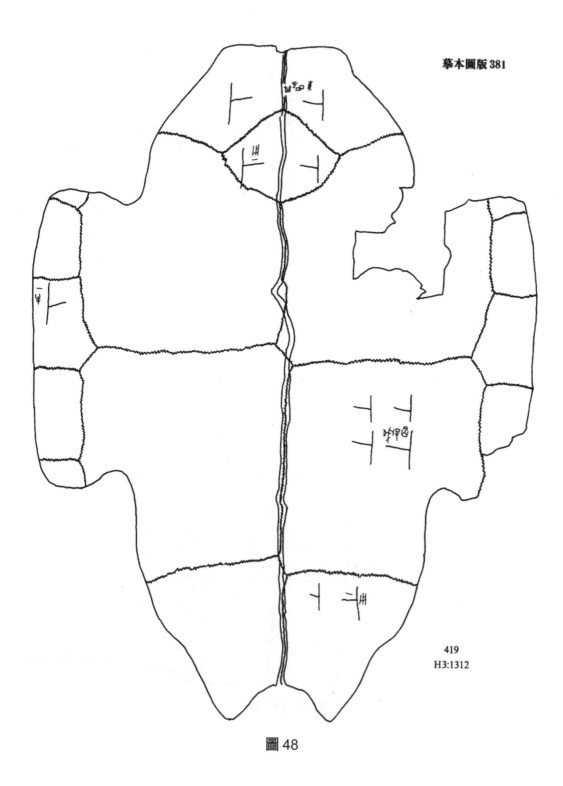

摹本圖版 381

419
H3:1312

圖48

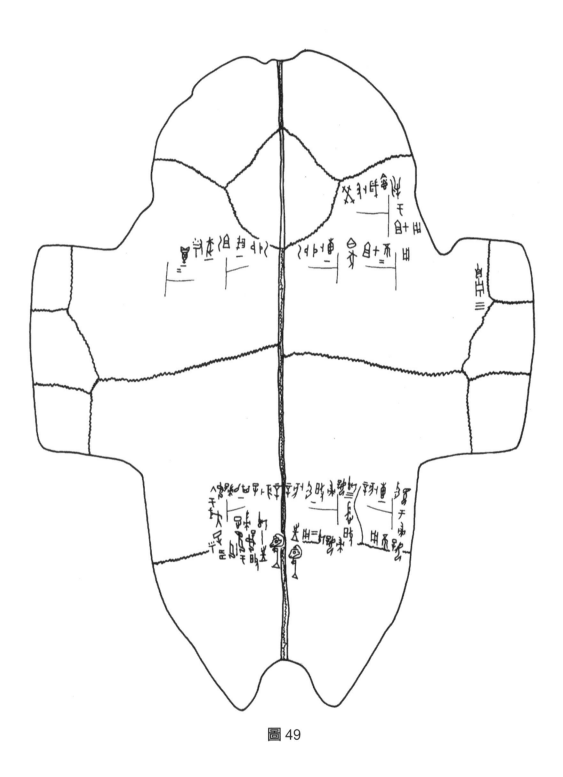

圖 49

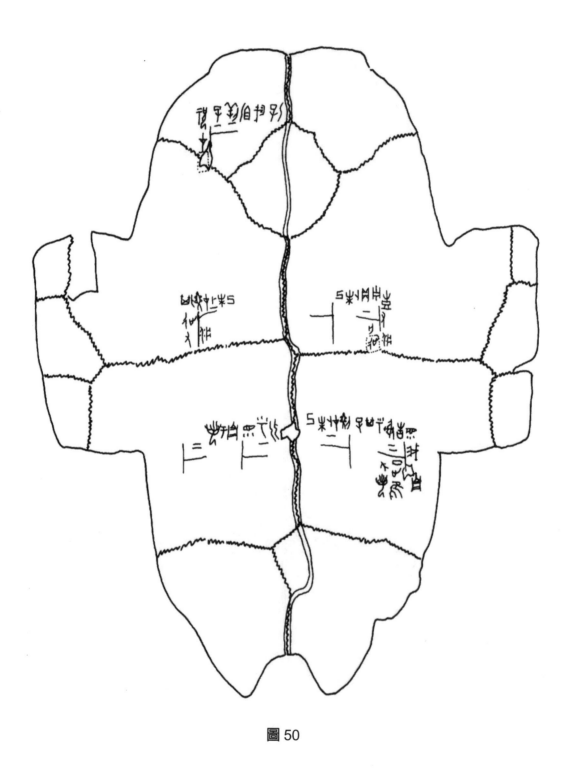

圖 50

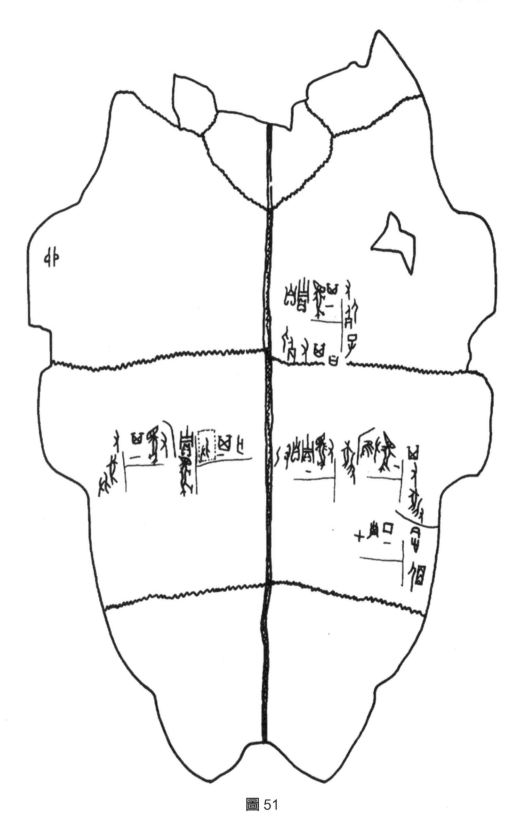

圖 51

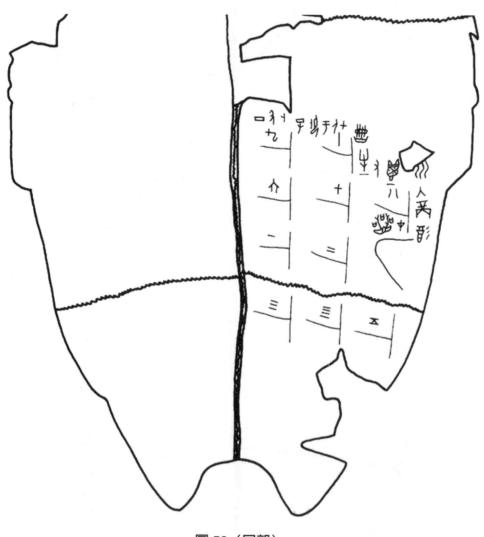

圖 52（局部）

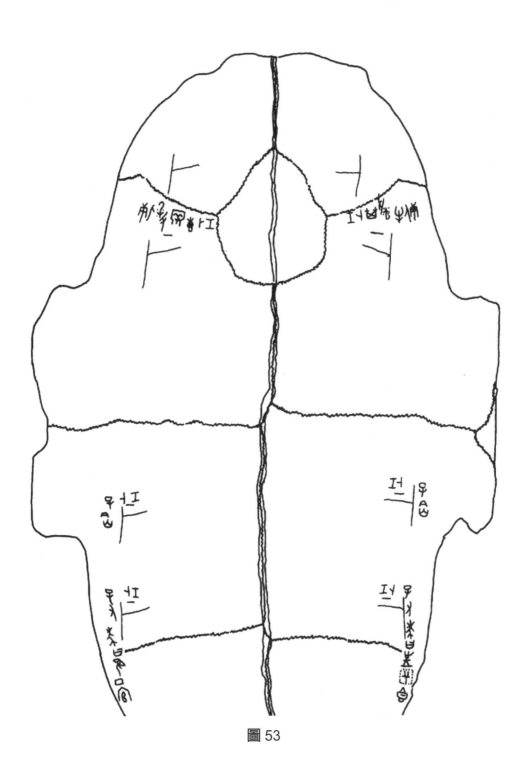

圖 53

圖 54（局部）

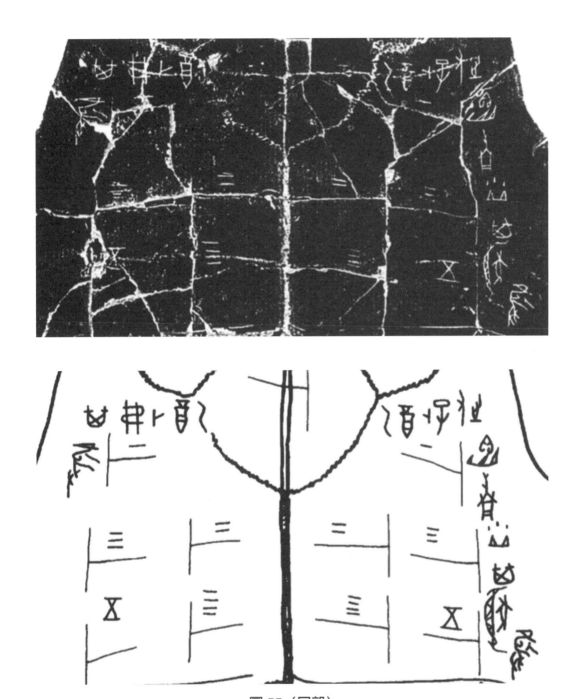

圖 55（局部）

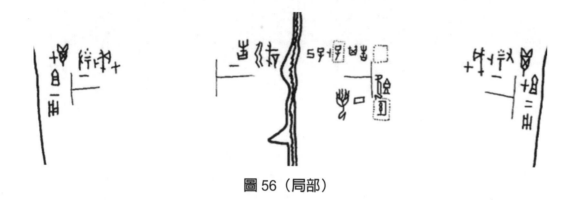

圖 56（局部）

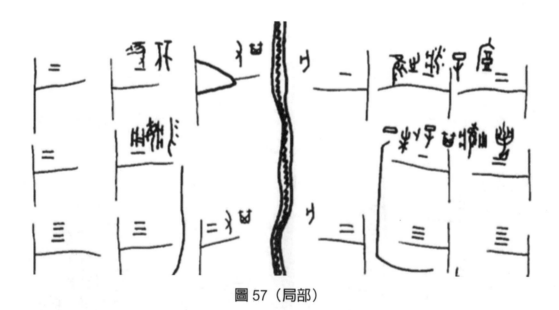

圖 57（局部）

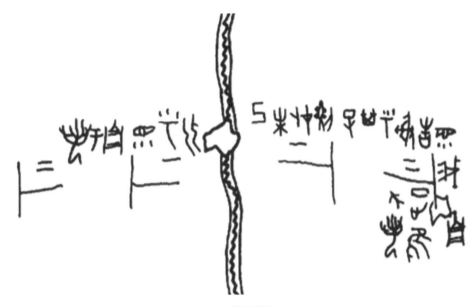

圖 58（局部）

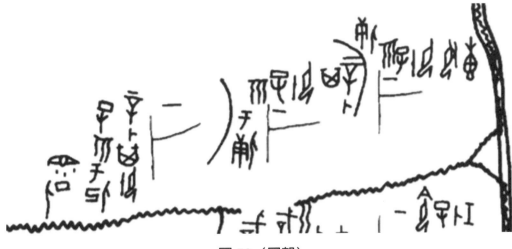

圖 59（局部）

圖 60（局部）

圖 61（局部）

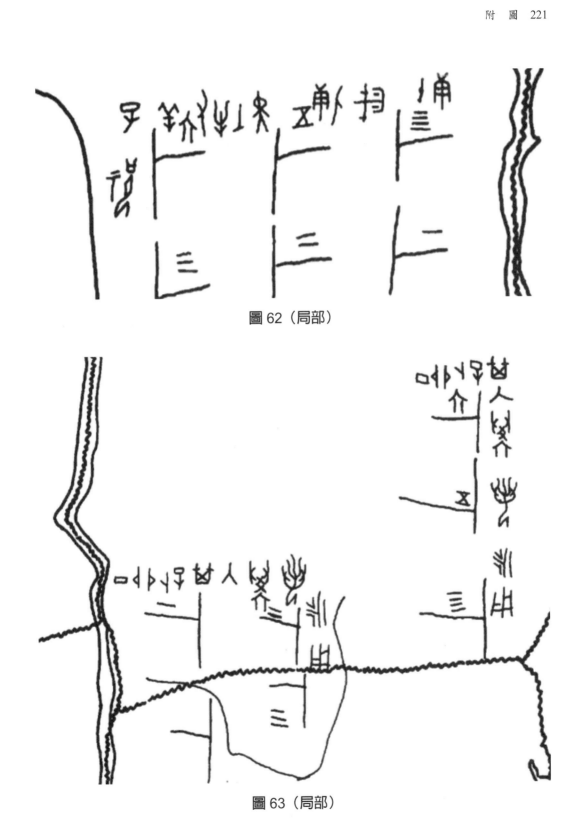

圖 62（局部）

圖 63（局部）

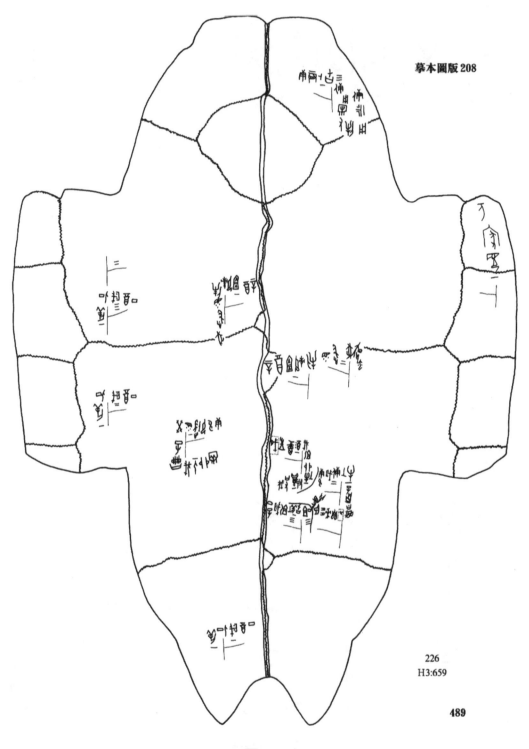

摹本圖版208

226
H3:659

489

圖 64

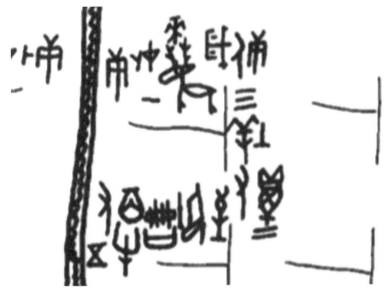

圖 65（局部）

圖 66（局部）

圖 67

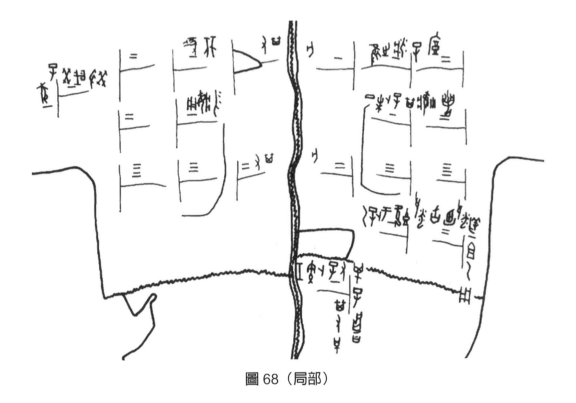

圖 68（局部）

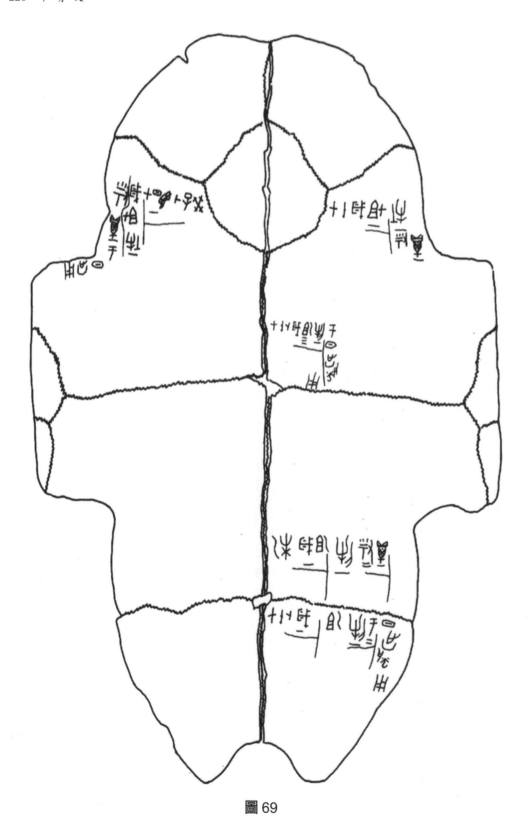

圖 69

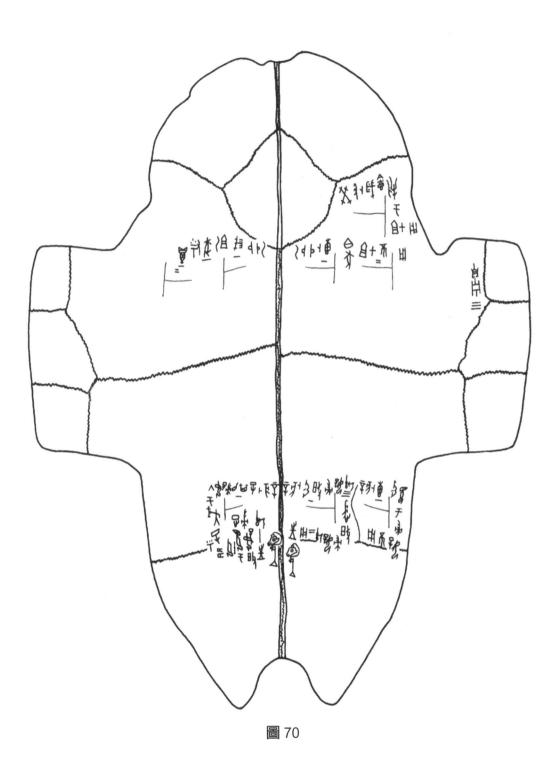

圖 70

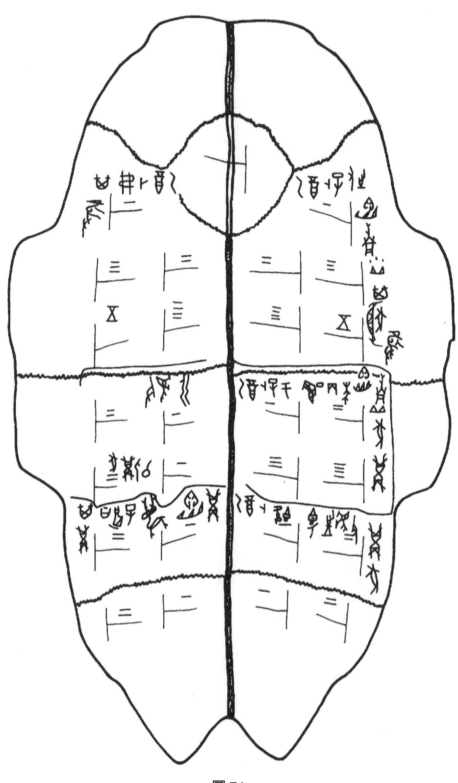

圖 71

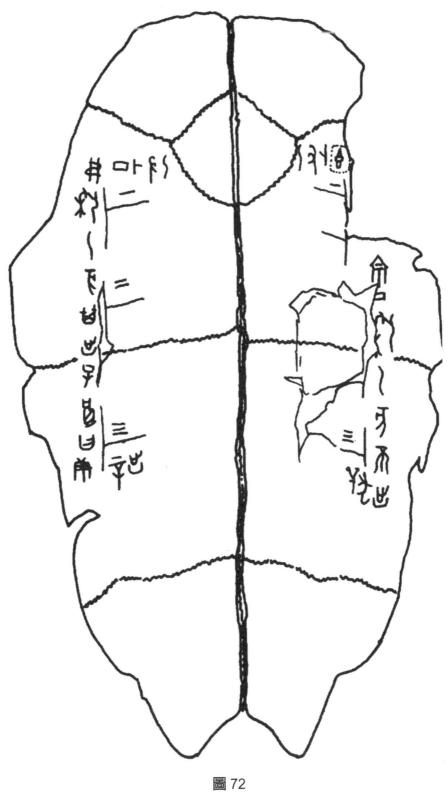

圖 72

圖 73

圖 74

圖 75（局部）

圖 76

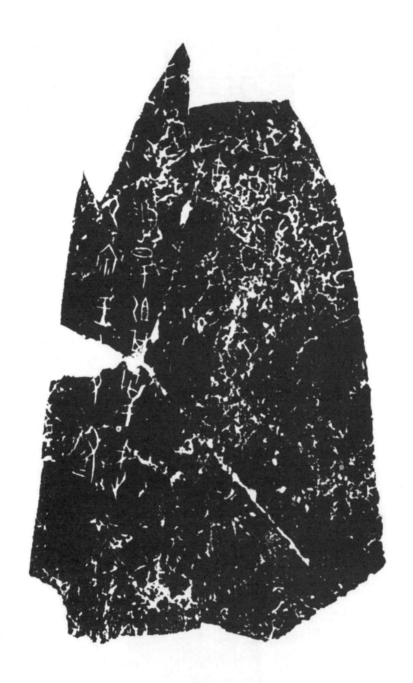

圖 77

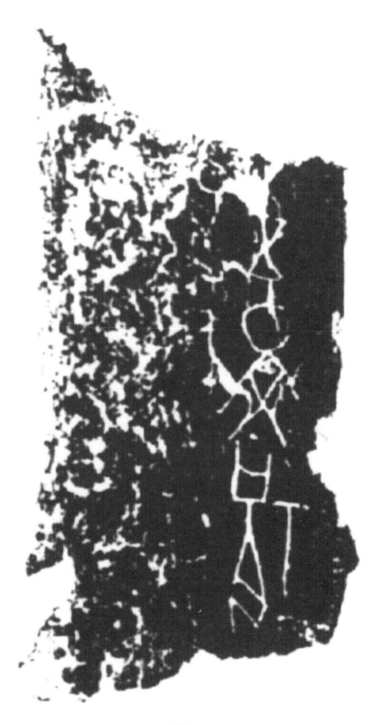

圖 78

圖 79

圖80

圖 81

圖 82

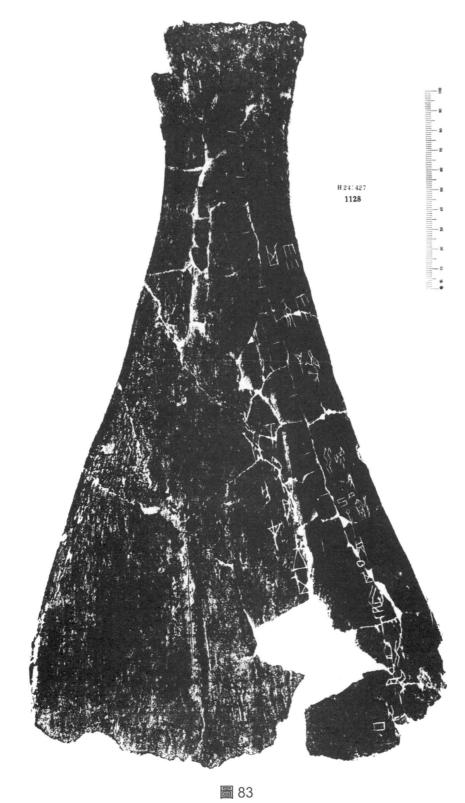

H 24 : 427
1128

圖 83

圖84

圖 85

H 23：86

738

圖86

圖 87

圖88

H 24 : 413 + 414
1115

圖 89

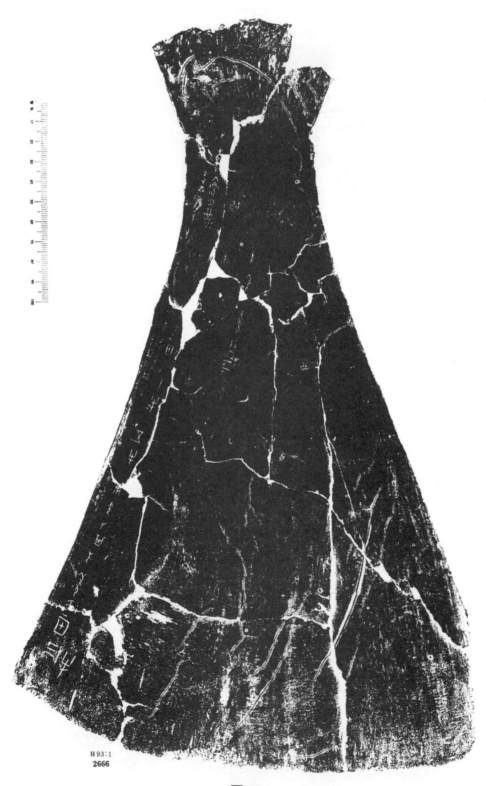

H 93：1
2666

圖 90

附：二重證據法的雙向論證

　　早在 1925 年，王國維在清華大學國學研究所開授「古史新證」一課，正式提出「二重證據法」，突破了清儒乾嘉以來「以經治經」、「以史治經」的傳統治學方法，成為了近代學界研治國學一主要法門。王國維提倡互較「地下材料」的甲骨、金文，和可靠文獻的《尚書》、《詩》、《易》、《五帝德》及《帝系姓》、《春秋》、《左氏傳》及《國語》、《世本》、《竹書紀年》、《戰國策》及周秦諸子、《史記》共十種「紙上史料」，論證信史的內容。

　　王國維《古史新證》：

> 「吾輩生于今日，幸于紙上之材料外，更得地下之材料。由此種材料，我輩固得據以補正紙上之材料，亦得證明古書之某部分全為實錄，即百家不雅訓之言，亦不無表示一面之事實。此二重證據法惟在今日始得為之。」

王國維提出「二重」的觀念，其實是利用地下材料「補正」和「證明」紙上材料的「實錄」。這種思維方式是單向的，是以地下材料過濾紙上的材料，以出土的甲、金文為主，傳世文獻為輔的一種驗證方法。例如：

　　《史記》〈殷本紀〉：

> 「微（字上甲）卒，子報丁立。報丁卒，子報乙立。報乙卒，子報丙立。報丙卒，子主壬立。主壬卒，子主癸立。主癸卒，子天乙立，是為成湯。」

王國維在〈殷卜辭中所見先公先王考〉和〈續考〉二文中，首先綴合〈後上 8‧14〉和〈戩 1‧10〉兩版出土甲骨（圖 A），並解讀甲骨的內容，證明司馬遷記錄殷王世系名的基本可靠，信為實錄，且進一步糾正其中王名的順序，應是「上甲微」、「報乙」、「報丙」、「報丁」之誤書。

　　後來的董作賓更進一步補綴《善齋藏骨 277》一版，拓充了是次接著祭拜而和

〈殷本紀〉相合的「大乙」和「大庚」、「小甲」、「祖乙」等殷王名稱。這一珍貴範例的成功操作，肯定了「二重證據法」的可靠和對「經史二學」的重要意義。

又如：

《尚書》〈商書〉〈高宗肜日〉：

「高宗肜日，越有雊雉。祖己曰：惟先格王，正厥事。」

肜日，偽孔傳：「祭之明日又祭。」孫星衍注：「肜日，祭成湯之明日。」

「肜日」，是指占卜當日的擊鼓之祭。

根據出土甲骨卜辭中常態詢問「王賓祖先彡日」的句例，如時王賓迎先王「武丁彡日」、「小甲彡日」（圖 B）等，足證《尚書》陳述的「高宗肜日」一詞，是指後人祭祀死去的高宗武丁，而並非清人所理解的「高宗武丁祭祀祖先成湯」。

又如：

《史記》〈殷本紀〉：

「周武王率諸侯伐紂，紂亦發兵距之牧野。甲子日，紂兵敗。」

周武王在甲子朝討伐商紂的一段歷史，又見於《尚書》〈牧誓〉的「時甲子昧爽，王朝至于商郊牧野，乃誓。」和《史記》〈周本記〉的「甲子昧爽，武王朝至于商郊牧野。」等文獻。

1976 年在陝西臨潼縣考古出土的周初青銅器〈利簋〉（圖 C），句首正記載著「珷征商。唯甲子朝，歲貞，克昏，夙有商」一段文字，歌頌周武王在「甲子」「朝」發兵克商，八天後的辛未日隨即在師旅中論功行賞，這完全證明古文獻史書記錄此事的可靠。

又如：

《尚書》〈虞夏書〉〈禹貢〉：

「禹敷土，隨山刊木，奠高山大川。」

《尚書》〈虞夏書〉〈皋陶謨〉：

> 「禹曰：洪水滔天，浩浩懷山襄陵。…予乘四載，隨山刊木。…予決九川，距四海；濬畎澮，距川。」

上古文獻普遍記載夏禹治水一事。

2002 年北京保利藝術博物館入藏一件屬西周中期青銅器的〈遂公盨〉（圖 D），句首即鑄有「天令禹專土，隓山，叡川，迺奉方、執征」一句，其中的「專」，即敷，布也，「敷土」指治理大地；「專土」的文字用詞和文獻全同。「隓」，即墮，下也，「墮山」即疏通、挖開阻隔的山；字義的理解比文獻的「隨山」，傳統解釋為「順著、沿著山來伐木」來得合理。「叡」，即濬，從圓聲，有疏通意。「濬川」，即疏通河水。儘管這青銅器沒有考古報告，但文字並沒有和文獻衝突，而且一定程度能補足文獻，這條材料勉強亦合於「二重證據」的方法。

又如：

《老子》19 章：

> 「絕聖棄智，民利百倍；絕仁棄義，民復孝慈；絕巧棄利，盜賊無有。」

以上是漢魏以來河上公本、王弼本的《老子》，其中的內容否定「聖」、「智」、「仁、「義」等儒家德目，可見當日道家的觀念明顯是和儒家嚴重針鋒相對的。

1993 年湖北荊門郭店楚墓出土大批竹簡，據考古判定時間是戰國中晚期，其中的老子簡道經和德經不分，在同屬 19 章的內容，是：「絕智弃辨，民利百倍。絕巧弄利，覜惻亡又。絕偽弃慮，民復季子。」（圖 E）

由此，可見原先《老子》的語言並不全然和儒家對立，特別是最後一組的「民復季子」句，所謂「季子」，即幼子、赤子，此言放下刻意的、後天的人為想法和繁雜的思慮，老百姓方能回復到小兒般的純真無邪。這和道家常言得道者「復歸於嬰兒」的觀念是完全相合的，反而在王弼本的「民復孝慈」一句，卻始終無法合理通讀上下文。

目前所見的《老子》，應是漢代以後經黃老思想改動過的本子，而郭店簡《老子》的三個節抄本，才是比較接近老子思想字詞的原貌。因此，用郭店簡《老子》來互較文獻本《老子》，「補正」文獻本《老子》，是完全適合「二重證據法」的推論。

以上諸例都是應用「地下材料」證明或修正「紙上材料」，而基本研究方向一

貫是單向的，是以「地下材料」為重為主導，評鑑分析相關「紙上材料」的真假優
劣。這正是王國維當年使用的「二重證據」操作的方式。然而，再三深思這種研究
方法，我們何嘗不能擴大開展另一逆向操作的方式？先經由「紙上材料」的掌握了
解，藉此評判所謂「地下材料」的優劣真假。例如：

2008 年焦智勤等編，文物出版社出版的《殷墟甲骨輯佚》一書，收錄安陽民
間藏甲骨千餘片，其中的〈328〉版釋文作：

> 「于宗又丁止王受祐」
> 「惟〔將鼎〕用祝又丁止王受祐」

此版釋文很可怪異，其中的「又丁止」一詞全不能釋讀。核對 1980 年出版的《小
屯南地甲骨》，找到一版骨頭不同但文字字形和文例都相同的牛骨如下：

〈屯南 2345〉：

> 「叀鼎用祝，又正？王受又？
> 于宗，又正？王受又？
> 其乍鼎，在二必，王受又？」（圖 F）

其中的「又正」，讀有禎，卜問有禎祥否。在此的 1、2 辭屬一辭二卜例。「正」
字上從口，下從止。《輯佚》328 版的二辭明顯是臨寫〈屯南 2345〉的 1、2 辭的
內容，彼此字形基本相同，唯獨刻手在書寫「又正」一詞時，因不明其前後文例，
不慎將「正」一字分書為「丁」「止」二字，又恰巧的先後刻於兩行。由此，作偽
的手法才露出馬腳。這是利用既有出土的地下材料檢驗新見另一材料的方法，也自
然合乎「二重證據」之列。

又如：
《尚書》〈周書〉〈金縢〉：

> 「既克商二年，王有疾，弗豫。二公曰：『我其為王穆卜。』周公曰：『未
> 可以戚我先王。』公乃自以為功，為三壇同墠。為壇於南方，北面、周公立
> 焉；植璧秉珪，乃告大王、王季、文王。史乃冊祝，曰：…」

這是敘述周武王有疾患，其弟周公旦以身為質，築壇迎神，禱告於祖先的一段周初史事。

2008 年 7 月北京清華大學購藏一批來路不明，經香港出境復再入境的戰國竹簡，2011 年 1 月公布《清華大學藏戰國竹簡》第一冊九篇文字，其中的〈周武王有疾周公所自以代王之志〉一篇共 14 支簡，內容大體與今本的《尚書》〈金縢〉相同，是抄錄《尚書》但又刻意改動《尚書》，原因不詳。對比一段和上述文獻相約的簡文為例，如下：

> 「武王既克鼴（殷）三年。王不瘳（豫）又（有）尼（遲）。二公告周公曰：我其為王穆卜。周公曰：未可以感（戚）虞（吾）先王。周公乃為三坦（壇）同䣄（墠），為一坦（壇）於南方，周公立女（焉）。秉璧嘗（植）珪，史乃冊祝告先王曰：」（圖 G）

簡文的「鼴（殷）」，和文獻作「商」不同。簡文所謂「殷」字左上從戶，與殷字原從反身的固定寫法不同，字上應從攴不從殳，如確讀作殷，也明顯是錯字。1987 年湖北荊門出土的包山楚簡有此從攴從邑的字，六見，但都只用為姓氏，字與殷商的「殷」並無任何關聯。「商」的稱呼，早自甲骨文的「中商」「大邑商」而後用為國名，卜辭用「商」而不用「殷」，《尚書》〈牧誓〉以周人的立場書寫，一致亦都稱「商」。當然，無論稱「商」或「殷」，當字作為國名、朝代名時，字都不應該從邑。國名有增從邑，都是春秋戰國以後才有的用法，如：匽→郾、奠→鄭、䡄→邾。戰國文獻一般稱「商」而少稱「殷」，即使稱「殷」，亦不會突兀的增從邑，如同絕不會書寫「周」從邑旁一般。

「三年」。有關周武王克殷後二年崩逝的說法，對比《尚書》〈大誥〉篇可掌握史事的背景。〈大誥〉成篇時間較早，一般定為西周初年的文字。〈大誥〉篇起首的「王若曰」，所指的「王」一般也都論定為「成王」。成王在朝政不穩定的當日，戒慎小心，強調要延續「文王」的緒業。由此可見，武王在位的日子並不會長久，在克殷即位不久而政權就轉移到年幼的成王身上，所以後人才會有周公攝政之說。如果一如簡文所言武王克殷「三年」之後才有疾患，武王的逝世自應是在位三載之後才發生的。君王掌權施政長達三年，理應有一定建樹規模，如此，〈大誥〉篇不會只強調開國的文王而不及武王的任何功業。

「王不瘳」。今本言武王「有疾」而「弗豫」。《尚書》孔疏：「不悅豫

也。」屈萬里注引《爾雅》：「豫，安也」，《說文》九篇下豫字：「象之大者，賈侍中說不害之物。」段玉裁注：「侍中說豫，象雖大而不害於物，故寬大舒緩之義取此字。」當周人剛克殷開國，武王即因患病而不安；上下文意通順。而簡文改作「瘀」字，从广余聲，似是由今本的「疾」意「豫」聲的總匯，刻意併合而成一新創的「瘀」字。

「二公告周公曰」。今本「二公曰」文意已足，簡文增插入「告周公」一短語於「二公」和「曰」之間，句似參考並重複文獻下文的「周公乃告二公曰」一句對應而來。

「感（戚）」。今本的「戚」，傳統訓解本是靠近意。《尚書》孔傳：「戚，近也。……周公言未可以死近我先王。」孔疏引〈正義〉：「戚是親近之意，故為近也。」直至近人註解《尚書》，才據鄭玄訓戚為憂，再引申有「心動」、「感動」的說法，如屈萬里《尚書釋義》是。《詩經・小明》：「自詒伊戚。」傳曰：「戚，憂也。」段注《說文》戚字：「度古只有戚，後來別製慼字。」簡文書手字增从心，無疑已是懂得將字理解為屬於心理狀態一類的後起字形。

「虘（吾）先王」，簡文領格用吾，與今本和〈魯世家〉作「我先王」不同。先秦文獻作為領格的用法，一般都是用「我」。西周金文亦沒有用「吾」作為第一人稱代詞置於賓語的用法。「吾」用為賓語領格，一般只能上溯戰國，且都是特例，如：

〈孟子・公孫丑〉：「我善養吾浩然之氣」。

〈齂鎛〉：「保虘（吾）兄弟」。

簡文缺「自以為功」一句，在上下文意明顯唐突。因為太公、召公二公的敬卜未能感動先王，所以周公旦才會親築三壇祭拜先祖太王、王季和文王。而設壇祭拜的訴求，是要承擔代生病的武王獻身，奉上一己的生命，把此事當作自己的任務。司馬遷轉引此文，理解為以自己的生命作為贄獻之物，換取武王的生命。今本〈金縢〉在文意上是比較完整的，下句才自然的帶出「為三壇同墠」一句。今本「乃自以為功」五字在《尚書》原刻本至漢代仍保留著，司馬遷引用時，以「於是」釋「乃」，但又將二者重複並排書寫；另以「質」代替「功」，才會翻譯成：「於是乃自以為質」句。反觀簡文引錄此文時，至此不抄「自以為功」諸字，但將此句故意移於下文「周公乃內（納）亓（其）所為貢（功）自以為弋（代）王之敚（說）

于金縢（縢）之匱。」一長句中，且分開作「為功」「自以」書寫。由單純的轉抄引述角度看，這種複雜的切割復更動文句，實在無是道理。

「為一坦（壇）」。簡文是對比上文的「為三壇」言。依今本「為壇」增數詞「一」。古文獻一般不書單數的「一」，以示行文簡潔。兩兩相對，簡文增添的「一」字明顯是贅筆。簡文卻另省「北面」一分句，周公在南邊設祭壇朝北拜祭三壇，今本語意無疑是完整而周延的。《史記》內容見司馬遷當日徵引《尚書》原本時確有「北面」二字，《史記》將「北面，周公立焉」二分句合書為一繁句「周公北面立」。由今本而〈魯世家〉，可見一由古而今的句型演變，將複合句調整作繁句句式。而簡文如確為戰國時期的抄本，亦應見有「北面」二字才是，書手在此徒增添一些不必要的冗詞，但又刪除關鍵不可少的文句，實不可解。

「秉璧晢（植）珪」。《尚書》孔傳：「璧以禮神。植，置也。置於三王之坐。周公秉桓圭以為贄，告謂祝辭。」孔疏引鄭玄注：「植，古置字。言置璧於三王之坐也。周禮云：公執桓圭。」我曾撰〈「植璧秉珪」抑或是「秉璧植珪」——評估清華簡用字，兼釋禼字本形〉一文，參見《釋古疑今——甲骨文、金文、陶文、簡文存疑論叢》第十章，申論古人以二璧一琮作為祭器，敬天禮地，為象徵神靈的進出人間管道。在祭祀時會先常豎立玉璧於祭壇上，或平置於琮口，璧琮內孔垂直相接，以示貫通天地。璧在祭祀時是以靜止狀態平置或者豎立於祭壇，以便神靈的降臨，不可能亦不應該為主祭者用手執持。因此，清華簡文「秉璧」一詞，絕不可解。而圭為瑞器，一如王公侯伯的權杖，形窄小而長，在禮儀進行時，行禮者都緊握執持於雙手之中，代表個人的身分表徵，不可能隨便的放置安插。〈金縢〉篇的「秉圭」功能，是表達向上天神靈稟告的蕭敬動作。清華簡文無故改作「植圭」一詞，反不可解。我在該文章註 12 提到大陸學者陳劍主將簡文的「植」讀戴，理解為「將玉璧頂戴在頭上，模仿犧牲之像」，這說法新穎，但實不可能。陳說將簡文原書的所謂「戴珪」轉移成「戴璧」，本已不妥，祭奠的玉璧巨型，肉多而孔小，如何能頂戴於牲首或活動的人首？玉珪長而窄，更無由有頂戴的道理。簡文此四字行文嚴重錯誤，書手完全疏忽相關古代祭禮的知識，才會故意顛倒二詞的動詞，又創造出一新的「植」字。目前看，只能理解是簡文書手的憑空誤書，誤書原因不詳。

僅此短短一段簡文和今文《尚書》的對比互較，無論是字形、字詞用意、語法修辭、文化現象等，都發現「紙上材料」居然遠遠優於這批新出的所謂「地下材料」。因此「二重證據法」的操作，不但只是單向的應用「地下材料」糾正「紙上

材料」，同樣的，也可以利用「紙上材料」來評鑑「地下材料」的優劣，甚至真偽。

又如：

《詩經》〈鄘風〉〈牆有茨〉分三章：

「牆有茨，不可埽也。中冓之言，不可道也。所可道也，言之醜也。」

「牆有茨，不可襄也。中冓之言，不可詳也。所可詳也，言之長也。」

「牆有茨，不可束也。中冓之言，不可讀也。所可讀也，言之辱也。」

詩屬興體，學界謂刺衛宮廷糜亂之作。毛詩〈詩序〉：「牆有茨，衛人刺其上也。公子頑通乎君母，國人疾之，而不可道也。」

2019 年出版的《安徽大學藏戰國竹簡》（一），也是一批來路不明的竹簡，其中收錄《詩經》六國國風：〈周南〉、〈召南〉、〈秦〉、〈侯〉（相當毛詩的魏風）、〈甬〉（鄘）、〈魏〉（其中的〈葛履〉為毛詩的魏風，餘九篇為唐風）。每一國風詩篇的次序基本和現存文獻毛詩的篇章順序相同，大部分甚至連逐字逐句的順讀都是一致的。

《安大簡》〈甬〉風有〈牆又（有）蝥毿〉一篇，簡本也分三章如下，只是若干字詞和用字順序卻出現難以解讀的困境：

「壿（牆）又（有）蝥（蒺）蝨（藜），不可欶（束）也。审（中）缘（冓）之言，不可譁（讀）也。〔所可〕譁（讀）也，言之辱也。」

「壿（牆）又（有）蝥（蒺）藜，不可叚（攘）也。审（中）缘（冓）之言，不可鍚也。所可鍚也，言之長也。」

「壿（牆）又（有）蝥（蒺）藜，不可啼（埽）也。审（中）缘（冓）之言，不可道也。所可道也，言之猷（醜）。」（圖 H）

這裡重點舉例文獻和簡文在用字遣詞上的差異。

（一）、文獻毛詩本的「茨」，安大簡本改作「蝥毿」和「蝥藜」。

茨，是有刺的植物名。〈毛傳〉：「茨，蒺藜也。」阮元〈毛詩注疏校勘記〉：「相臺本藜作蔾。今上有蒺藜之草可証。」《爾雅·釋草》：「茨，蒺

藜。」郭注：「布地蔓牛，細葉，子有三角，刺人。」同時，在《爾雅》同書的〈釋蟲〉篇中另見「蒺藜」一詞，作蟲名，郭注：「似蝗而大腹，長角，能食蛇腦。」《玉篇》亦作「蛃蟍」。對應的看安大簡本將「茨」字寫作從虫、從蚰的「蟗蟍」和「蟗蟍」，用詞與《爾雅‧釋蟲》和《玉篇》相同。簡本寫手利用同音叚借，將一屬植物名、一屬蟲名的二詞串連起來理解，似已掌握《爾雅》書中此同詞異名的知識。安大簡此詩首句的「牆又（有）蟗蟍」，如解讀為植物義，自是以同音假借的方法來過渡；如解讀為蟲名，像安徽大學程燕近作的〈《牆有茨》新解〉一文，提出原詩本就當作簡文本的從虫從蚰。程文復徵引《廣雅》的「蛃蛃，吳公也」，推言蛃蟍就是蜈蚣。參程燕〈〈牆有茨〉新解〉，《安徽大學學報》2018 年第三期。如此，現今文獻毛詩本的「茨」字，無疑就是後人的急讀而誤判和誤書所改動的了。然而，如程燕的新解要能成立，首先要釐清兩個問題：第一、詩在「牆有茨」之後接言的「不可埽（即掃）」、「不可襄（意即攘除）」、「不可束（綑縛）」的連續句意，當如何合理的說明白？一般常識，蜈蚣是夜行生物，畏光怕熱，習性在低窪草叢或陰濕狹窄的洞穴細縫中出沒，自然不會長期而固定的攀爬停留或暴露在牆上。如此，詩人怎能或需要在牆壁上掃除蜈蚣？何況「掃」字一般是針對固體物品而言，勉強講是將蜈蚣掃掉也罷了，但已然掃清之後如何又需接言「除」或「不除」？而在除滅之後又如何再需要束綑死去或已無蹤影的蜈蚣呢？詩文理解至此就更沒有任何意義了。因此，由詩句的上下文意看，訓讀茨為蟲甚或是蜈蚣，明顯都是有困難的。蜈蚣習性不會停留在垂直的牆壁上，亦不可能對牆本身有任何損毀。但相反的，傳統解讀「茨」為多刺的蒺藜，這類植物擅於攀生在牆壁之上，一旦拔除會破壞牆上泥土，〈毛傳〉：「茨，蒺藜也，欲埽去之反傷牆也。」；或有認為這種多刺的植物，覆蓋在牆上有防盜或護牆的功能，參屈萬里《詩經釋義》。無論是站在正面或負面的理解，茨作為植物對於牆本身言是有一定的意義。相對於詩興體下段的「中冓之言，不可道也」而言，茨在於牆此一空間是強調負面的作用。因此，詩言牆上攀附生長的茨草不可打掃、不可拔除、不可綑束，在語意上是有順序，復且合情合理的。第二、詩三百主要是西周迄東周流通在民間和殿堂的歌謠，作為教科書是在春秋以降經孔子整理後才成為魯國通行的本子，參屈萬里《詩經釋義》敘論。及至目前流傳的毛詩本都作「茨」，參程燕《詩經異文輯考》80 頁；1977 年安徽出土的阜陽西漢簡《詩經》本亦單言「薺」，參胡平生、韓自強《阜陽漢簡詩經研究》，即《韓詩》作「薺」。「茨」、「薺」同字，古音同屬從母脂部，字意理解一脈相承。無論如何，都是指

植物名。一直到後來釋詩的《爾雅》，才將茨字明確的解釋作蒺藜，東漢鄭玄箋注亦承此意，但都理解為植物的異名。整體言，詩是由原文的茨字而解讀為蒺藜意。如何會在周以迄秦漢正常版本之間，詩由草名忽然出現一個簡本改作蟲名的道理？而我們又憑什麼單據此一「戰國簡牘」就可上推《詩經》最早的原文就是蟲名的蜈蚣呢？因此，程燕這一新解確有創意，但恐仍未為的論。

　　以上由字意分析、詩的上下相承文意和詩發生的流變看，都不足以說明此一詩篇牆上停留的原先會是蜈蚣或蟲名。而安大簡中的「蝥蜸」，無疑是一種後來書手所組合的用語，至於是否視同原「茨」字的同音叚借，就不好說明了。但如由常態的語言演變看，〈牆有茨〉一詩理論上是先作「茨」字，再經釋詞作蒺藜，復才會借為蛟蟻、蝥蜸的用例。但早在毛詩時都一直只有作「茨」，戰國抄手如何會將單純入樂唱吟的歌謠中的歌詞單字，更動為一複詞，就很難解釋了。

（二）、文獻毛詩本的「中冓」，安大簡本改作「中𡔖」。

　　冓，有交會的意思。《玉篇》引《詩》作「冓」，增从宀。《說文》：「冓，交積材也。」胡承珙《毛詩後箋》：「室必交積材以為蓋屋。中冓者，謂室中。」屈萬里《詩經釋義》：「冓、構義略同，構謂蓋屋也。」對比《詩》中从冓字的常態用法，都有交錯、接觸意。如：覯，有見也、遭遇的意思。例：〈召南・草蟲〉：「亦既見止，亦既覯止」，〈邶・柏舟〉：「覯閔既多，受侮不少」，〈豳・伐柯〉：「我覯之子，籩豆有踐」，〈大雅・公劉〉：「迺陟南岡，乃覯于京」。媾，有婚媾意。例：〈曹・侯〉：「彼其之子，不遂其媾」。構，有交亂、遘遇意。例：〈小雅・青蠅〉：「讒人罔極，構我二人」、〈小雅・四月〉：「我日構禍，曷云能穀」。因此，「冓」、「冓」字用為建築房屋的交積木材，是可以理解的。「中冓」，意指「冓中」，傳統解作「宮中」、「室中」等建築物之內的意思。細審《詩經》習見的「中某」用法，絕多都可讀作「某中」。例：

　　1.〈周南・葛覃〉：「葛之覃兮，施于中谷」。
　　　「中谷」，即「谷中」。
　　2.〈周南・兔罝〉：「肅肅兔罝，施于中逵」、「肅肅兔罝，施于中林」。
　　　「中逵」、「中林」，即「逵中」、「林中」。
　　3.〈邶風・終風〉：「謔浪笑敖，中心是悼」。
　　　「中心」，即「心中」。
　　4.〈邶風・谷風〉：「行道遲遲，中心有違」。

「中心」，即「心中」。

5. 〈邶風・式微〉：「微君之故，胡為乎中露」。

「中露」，即「露中」。

6. 〈邶風・二子乘舟〉：「顧言思子，中心養養」。

「中心」，即「心中」。

7. 〈鄘風・柏舟〉：「汎彼柏舟，在彼中河」。

「中河」，即「河中」。

8. 〈小雅・正月〉：「瞻彼中林，侯薪侯蒸」。

「中林」，即「林中」。

9. 〈小雅・小宛〉：「中原有菽，庶民采之」。

「中原」，即「原中」。

10. 〈小雅・信南山〉：「中田有廬，疆場有瓜」。

「中田」，即「田中」。

11. 〈大雅・民勞〉：「惠此中國，以綏四方」。

「中國」，即「國中」，意指京師，為諸夏之根本。

12. 〈大雅・桑柔〉：「哀恫中國，具贅卒荒」、「瞻彼中林，甡甡其鹿」。

「中國」、「中林」，即「國中」、「林中」。

　　由以上大量「中某」例，都須移位讀為「某中」，可作為北方文學《詩經》的常態用詞來看待。從而互証，毛詩〈牆有茨〉篇的「中冓之言」，自當理解為「冓中之言」的讀法。冓字又從宀，指的是宮中之室的「室中」意思，亦即現代人所言的閨房。相對的，安大簡在這詩寫作「审㝩之言」，自然也應該理解為「㝩审之言」才對。簡文原釋文注釋引用黃天樹〈殷墟甲骨文所見夜間時稱考〉一文，指出「黃天樹認為（甲骨文）『中㝩』可能指夜半。『中㝩』即『中夜』。」並由聲音相通的現象，認為「冓（見紐侯部）聲字與㝩（來紐屋部）聲字古音相近，『中冓』『中遘』『中寠』即『中㝩』。『㝩』是本字，『冓』『遘』『寠』皆借字。」然而，見紐、來紐，一屬牙音清，一屬邊音濁；侯部、屋部，一作*ug、一作*ɔk，元音和韻尾亦有差別。聲母和韻母如能混同亦只能屬特例。至於甲骨文的「中㝩」是否必視為時間詞，仍無確証。黃天樹大文的結論也只言「可能」。相反的，甲骨文的「中㝩」明顯有用為地名之例，與「東㝩」同版，彼此可理解作選貞〈合集28124〉。審視黃文引用「中㝩」之例，亦只見殘辭一條：

〈合集14103〉　　☑隹☑中㝩☑窒☑�？二日☑。（典賓）

然這條殘辭實不足以証明「中祣」必屬「夜間的時稱」。而黃文另引的一條「祣」字的合文例，見於干支「乙巳」之後：

〈合集20964〉　癸卯卜貞：旬？四月。乙巳祣雨。（自小字）

上引二辭一見於典賓，一見於自組小字，明顯斷代書體並非同時，卜辭文例亦不相同，「祣」和「中祣」不見得一定屬於同詞。況且，殷商甲文距離春秋時期的鄘風詩篇已超過一千年，殷人活動地域在河南洹水之濱，而楚簡的出土卻又遠在南方的江淮流域。彼此時、地、人都差距甚大，「中祣」、「中冓」二語言是否有關連，恐仍是一待考的問題。

再由詩「中冓之言，不可讀也」這一句句型來談。這種「某某之某」用句，普遍見於《詩經》。其中前者的「某某」一詞，一般都是名詞。有用為地名，如：

〈召南・殷其雷〉：「南山之陽」

〈鄭・東門之墠〉：「東門之墠」

〈陳・宛丘〉：「宛丘之下」

〈唐・采苓〉：「首陽之巔」

〈衛・碩人〉：「東宮之妹」

有用為動植物名，如：

〈召南・羔羊〉：「羔羊之皮」

〈曹・蜉游〉：「蜉游之羽」

〈豳・東山〉：「果臝之實」

〈唐・椒聊〉：「椒聊之實」

〈衛・芄蘭〉：「芄蘭之葉」

有用為人名的專稱或泛指，如：

〈大雅・思齊〉：「文王之母」

〈召南・何彼襛矣〉：「平王之孫」

〈衛・碩人〉：「衛侯之妻」

〈邶・靜女〉：「美人之貽」

〈鄭・將仲子〉：「諸兄之言」

〈召南・采蘩〉：「公侯之事」

但是，絕無一例是用作抽象的語詞，如時間詞。因此，理解毛詩原作「中冓之言」的「中冓」，仍應視為具體實物所指的「冓中」，意作地名泛指的「室中」用法，似乎是相對合理的。至於簡文何以刻意改動作「审祣」？改動的標準為何？就無

法由常態的字詞訓解的角度來說明了。

　　詩的發生，原屬可供吟唱的作品，不但有固定的押韻，也多有固定的分段字數。由詩的慣常使用字數來看，〈牆有茨〉的首章，毛詩本作常態的「3，3 十語尾；4，3 十語尾」的句型。相同的句例，如：

　　　　〈摽有梅〉的「摽有梅，其實七兮。求我庶士，迨其吉兮。」

　　首句習見的「某有某」例，第一個某字之前可有增置修辭語，如：〈中谷有蓷〉的「中谷有蓷，暵其乾矣。有女仳離，嘅其嘆矣。」，首句增「中」字修飾「谷」。首句後一個某字之前亦偶有增修飾語例。如：〈野有蔓草〉的「野有蔓草，零露漙兮。有美一人，清揚婉兮。」，首句增「蔓」字修飾「草」。但詩三百中未嘗見首句的「某有某」句型有出現複合名詞，如「牆有蛺蠂」者。此簡文用字可怪之一。

　　〈牆有茨〉共分三章，每章的二、四、六句句末都用一「也」字語詞作結，予人迴蕩的音律美感。但簡本末章末句卻獨漏一「也」字，詩在吟唱至此明顯無法拉長誦讀，自然的聲音之美蕩然無存。此簡文用字可怪之二。

　　〈牆有茨〉全詩分三章，每章六句，形式複疊而語意因承相扣。這本是詩三百中習見的表達形式。如：

　　1.〈周南·關雎〉的：

　　　　「參差荇菜，左右流之」

　　　　「參差荇菜，左右采之」

　　　　「參差荇菜，左右芼之」

以上六句描述長短不一的水草，由「流之」的自由流動本性，而「采之」的遭受主動採摘的經過，而最後「芼之」的將水菜擇取的結果。三組六句句意一脈相承而下。

　　2.〈周南·芣苢〉的：

　　　　「采采芣苢，薄言采之」

　　　　「采采芣苢，薄言掇之」

　　　　「采采芣苢，薄言袺之」

以上六句描述採摘芣苢的流程，由「采之」的採摘，過渡至「掇之」的拾取，到最後「袺之」的用衣服盛載。三組六句句意前後相銜接。

　　3.〈召南·摽有梅〉的：

　　　　「求我庶士，迨其吉兮」

「求我庶士，迨其今兮」

「求我庶士，迨其謂兮」

以上六句描述冀盼庶士來迎娶的經過。首言「吉兮」是挑選吉日良辰來提親，次言「今兮」是女方焦急的要現今就好來，到末言「謂兮」是當下馬上說一聲就好了。三組六句率真的表達女方渴望出嫁的心情，句組意思相連，一句比一句深入。

　　由《詩經》這種章節之間的連貫寫法，再審視〈牆有茨〉一詩前段興體和後段白描的敘述，在章節間同樣具有前後因承的特徵。詩的三章前段，依序是：

「牆有茨，不可埽也。」

「牆有茨，不可襄也。」

「牆有茨，不可束也。」

以上是毛詩本前段三組六句的內容。牆上攀生有植物的蒺藜，會毀損牆壁。由不可隨意的「掃開」而「拔除」而「綑束」乾淨，三組句意自然連貫而下，滴水相生。可是，安大簡本卻將文獻本的第三章和第一章位置互易，詩的順序遂成為「不可束也」、「不可嬰（攘）也」、「不可埽（埽）也」的奇怪排列。品味三句的內容，既已稱先將植物或蟲綑縛，又如何會再言攘除？既已說攘除了，又如何需要言打掃、清掃呢？簡文一字之更易，前後詩意變得顛倒錯亂不堪，無法合理的順讀上下文。

　　接著看詩的後段，文獻毛詩分三章六句，依序是：

「中冓之言，不可道也。」

「中冓之言，不可詳也。」

「中冓之言，不可讀也。」

以上三組六句談的是閨中男女不足為外人道的私語。「道」，可以說的事，指說其大概；「詳」，是詳盡的說明；「讀」，抽也，參《毛傳》：「讀，抽也。」是逐字逐句的抽取檢視其細。詩意由「道」而「詳」而「讀」，敘述閨中密語由大概而廣而深，情感一層勝於一層，前後文從字順。但簡文卻又將前後二句組用字互易，無論是「中冓」（房中）或「中殠」（夜半）之言，遂成為「不可讀」、「不可謁（揚）」（《韓詩》亦作張揚的揚）、「不可道」的順序，語意轉而為由細密說起，而泛言作終，剛好與文獻本相反，但在情感累層疊出的描述上就不好抒發說清了。

　　這種前後文句相互調換一個字例，看似隨意而稀疏平常，但卻嚴重的影響上下文的文意推演。此一現象過去在清華大學藏竹簡中亦曾發現。我在〈「植璧秉珪」

抑或是「秉璧植珪」—評估清華簡用字，兼釋禦字本形〉一文，評論《清華簡》（一）〈金縢〉篇中將今本〈金縢〉篇的一句「植璧秉珪」改寫作「秉璧植珪」，顯見竹簡寫手並不明白上古璧和珪二玉器的功能，植置於示前的是璧、秉持在手中的是珪，二者用法本各不相同。由於寫手的誤書，遂讓周人祭天祭祖的儀式變得錯置不可解。一字之差，版本的優劣或真偽立判。同樣的，〈牆有茨〉一詩的安大簡本顛倒了第一和第三章，顛倒原因不詳，但結果卻是讓詩意前後互易，順讀的理解矛盾不通。此簡文用字可怪之三。

　　以上三點，由句型和句與句的文意因承關係看，安大簡的內容顯然是不好解釋的。

　　由以上字、詞、句型和章節文意因承的互較，足證〈牆有茨〉一詩的文獻毛詩本確是一好的本子，而安大簡本的改「茨」為「蒺藜」、改「中冓」為「中㻏」，改易第一和第三章詩篇的位置，都是很不正常而且可以商榷的更動。安大簡抄寫的國風，整體順序和詩句都是與漢代以降的毛詩本相當，但在謄錄個別詩句時卻又有意的調整了上述的字、詞、句，此無疑並不是一個好的《詩經》本子，而改動的原因為何？目前無法稽考。至於這個晚出的所謂戰國楚簡本是否牽涉到真偽的問題？相關討論就只能留待高明了。

　　《安大簡》一例，無疑是應用舊有材料驗證新出材料、依據「紙上材料」批判所謂「地下材料」的又一證。王國維提出的「二重證據法」，由此足見可供「雙向」使用，今後可靠文獻在學術使用上的價值，理應對等的提升，足堪與地下考古材料等量齊觀才是。

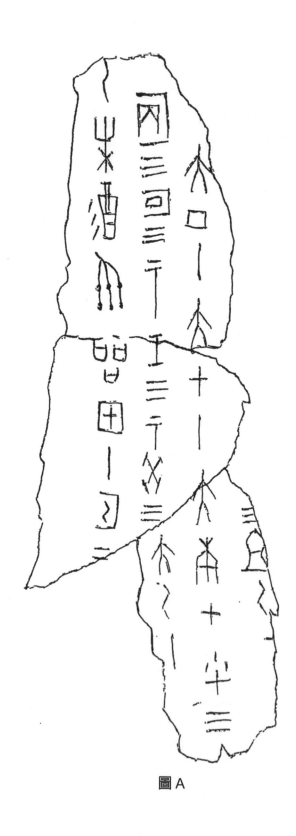

圖A

〈合集 35445〉乙酉卜，貞：王賓仁乙彡日，亡尤？

〈合集 35958〉丁未卜，貞：王賓康祖丁彡日，亡尤？

〈合集 36233〉癸酉卜，貞：王賓仲丁奭妣癸彡日，亡尤？

〈合集 36311〉癸亥卜，貞：王賓妣癸彡日，亡尤？

〈合集 35512〉丁未卜，貞：王賓大丁彡日，亡尤？

〈合集 35619〉己未卜，貞：王賓雍己彡日，亡尤？

圖 B

圖 C

圖 D（局部）

圖E

《殷墟甲骨輯佚》
328

屯南 2345

圖 F

武王既克殷三年王不豫又尼

杢王雘農麋三末王亦疒又阱

二公告周公曰我其為王穆卜周

二公告周公曰我亓元丝王九丝

公曰未可以

台台米可乙

感虐先王周公乃為三壇同示墠

戲參為王曰三壇台盍

為一壇於南方周公立女秉璧皆

丝一壇向曰才台民秉醬

珪丧弓冊

珪史乃冊

清華簡（一）·金縢

圖G

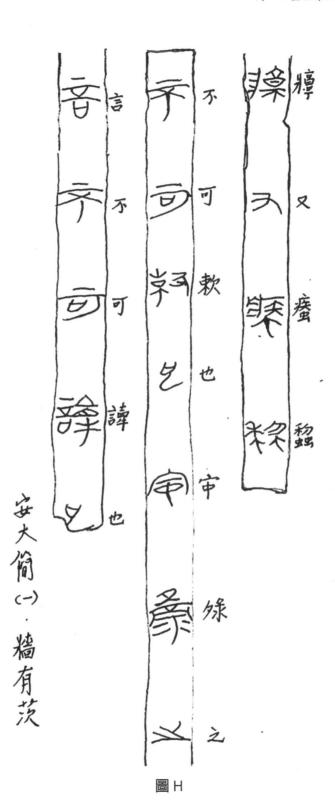

圖H

國家圖書館出版品預行編目資料

甲 骨 文

朱歧祥著. – 初版. – 臺北市：臺灣學生，2024.03
面；公分

ISBN 978-957-15-1938-8 (平裝)

1. 甲骨文 2. 甲骨學 3. 研究考訂

792.2   113001841

甲 骨 文

著　作　者　朱歧祥
出　版　者　臺灣學生書局有限公司
發　行　人　楊雲龍
發　行　所　臺灣學生書局有限公司
地　　　址　臺北市和平東路一段 75 巷 11 號
劃 撥 帳 號　00024668
電　　　話　(02)23928185
傳　　　眞　(02)23928105
E - m a i l　student.book@msa.hinet.net
網　　　址　www.studentbook.com.tw
登記證字號　行政院新聞局局版北市業字第玖捌壹號
定　　　價　新臺幣五○○元
出 版 日 期　二○二四年三月初版
I S B N　978-957-15-1938-8

79203